浙江绿色管理 理论和经验研究系列丛书

U0593158

研究阐释党的十九届四中全会精神国家社科基金重大项目（项目编号：20ZDA087）资助

浙江绿色管理案例和经验

企业绿色管理篇

（第一辑）

王建明◎编著

经济管理出版社
ECONOMY & MANAGEMENT PUBLISHING HOUSE

图书在版编目（CIP）数据

浙江绿色管理案例和经验——企业绿色管理篇（第一辑）/ 王建明编著 . —北京：经济管理出版社，2020.6
ISBN 978-7-5096-7290-7

Ⅰ.①浙…　Ⅱ.①王…　Ⅲ.①社会主义建设—案例—浙江　②企业环境管理—案例—浙江　Ⅳ.① D619.55　② X321.255.02

中国版本图书馆 CIP 数据核字（2020）第 133889 号

组稿编辑：张莉琼
责任编辑：张　艳　张莉琼
责任印制：任爱清
责任校对：陈晓霞

出版发行：经济管理出版社
　　　　　（北京市海淀区北蜂窝 8 号中雅大厦 A 座 11 层　100038）
网　　　址：www.E-mp.com.cn
电　　　话：（010）51915602
印　　　刷：北京晨旭印刷厂
经　　　销：新华书店
开　　　本：720mm×1000mm/16
印　　　张：15.5
字　　　数：254 千字
版　　　次：2020 年 6 月第 1 版　2020 年 6 月第 1 次印刷
书　　　号：ISBN 978-7-5096-7290-7
定　　　价：78.00 元

总　序

《浙江绿色管理理论和经验研究系列》丛书是改革开放 40 多年来（特别是近 20 年以来）浙江绿色管理各领域的理论探索和经验案例的系统总结。

随着现代文明的发展，能源危机和环境污染成为当代社会面临的重要问题，开拓一条节能减排、低碳环保的绿色转型之路成为社会发展的必然战略选择。绿色管理（Green Management）正是在这样的形势下受到越来越多的关注，不仅成为一种重要的社会发展趋势，也成为未来经济新的增长点。绿色管理是指将资源节约和环境保护理念融入人类管理活动的具体环节，以期在人类管理活动的各层次、各领域、各方面、各过程实现绿色、节约、环保和可持续。需要指出的是，绿色管理是一种全新的管理思想和理论体系，是对现有管理思想和体系的彻底变革。且随着理论和实践的深入，绿色管理也从狭义的企业内部延伸到企业外部（如政府机构、非政府组织、社会公众等领域）。绿色管理既是国家层面绿色发展战略规划的应有之举，也是社会层面全员应有的自觉自为。党的十九大报告明确指出，我们要建设的现代化是人与自然和谐共生的现代化，而绿色管理就是探索人与自然和谐共生之路的有益实践，是实现社会可持续发展的坚实助力。因此，深入探索绿色管理经验成为中国可持续发展的迫切需要。

改革开放 40 多年来，浙江锐意进取，大胆实践，形成了有浙江特色的发展道路，创造了令人瞩目的"浙江模式"，形成了卓有成效的"浙江经验"，书写了生动宝贵的"浙江精神"。浙江是习近平总书记"绿水青山就是金山银山"发展理念的发源地，也是绿色发展的先行地。2003 年，时任浙江省委书记的习近平同志在浙江启动生态省建设，打造"绿色浙江"。2005 年，习近平同志在浙江安吉首次提出"绿水青山就是金山银山"的科学论断和发展理念。从此，浙江绿色发展从初阶、浅层、零散阶段（1978~2003 年）进入了高阶、深层、系统阶段（2003 年至今），提前迈进了新时代。根据《中国经济绿色发展报告2018》，浙江的绿色发展指数名列全国第一。另据国家统计局2017年发布的"2016年生态文明建设年度评价结果公报"，浙江在省份排名中位列第二。浙江是唯一在两份排名中都稳居前二的省份。改革开放40多年来（特别是近20年以来）的浙江发展实现了高质量经济发展和高标准绿色发展的高层次统一，成为中国省域层面一道亮丽的风景。

改革开放40多年来，浙江发展的一个基本经验就是坚持绿色发展、坚持保护环境和节约资源，坚持推进生态文明建设。浙江是中国陆地面积最小的省份之一（仅10万平方公里），人多地少、资源短缺，面临严峻的资源环境约束，践行绿色管理既是经济社会发展的内在要求，也是缓解经济发展与资源环境矛盾的必然选择。在浙江发展过程中，绿色管理贯穿生产方式与生活方式全过程，贯穿政府管理、企业管理和社会管理各层面，发挥了极其重要的作用，积累了极其宝贵的经验，初步形成了浙江特色的政府、企业、社会多元协同共治的绿色管理体系。在这一理论和现实背景下，探索并总结浙江绿色管理的理论、案例和经验极有必要，《浙江绿色管理理论和经验研究系列》丛书应运而生。

《浙江绿色管理理论和经验研究系列》丛书是我们多年来对浙江绿色管理实践持续关注和深入研究的结晶，主题涵盖了改革开放40多年（特别是近20年以来）浙江绿色管理的多个方面。丛书第一辑共6本，其中，《浙江绿色管理案例和经验——企业绿色管理篇（第一辑）》（王建明编著）主要依据企业绿色管理的生命周期分类介绍浙江企业绿色战略、绿色创新、绿色生产、绿色市场、循环经济等实践案例和经验启示；《浙江绿色管理案例和经验——城市绿色管理篇（第一辑）》（王建明编著）主要依据市县绿色管理的思路分类介绍浙江县域绿色规划、绿色发展、绿色治理、绿色改造、绿色督察等实践案例和经验启示；《浙江绿色管理案例和经验——美丽乡村管理篇（第一辑）》（高友江编著）主要根据浙江乡村地貌特征分类介绍浙江乡村山地丘陵且沿溪环河地带、山地丘陵且沿江环湖地带、山地丘陵地带等地的实践案例和经验启示；《浙江绿色管理案例和经验——垃圾治理篇（第一辑）》（高键编著）主要根据浙江垃圾分类管理的内容分别介绍城市垃圾分类管理，农村垃圾分类管理，垃圾减量、清运和回收管理，垃圾处置等实践案例和经验启示；《浙江绿色管理案例和经验——水污染治理篇（第一辑）》（冯娟编著）主要根据浙江水污染治理的领域分类介绍浙江治污水、排水、五水共治、河湖长制等实践案例和经验启示；《浙江绿色管理案例和经验——政府监管篇（第一辑）》（赵婧编著）主要根据浙江政府监管的主题分类介绍浙江环境监管体制改革、环境监管考核评价体系改革、环境执法实践、产业监管实践等实践案例和经验启示。

　　本丛书通过浙江绿色管理案例的生动呈现，以不同的主题、不同的维度和不同的切入点全面深入地展现浙江绿色管理的理论进展和实践成果，并进一步凝练出浙江绿色管理的系统理论，旨在打造一个全面丰富的绿色管理"浙江样版"。期望本系列丛书的出版能够丰富中国特色的绿色管理理论体系，为探索绿色管理经验的社会各界人士提供现实理论和实践参考，以全面深入地推进中国和世界的绿色高质量发展。

浙江财经大学工商管理学院院长　王建明

2020 年 2 月 20 日

PREFACE
前　言

　　本书是一部关于浙江企业绿色管理经验的案例选编，汇集了改革开放40多年来（特别是近20年以来）浙江企业绿色管理探索的典型案例及其成功经验，向读者呈现了浙江企业绿色管理生动实践的现实样本。

　　企业是市场经济活动的重要主体，也是绿色经济发展的重要基础。企业绿色管理是指企业将环境保护的观念融入企业经营活动，以及从企业经营的各个环节控制污染和节约能源的程度，以期实现经济增长、社会发展和环境保护等可持续发展的目标。从现实发展来看，高能耗、高排放、高污染企业为其粗放的管理发展模式付出了高昂的成本代价，逐渐遭到社会的否定和市场的淘汰，而立足于生态环保或积极走转型升级之路的企业以其资源节约、环境友好的管理发展模式逐渐获得更大的经济收益和社会收益，逐步受到社会的支持与市场的认可。可见，环境污染没有出路，绿色管理势在必行。在当前中国社会经济转型的关键时期，中国企业的绿色管理并没有现成的模式和成熟的经验可循，很多企业在"摸着石头过河"中走了不少的"弯路"，甚至转型失败。因此，深入探索企业绿色管理经验成为中国可持续发展的迫切需要。

　　浙江是习近平总书记"绿水青山就是金山银山"发展理念的发源地，也是绿色发展的先行地。2005年，习近平同志在浙江安吉首次提出"绿水青山就是金山银山"（"两山"发展理念）的科学论断和发展理念。2003年7月，时任浙江省委书记的习近平同志首次系统提出进一步"发挥八个方面优势，推进八个方面举措"（"八八战略"）。"八八战略"是中国特色社会主义在省域层面的探索创新和生动实践。"八八战略"其中的重要一条战略就是"进一步发挥浙江的生态优势，创建生态省，打造'绿色浙江'"。在"两山"发展理念和"八八战略"的指引下，浙江大地上涌现出一大批具有绿色发展意识的浙江企业。它们立足当下，着眼未来，大力布局，大胆实践，走出了一条经济、环境与社会相融的绿色发展道路，也谱写了浙江企业积极探索绿色管理和绿色成长的新篇章。这些积极转型升级的浙江企业在绿色管理上既有自身发展的独特模式，也有成功的共性经验，是谋求绿色发展道路的企业可以借鉴的现实样本。为此，我们编写了《浙江绿色管理案例和经验——企业绿色管理篇（第一辑）》一书，以期为更多有需要的企业人士或相关专业研究者提供参考。本书共六篇（包含结论篇），收集了 36 个浙江企业的绿色管理案例，并总结了其经验和启示。各篇内容如下：

第一篇　绿色战略和绿色转型，共 7 个案例；

第二篇　绿色创新和绿色产品，共 7 个案例；

第三篇　绿色生产和绿色运营，共 9 个案例；

第四篇　绿色回收和绿色循环，共 7 个案例；

第五篇　绿色市场和绿色金融，共 6 个案例；

结论篇　浙江企业绿色管理的经验与启示。

本书中涉及的企业涵盖新能源产业、食品制造业、纺织服装业、家具制造业、制品加工业、材料化工业、化学品制造业、医药制造业、橡胶和塑料制品业、汽车制造业、电力热力生产供应业、房屋建筑业、交通运输业、软件和信息服务业、金融保险业、住宿餐饮业、乡村旅游业、农林畜牧业等多个产业。这些浙江企业以绿色思维的考量、绿色战略的指引、绿色技术的创新、绿色产品的设计、绿色企业的运营、废弃物资源化利用、绿色市场的开拓和营销、绿色金融的支持，从企业生产的源头，到生产过程的控制，再到绿色产品的产出、产业化项目的完成，始终坚守绿色环保底线，在项目建设和绿色生产上大力投入，做足绿色文章，承担绿色使命，展现绿色担当，收获绿色效益。它们都是将"绿水青山"逐步转化成"金山银山"的践行者和保护生态环境并且倡导绿色发展的领先者。各行各业的企业案例从不同的视角形成了一个丰富的浙江企业绿色管理案例库。

这些案例均来源于浙江企业的一线实践，细致梳理并系统总结它们的经验对于企业管理者具体管理操作和学术界开展理论研究具有普遍的理论和现实指导意义。本书在每篇案例经验分析的基础上，概括总结了企业绿色管理演变的阶段特征，具体如下：

阶段一，1978 年至 20 世纪 90 年代，企业绿色管理 1.0，即企业绿色管理的探索阶段；

阶段二，20世纪90年代至2002年，企业绿色管理2.0，即企业绿色管理的拓展阶段；

阶段三，2003年至2012年，企业绿色管理3.0，即企业绿色管理的丰富阶段；

阶段四，2013年至今，企业绿色管理4.0，即企业绿色管理的全面深化阶段。

浙江企业绿色管理的阶段演变总体上呈现出从无到有，由单一到丰富，由丰富到全面深化的特征变迁，绿色管理逐渐由低阶向高阶进阶。进一步具体分析，浙江企业绿色管理的发展呈现出明显的演变趋势，体现为从被动绿色到主动绿色、从短期绿色到长期绿色、从简单绿色到复杂绿色、从低要求绿色到高标准绿色、从点绿色到面绿色、从浅层绿色到深层绿色、从事后绿色到全程绿色、从独立绿色到联合绿色等。在此基础上，本书总结了浙江企业绿色管理的八大经验和八大启示。

浙江企业绿色管理的八大经验如下：

经验一，坚定绿色发展理念，引领绿色管理实践。

经验二，明确绿色战略定位，谋求转型升级道路。

经验三，加码绿色要素投入，转化绿色价值收益。

经验四，寻求绿色资源整合，塑造核心竞争优势。

经验五，严格绿色生产管理，布局清洁智能制造。

经验六，注重绿色创新管理，注入强大发展动能。

经验七，优化绿色营销管理，打通绿色市场通道。

经验八，强化绿色监督管理，赋能高效良性运营。

浙江企业绿色管理的八大启示如下：

启示一，做好绿色战略规划，提高绿色发展站位。

启示二，规范绿色制度标准，勾勒绿色发展框架。

启示三，重构绿色组织架构，打造绿色发展平台。

启示四，创新绿色体制机制，激发绿色发展活力。

启示五，加大绿色资源投入，夯实绿色发展根基。

启示六，培养绿色创新人才，构筑绿色智慧高地。

启示七，推广绿色跨界合作，共享绿色发展成果。

启示八，完善绿色绩效评估，优化绿色方案路径。

本书研究阐释党的十九届四中全会精神国家社科基金重大项目（项目编号：20ZDA087）的阶段性成果。本书是集体智慧的结晶。参与本书编写工作的教师（博士生）有：浙江财经大学工商管理学院王建国副教授、高键博士，浙江财经大学绿色管理研究院解晓燕老师，浙江财经大学中国政府管制研究院博士生赵婧、李永强等。参与本书资料收集和整理撰写的浙江财经大学学生有：王学锐、景诗淇、陈沐豪、郭蕙妮、林未雨、史涵文、蔡窈卿、陈舒婷、张志远等，研究生彭伟、汪逸惟、奚旖旎、刘灵昀、胡志强、武落冰等参与了本书资料收集和初稿修改及校对。在此一并向他们表示感谢。

本书可以作为相关专业（工商管理、市场营销、电子商务、国际商务等）研究生、本科生、高职生学习"管理学""绿色管理""绿色营销""绿色创新""运营和供应链管理""创新创业管理"等相关课程的案例教学参考书、实训实践指导书或课外阅读书目，还可以为从事绿色管理相关工作的职场人士（如销售人员、采购人员、外贸人员、管理人员、创业人员等）提供实践操作指导。

尽管笔者已经做出最大的努力，但由于水平有限，加上编写时间比较仓促，书中难免存在不当或者错漏之处，敬请各位专家、学者、老师和同学批评指正（邮箱：sjwjm@zufe.edu.cn）。

王建明

2020 年 2 月 9 日于杭州

DIRECTORY

目　录

第一篇

绿色战略和绿色转型

一、浙能集团：赋能绿色发展　打造"浙能样本"

 案例梗概

1. 浙能集团实施"绿色能源计划"，能源清洁化成为集团"大能源战略"的重要部分。
2. 大力布局清洁能源，将"清洁化能源"的发展作为重要的战略布局加以谋划。
3. 在节能减排投入上"大手大脚"，甚至不计成本，投入大量资金用于超低排放改造。
4. 推进固体废弃物的资源化和无害化处理，防治固体废弃物污染，发展循环经济。
5. 拓宽采购渠道，合理调配燃煤，严格煤质检验考核，从源头控制电煤含硫量。
6. 定期回访检查各投运脱硫装置，建立脱硫运行情况信息网络和快速响应机制。
7. 广泛应用超低排放技术，建设全国最大绿色环保热电联产项目的绍兴滨海热电厂。
8. 提出"能源立业、科技兴业、金融富业、海外创业"（"四业"）的发展新思路。

关键词：绿色能源计划；清洁能源；固体废弃物处理；循环经济；废水零排放

 案例全文

　　在浙江省能源集团有限公司（以下简称"浙能集团"），你能看到一张珍贵的照片——那是 2006 年 8 月 2 日，时任浙江省委书记的习近平赴浙能长兴电厂调研时详细询问时任浙能集团董事长的吴国潮关于电厂脱硫生产情况时拍摄的照片。也正是在那时，习近平同志将"建设绿色浙江"和"打造循环经济"的嘱托和"立潮头、保发电、促环保"的期望托付给了浙能人。近 20

年来，浙能集团全体干部员工牢记嘱托，在国家宏观政策的指引下、在国家有关部门以及浙江省委、省政府的大力支持下，将经济、社会、生态的和谐发展与企业的前途命运紧密相连，探索出了一条绿色发展之路。

超低排放全国首创　写入政府工作报告

近年来，浙能集团大力实施"绿色能源计划"，能源清洁化已经成为浙能集团"大能源战略"的重要组成部分。这既是浙能集团作为大型骨干国有企业社会责任本质属性的需要，也是拓展企业生存发展空间的战略举措。在2015年的全国"两会"上，李克强总理作政府工作报告时明确指出："推动燃煤电厂超低排放改造。""超低排放"是由浙能集团首创并且在全国电力行业率先成功推行的燃煤机组清洁化生产新技术，这一词汇被收录《政府工作报告》意味着基于更加严格标准的超低排放已经成为燃煤发电行业深入实施大气污染防治行动计划的"新常态"，而2014年以来一度围绕超低排放的种种"纷争"也终于尘埃落定。

2014年7月21日，原环境保护部中国环境监测中心在杭州发布权威消息，国内首个燃煤发电机组烟气超低排放改造项目——浙能集团所属嘉兴发电厂三期7号、8号百万机组主要污染物排放水平均低于天然气机组排放标准，达到国际领先水平。据介绍，浙能嘉兴发电厂百万千瓦燃煤机组烟气超低排放改造工程是全国发电行业最早实施的超低排放示范改造项目，该项目采用浙能集团所属天地环保公司自行研发的"多种污染物高效协同脱除集成"技术，于2013年8月13日开工建设，总投资达3.95亿元，并于2015年9月获国家发明专利授权。与此同时，浙能集团对新建的六横电厂（2×100万千瓦）、台州第二发电厂（2×100万千瓦）等新建燃煤机组从设计阶段就按超低排放要求同步实施。其中，浙能六横电厂1号机组、2号机组已分别于2014年7月和9月通过168小时连续满负荷试运行后正式投入商业运行，成为国内首批超低排放与主体工程"三同步"（即烟气超低排放系统与电厂主设备"同步设计、同步建设、同步投产"）投产的百万机组。2014年、2015年的浙江省政府工作报告连续两年将煤电清洁排放改造列入年度重要工作任务和十件实事，并决定于2017年力争全省所有燃煤电厂和热电厂实现清洁排放。为推动统调燃煤机组清洁排放改造，自2014年开始，浙江省经济和信息化委员会（经信委）对达到清洁排放机组增加 200 利用小时的年度发电计划，促进清洁排放机组多发电；浙江省经信委、原省环保厅联合制定《浙江省统调燃煤发电机组新一轮脱硫脱硝及除尘改造管理考核办法》，对清洁排放改造项目实施、生产运行以及监督考核等方面进行了严格的规范和要求；浙江省物价局也出台了清洁排放补贴电价。

截至 2017 年底，全国累计完成燃煤电厂超低排放改造 7 亿千瓦，占全国煤电机组容量比重超过 70%。一场由浙能集团率先发起和实施的燃煤机组超低排放技术，带动并引领了全国燃煤机组转型升级的新方向，呈现出燎原之势。2019 年 6 月，由浙能集团所属天地环保公司自主研发的，国内首套水泥厂多污染物催化脱除一体化技术中试平台，在浙江长广水泥有限公司成功投运。经测试，各主要污染物排放指标均优于设计参数，达到现行火电厂烟气主要污染物超低排放标准，大大提升了我国水泥行业环保治理水平。浙能集团首创的"燃煤机组超低排放关键技术研发及应用"获 2017 年度国家技术发明奖一等奖，开创了煤炭清洁利用的新时代。"该技术的推广 5 次被写入全国两会政府工作报告，截至 2019 年 6 月，浙能集团全部燃煤机组已完成超低排放改造，成为全球首个全面实现燃煤机组清洁化生产的大型能源集团。"浙能集团现任董事长童亚辉介绍，全国应用该技术成果的燃煤电厂已占 70%，装机容量累计 8.1 亿千瓦，并拓展到钢铁、玻璃生产、船舶脱硫、水泥生产等行业的烟气治理，有效解决了我国 18 亿吨电煤的出路问题，节约全社会用能成本超 1 万亿元。

浙能治水效果显著　累计净化"39 个西湖"

浙江省委十三届四次全会提出，要以"治污水、防洪水、排涝水、保供水、抓节水"的五水共治为突破口倒逼转型升级，而"五水共治"中的"治污水、抓节水"显得尤为迫切。作为全国装机容量最大的地方发电企业，燃煤火电厂一直是浙能电力的主力。众所周知，燃煤机组的运行除了需要煤，也离不开水。近年来，浙能集团除了通过脱硫、脱硝、超低排放改造等手段实现对大气环境最大限度的保护外，还通过中水回用等手段确保水资源集约利用和水环境保护。

在长兴城郊浙能长兴电厂，可以看到这里不仅是大电厂更是长兴城区的废水处理和中水回用的地方，城区处理后的生活废水（中水）由该厂回用作冷却水，既节能又减排。长兴电厂相关负责人表示，该电厂中水回用工程先后分两期建设，于2012年11月全面建成投产，其水源是长兴县污水处理厂适度处理后的城市中水，设计规模日处理水量达6万吨，可以"吃"掉长兴县城区的所有城市中水。据悉，在没有中水回用工程之前，长兴电厂每天需要从陆汇港河道直接取水，按照每天耗水4.5万吨计算，一年需要1640万吨。中水回用工程投入使用之后，累计处理并利用城市中水总量超过5800万吨，节约了相当于5个西湖蓄水量的水资源，同时减少化学需氧量排放1778吨、氨氮排放188吨，为湖州市和长兴县"十一五""十二五"期间的减排以及太湖流域水污染防治做出了重大贡献。而长兴电厂中水回用工程只是浙能集团开展的废水高标准达标整治成果之一。2014年由浙能东发环保工程公司负责的该类工程就有40余项完工。截至2015年10月底，浙能集团累计处理发电厂废水近4亿吨，全部回用或达标排放，相当于39个西湖的蓄水量。

大力布局清洁能源　"浙能基因"走在前列

浙能集团在大力推进煤电机组"能源清洁化"的同时，也将"清洁化能源"的发展作为重要的战略布局加以谋划。截至2015年12月，在可再生能源领域，浙能集团已经获得浙江省发改委开发30万千瓦嘉兴1号海上风电项目的直接授权，龙泉光伏发电也取得备案批复，共签订了近8万千瓦陆上风电和42.5万千瓦光伏项目的合作开发协议。在累计掌握风电项目资源216.4万千瓦的基础上，浙能集团还将对浙江省内资源条件有相对优势的风电、太阳能发电项目作适度开发，并寻求在浙江省外开发、收购此类项目的可能性。此外还将加快推进浙江省金七门、苍南及海岛等核电前期工作。风电、核电项目的推进将使得浙能集团清洁能源比重稳步提升。在天然气领域，2014年浙能集团新增天然气管线242.42千米，取得了浙沪、浙闽2条省际联络线项目路条，新争取到城燃项目2个、CNG加气母站3个、加气站3个。"十三五"期间，浙能集团天然气管网将继续加快建设，原计划2017年实现"市市通"目标，2023年前全省将基本实现"县县通"，为推进城乡一体化建设做出贡献。

2006年8月，习近平同志来浙能集团指导视察工作时，要求浙能集团加强"绿色浙江"和循环经济建设，既要发展经济，又要重视环境保护，希望浙能集团带头把这项工作做好，走在全省前列。为了腾出煤炭和排放总量指标、发展大容量超临界低煤耗机组、优化燃煤机组结构，浙能集团以"壮士断腕"的精神先后关停 15 座正当年的中小型火力发电机组。截至 2015 年 11 月底，浙能集团总装机达到 2928.67 万千瓦，其中 60 万千瓦及以上装机占比达到 73.77%，9 个电厂 27 台供热机组占集团燃煤机组总容量的一半。由于机组结构优化再加上"克煤必争"的高效管理，2015 年浙能集团平均供电煤耗为 302.63 克／千瓦时，为全国发电集团最低。而每降低 1 克煤耗，对浙能集团而言每年就可少消耗煤炭资源 13.8 万吨，节能减排的效果不言而喻。在节约能源方面走在全国同行前列的同时，浙能集团在减排方面也自觉地成为了"排头兵"。早在 2005 年，浙能集团就制定了"浙能集团'十一五'脱硫规划"，2009 年底，浙能集团提前一年圆满完成了浙江省委、省政府的二氧化硫减排重任，实现机组全脱硫。2014 年 6 月，浙能集团又在全国范围内率先实现了所有燃煤机组的全脱硝，比计划提前了一年半。在水处理方面，浙能集团不仅开创了南方电厂利用城市中水的先河，而且浙能长兴电厂中水回用工程迄今为止仍然是长江以南地区电力行业规模最大的中水回用工程。

　　回顾浙能集团多年来的能源清洁化战略，前任董事长吴国潮深有感触地说："习总书记对我们抓好电厂的环境保护工作是有非常明确的指示的，而这些指示也一直鼓舞着我们，使浙能在环保上敢于投入、勇为人先，所以后来有了我们在全国率先实现的燃煤机组全脱硫、全脱硝和超低排放改造。"吴国潮的这番话，也解释了浙能集团为什么能够在发展绿色能源方面始终保持战略定力，特别是 2014 年浙能率先在全国进行燃煤发电机组超低排放改造之后，在业内外一度也出现了质疑声、反对声，但是浙能集团顶住个别专家或者业内人士的误解乃至曲解，坚定不移地推进超低排放改造，用事实和数据向全社会交出了一张经得起考验的完美答卷。不仅如此，2015 年 12 月召开的国务院常务会议要求，在 2020 年前，对燃煤机组全面实施超低排放和节能改造，使所有现役电厂每千瓦时平均煤耗低于 310 克、新建电厂平均煤耗低于 300 克，对落后产能和不符合相关强制性标准要求的坚决淘汰关停，东、中部地区要提前至 2017 年和 2018 年达标。单就这么多的燃煤机组需要的超低排放改造而言，一个新的大商机已经产生。据估算，单东南沿海所有燃煤机组的超低排放改造，其潜在市场规模超过 500 亿元。浙能集团早已看中了超低排放改造的大市场。浙能集团下属主营煤电环保市场的天地环保公司已拥有超低排放相关的发明专利9项，实用新型专利24项，另有13项实用新型专利及9项发明专利已完成申报。这为浙能集团抢占超低环保改造大市场取得先机。

"大手大脚"舍得投入　责任落实效益显著

浙能集团在成本控制、增收节支等内部管理方面堪称苛刻，有人戏称"蚊子腿上也要刮下几钱肉来"。但是在节能减排投入上，该集团却显得"大手大脚"，甚至到了不计成本的地步。在实施燃煤机组脱硫、脱硝的改造过程中，浙能集团已累计投入70亿元。从2015年开始，浙能集团继续投入50亿元用于超低排放改造，超低排放战略的实施进入了"快车道"。截至2015年11月底，全面负责浙能系统超低排放技术研发和项目建设的天地环保公司改造了10台超低排放机组、4台超低排放新建机组投运，总装机容量达1031万千瓦，当时预计至2015年底超低排放机组容量将达到1308万千瓦，占集团煤机总容量的56%。同时还有另外9台机组也在2015年开工进行超低排放改造。根据总体部署，浙能集团在2016年底前完成所属60万千瓦及以上机组改造，2017年底前完成30万千瓦机组改造，从而基本实现集团机组超低排放全覆盖。浙能集团下属的19家电厂废水普查也已展开，投入2.3亿元，安排实施废水先期优化整治项目46项，确保各类废水高标准达标排放。另外，还制订了电厂废水零排放技术线路总体方案，并积极推进试点企业兰溪电厂开展废水零排放实施工作，在2017年底实现真正意义上的火电厂废水零排放。

浙能集团进行清洁化生产超过了国家的最严要求，但在投入产出上"很不划算"。以浙能长兴电厂中水回用工程为例，该项目累计投入资金5580万元，每年运行维护还需投入近300万元。相关部门虽然也有一定的补贴和奖励，但是与过去直接从河道取水相比，省下的费用只能勉强抵销运行维护成本。对此，浙能长兴电厂负责人说，由于得到了浙能集团的大力支持，电厂在决策该项目时更多地考虑了企业的社会责任，考虑了和地方政府积极联动以推动水资源保护——根据目前长兴电厂的中水回用能力，长兴县"十二五"期间化学需氧量、氨氮减排贡献率分别为14%和13%，基本实现了长兴县城生活污水零排放。时任董事长吴国潮表示，按照浙江省委、省政府创建国家清洁能源示范浙江省实施方案，浙能集团在今后还将继续努力推进创建工作，在浙江省乃至全国能源企业中做好表率。

当时相关数据预测，随着浙能集团燃煤机组结构的优化和在节能减排工作上的自我加压与坚持不懈，整个"十二五"期间浙能集团累计少排放大气污染物达16.2万吨，其中二氧化硫4.74万吨、氨氮化物11.03万吨、烟尘0.42万吨。而超低排放改造的实施又能够使燃煤电厂排放的烟尘、二氧化硫、氮氧化物等达到甚至优于天然气燃气轮机组的排放标准，尤其是PM2.5脱除率可达70%以上。值得一提的是，2014年7月28日，环境保护部原调研组赴浙能嘉兴电厂对超低排放项目进行考察调研。调研组认为，浙能集团自我加压，率先在国内建设燃煤机组超低排放项目，并通过了国内权威部门的检测，使燃煤机组主要污染物排放低于和优于国家天然气燃气机组的排放标准，体现了国有企业的社会责任。希望浙能集团进一步加强运行管理，进一步优化设计，为煤电企业提升发展空间做出贡献，也为国家制定新的环保标准提供决策依据。

此外，业内多位专家指出，中国的能源结构是富煤、少油、缺气，在未来相当长的一段时间里，煤还会发挥主导作用。通过超低排放实现煤的清洁化利用，既能够在一定程度上确保国家电力能源的安全、破除对于输入型资源的依赖，又能够有效解决环境容量难题。可以说，超低排放正在成为中国实现经济社会协调发展的能源"新常态"。而浙能集团各发电企业废水整治项目投产后，每年又可减少废水排放800万吨，废水回收利用600万吨，减排悬浮物2400吨、化学需氧量1600吨。与此同时，浙能集团还不断推进固体废弃物的资源化和无害化处理，防治固体废弃物污染，变废为宝发展循环经济。2015年，浙能旗下电厂年综合利用固体废弃物总量达700万吨以上，年综合利用率达到98%以上，超过国家规定综合利用率60%和浙江省93%的硬性指标，保持国内领先水平。浙能旗下天达环保公司成立至2015年12月已累计处理固体废弃物近5600万吨。

在浙能龙泉生物质发电厂了解到，该项目总投资3.09亿元，是浙能集团建设运行的首家生物质发电厂，每年可消耗25万吨生物质燃料，不仅可替代6.5万吨标准煤、减排二氧化碳约16万吨，同时还能为相关县市农民人均增收7500万元左右。尽管遭遇了宏观经济形势"三期叠加"（增长速度换挡期、结构调整阵痛期、前期刺激政策消化期）、发电机组利用小时数明显下降等一系列不利因素，但是2015年以来浙能集团的"成绩单"依然骄人：有效投资再创历史新高，控股管理的电厂装机容量已超过3000万千瓦，比公司组建时增加了7倍多，列全国地方发电集团首位。2013年和2014年连续两年实现利润超百亿元。2015年前10个月实现营业收入530.6亿元，实现利润总额126.8亿元，已超过2013年和2014年的利润总额数，经济效益继续位列全国省属国企第一。"绿水青山就是金山银山——在企业发展壮大的同时坚定不移地保护好环境，这既是我们义不容辞的义务，更是我们发展的新机遇，清洁煤电开启的市场前景巨大！"吴国潮曾这样强调。

2018年7月27日下午2时30分，浙能常山光伏发电帮扶工程首批三家用户通过国网常山县供电局验收，正式并网发电。这是浙能集团历时3个月，在浙江省"千企结千村、消灭薄弱村"行动中，以"浙能速度"创造的全省首个投产见效项目，也是浙能集团落实国企责任、展现国企担当，实施精准帮扶，助力乡村振兴战略，服务两美浙江建设的又一新成果。"与这个时代同频共振，是我们浙能集团的荣耀和使命。"浙能集团主要负责人如是说，"我们一直都注重装备的高效利用和与环境的和谐发展，充分践行'绿水青山就是金山银山'发展理念，做到能耗水平最低，排放体系走在行业前列，大力开发新能源、新技术、新装备、新材料、新业态，不断增强人民群众对生态环境的获得感。"截至2018年7月，浙能集团总资产2005亿元，所有者权益1067亿元；控股浙能电力和宁波海运两家A股上市公司，管理企业近200家；控股管理电力装机总容量超3400万千瓦，占浙江省统调装机容量的50%以上；年供应煤炭6100多万吨，占浙江省煤炭总量的47%；建成省级天然气管网近1700公里，年供气量87亿立方米，占浙江省天然气消费总量的83%。经过近20年的创业发展，浙能集团已成长为全国省属企业装机容量最大、资产规模最大、能源产业门类最全、盈利能力最强的省级能源企业。

企业"混改"嫁接优势　开创环保产业新篇

作为浙江省省级国有资本投资公司试点，浙能集团大力推进以上市为主要方式的混合所有制改革，围绕主业推进能源供给侧结构性改革，加快从"管企业"转向"管资本"，打造具有国际竞争力的一流综合能源服务商。2019年6月10日，继"混改"企业浙能迈领成功进军全球船舶脱硫行业后，浙能集团在"混改"领域再下"一城"：通过旗下浙江能源国际有限公司在境外设立的新公司，收购中国绿能有限公司持有的锦江环境29.79%的股权，交易金额约 16.34 亿元，成为锦江环境第一大股东，开辟了环保产业新版图。"入股锦江环境，浙能集团从此增加了一个新产业，即具有循环经济特征和资源价值的环保产业。"现任浙能集团董事长童亚辉表示，会将浙能的优势嫁接进去，形成"1+1>2"的效果，为循环经济做出更大的贡献。对于"混改"后企业的发展前景，锦江环境董事长王元珞充满了期待。他表示，浙能集团在整个能源生产价值链上拥有巨大的能力，在相关领域的资源以及强大的财务实力也将优化锦江环境融资及未来发展。在转变功能方式上，浙能集团提前布局，成立氢能技术引进和应用办公室、综合能源开发建设办公室，推进氢能技术的引进和应用，开发综合能源供应，为浙江加快供能方式转变、构建清洁安全的能源体系、推动新旧动能转换做表率。

童亚辉曾在谈到 2019 年的工作任务时表示，2019 年集团要努力推进综合能源供应、氢能、储能、智能电厂和生物质循环经济项目建设，加快形成一批可复制、可推广的项目范例，大规模推广应用储备技术和管理力量。浙能集团正在打造综合能源服务体系、智能化运输体系、现代能源销售体系、特色金融服务体系、数字浙能体系"五大体系"，实施七大行动计划、五大示范项目和四大攻坚战，建设技术型、协同型和服务型现代能源企业。同时，浙能集团还积极响应国家"一带一路"倡议，创新上游气源的采购合作模式，加强国际 LNG 的采购能力，保障全省清洁能源需求。

资料来源：喆平：《绿色能源的浙能样本——浙能集团探索绿色发展工作纪实》，《中国环境报》2015 年 12 月 22 日，第 4 版；陈潇奕、范旭：《超低排放，为美好生活注入绿色动能》，《浙江日报》2018 年 10 月 15 日，第 12 版；朱将云、陈夏：《为绿色发展赋能　助力经济腾飞——浙能集团创新发展纪实》，《中国电力报》2019 年 6 月 29 日，第 3 版。

经验借鉴

浙能集团在国家宏观政策的指引下、在国家有关部门以及浙江省委、省政府的大力支持下，将经济、社会、生态的和谐发展与企业的前途命运紧密相连，探索出了一条绿色发展之路，做出了绿色发展的"浙能样本"。简单来说，浙能集团绿色发展的主要经验有如下几条：①在节能减排上提高站位，自觉走在前列。在全国率先实现的燃煤机组全脱硫、全脱硝和超低排放改造，既体现了国有企业的社会责任，也从长远实现了经济效益和环境效应的双赢。这从企业层面再次深刻证明了"绿水青山就是金山银山"的发展理念。②在节能减排上敢于投入，勇为人先。例如，浙能集团在成本控制、增收节支等内部管理方面堪称苛刻，但是浙能集团在节能减排上投入却"大手大脚"、敢于投入。显然这些投入也收到了实效。③高瞻远瞩、未雨绸缪，着眼长远战略布局和谋划。例如，浙能集团在大力推进煤电机组"能源清洁化"的同时大力布局清洁能源，将"清洁化能源"的发展作为重要的战略布局加以谋划。④在节能研发上大力创新，勇于打破固有格局和思路。通过新技术打造最具有针对性的排放系统。浙能集团首创的"燃煤机组超低排放关键技术研发及应用"获 2017 年度国家技术发明奖一等奖，开创了煤炭清洁利用的新时代。⑤打造循环经济。循环经济（Circular economy）是对传统线性经济模式的根本变革，它以资源的高效利用和循环利用为目标，以"减量化、再利用、资源化"为原则，实现以尽可能小的资源消耗和环境成本获得尽可能大的经济和社会效益。浙能集团牢记习近平总书记嘱托，不断推进固体废弃物的资源化和无害化处理，防治固体废弃物污染，变废为宝发展循环经济，实现了经济效益和环境效应的双赢。浙能集团的绿色发展之路充分说明，在企业发展壮大的同时坚定不移、面向未来、着眼长远、前瞻性地践行保护好环境的绿色发展理念，这既是现代企业义不容辞的责任和义务，也是企业发展的历史机遇。

二、金华电力：节能减排护生态　唱响绿色发展曲

案例梗概

1. 金华电力公司规划景区"全电"改造方案，进行全领域的用能设备电气化改造。

2. 建设电动汽车充电桩，并网光伏发电，改造全电民宿，实现景区路灯 100% 节能化。

3. 开通绿色业务通道，推出"供电方案 + 用能方案 + 运维方案"三位一体用能新服务。

4. 响应客户用电需求，优先改造供电配套设施，超前做好电能替代项目对接工作。

5. 以"全域旅游"为切入点，配合政府和社会运营商开展新能源汽车充电设施建设。

6. 制订有序引导充电计划，合理引导用户有序充电，确保电动汽车用户绿色出行。

7.开展电动汽车快速充电站降价优惠活动，共享快速充电桩为市民用车提供便利。

8.构建分布式清洁能源等综合能源服务体系，实现供给侧和用户侧双向友好互动。

关键词：电能替代；全电景区；绿色出行；节能减排；智能电网

 案例全文

　　美丽浙江的建设离不开绿色电力的支撑。近年来，浙江各电力部门积极响应国家节能减排号召，不断优化电网结构，大力推进"电能替代"，探索绿色发展新模式，"全电景区"建设如火如荼、新能源汽车引领绿色出行风尚，传统小渔村、偏远山区也能用上清洁能源。一首动听的绿色发展主题曲正在唱响。

绿色电笔　绘就金东"全电景区"好风景

　　2019年4月22日，一支身穿红马甲的党员服务队来到琐园国际研学村，对景区内8家民宿的电锅炉、电热水器等设备进行安全检查，为景区迎接"五一"小长假用电高峰做好准备。这是金华供电公司金东客户分中心为建设全电景区美丽乡村提供优质"售后"服务的缩影。2018年9月，金东供电与琐园古村落旅游开发有限公司签订了合作协议书，规划了景区的"全电"改造方案，对餐饮、住宿、交通等全领域进行用能设备电气化改造，建设电动汽车充电桩5个，并网光伏发电4户，改造全电民宿8户，实现景区路灯100%节能化。"全电景区"建成以来，景区电能占终端能源占比达到90%，增售电量40万千瓦时，减少二氧化碳排放39.9吨，一个美丽和谐的景区焕然一新。

　　为进一步扩大电能替代辐射面、提高电能占终端能源的消费比，2019年，金东供电以琐园"全电景区"为样板，瞄准乡村振兴，推进农村再电气化，设立绿色能源试点村，建立综合能源服务站点，开通绿色业务通道，推出"供电方案＋用能方案＋运维方案"三位一体用能新服务。第一时间响应客户用电需求，优先勘察供电方案，优先改造供电配套设施，超前做好电能替代项目规划、服务、建设对接工作，高标准管控业扩配套工程质量和进度，确保电能替代项目无障碍接入。截至 2019 年 4 月底，金东供电已推广电锅炉、电烘烤等电能替代项目 21 个，完成替代电量 1200 万千瓦时，减排二氧化碳 1000 吨。下一步，金东供电将以金华"无证明城市"建设为契机，立足新农村电力建设重点工作，不断提升用能服务质量，为推动电能替代营造良好环境。

节能减排　东阳绿色交通驶上"快车道"

经过连续两个月的紧张施工，2019 年 4 月，国网东阳市供电公司的工作人员完成东阳市首个公交充电站建设，投运后可满足东阳市 60 余辆电动公交车的充电需求。此举是东阳市构建绿色交通体系的重要举措，标志着东阳公交全面进入电动化新时期。东阳市城乡公交总场充电站占地面积约 1000 平方米，投运箱式变压器 1 台，容量 1250 千伏安，建有 14 个交流充电桩，可同时为 28 辆新能源汽车进行充电，该项目投运后将惠及全市 83 万常住人口出行。根据测算，每辆纯电动公交车每年可替代燃油消耗 14000 升，节约能耗 8.53 吨标准煤，减少 PM2.5 排放 18.27 千克，节能减排效果显著，对于提升城市公交服务质量和城市形象、便捷市民绿色出行起着积极的推动作用。"纯电动公交车运行平稳，噪声小，乘客的乘车体验感更好，以前充电很不方便，单是耗在充、补电来回路上的电就很多。"东阳市交通运输有限公司总经理阮光生表示，现在充电站配建在公交站场内，既方便又能提高公交营运的效率，特别是在节假日高峰期发车频密时，效果会更明显，东阳市剩余的柴油公交车将逐步更新为新能源车。

为深入推进节能减排工作，让市民享受更多的蓝天白云，东阳市近年来大力推动绿色交通发展，公交、出租、环卫、共享汽车、私人乘用车等电动汽车快速增长。国网东阳市供电公司以"全域旅游"为切入点，积极配合政府和社会运营商开展新能源汽车充电设施建设，在东阳市各乡镇街道和横店影视城布局充电桩基础网络，加强充电设施的日常巡视维护，确保充电设施的正常运行和电动汽车的充电效率。截至 2019 年 4 月，东阳市已建成 6 个快速充电站，共计 80 余个充电桩。国网东阳市供电公司利用"车—桩—网"的衔接模式，积极向客户推荐使用手机充电 App，依托覆盖广阔、技术先进、标准统一、安全优质的电动汽车充电服务网络，为用户提供充电站详细地理位置和站内充电桩实时状态查询、路径导航、自助充电支付等功能，综合分析制订有序引导充电计划，合理引导用户有序充电，确保电动汽车用户绿色出行，充电无忧。下一步，国网东阳市供电公司将继续加强与东阳市政府、相关企业的紧密合作，大力开展综合能源业务推广，全力推进新能源汽车充电网络建设，全面加强在运充电设施和售电系统的运维管控，提高充电服务品质，助力东阳"低碳城市、生态城市"建设。

"智能＋绿色"　义乌加快汽车充电网络建设

"现在电动汽车充电越来越方便，价格也更加便宜，让我们这些车主感受到了实实在在的优惠"。2019 年 4 月 18 日，国网义乌市供电公司在义乌市北苑路、生产资料市场的两座电动汽车快速充电站开展降价优惠活动，服务费比原来下降 0.2 元 / 千瓦时，市民陈先生对义乌供电公司的优质服务工作表示肯定。为了方便送货，2018 年上半年陈先生买了一辆电动汽车。之前都在家里给车子充电，不但耗时还不安全，现在停车场内有了共享的快速充电桩之后方便多了。"现在开着新能源汽车上路，真的是太方便了。真心为供电公司优质服务点赞！"此次开展优惠活动的两个快速充电站为刚正式投入使用的新站，每个站可以同时给 8 辆车充电。快速充电桩的功率比较高，达到 60 千瓦，充电效率是普通慢充桩的 5 倍，一台续航里程达到 300 公里的纯电动汽车只需 70 分钟即可充满。

近年来，电能作为清洁能源替代化石能源已成为必然趋势。新能源汽车因为有节能环保、费用低等特点，近年来市场保有量不断提升。充电设施作为新能源汽车产业的重要基础设施，正在通过电动汽车充电服务与智能电网紧密融合，不断深入人们生活。为了满足经济社会发展和人民美好生活需要，国网义乌市供电公司充分履行社会责任，加快充电基础设施建设。积极构建涵盖分布式清洁能源、储能、充电桩、能源交易、节能服务、虚拟电厂、电能替代等内容的综合能源服务体系，实现供给侧和用户侧双向友好互动。为加快义乌市新能源汽车推广和应用，义乌供电公司积极响应"节能减排、绿色出行"政策，加快充电网络布局，助力清洁能源进一步发展。先后在义乌国际商贸城、生产资料市场、北苑路建设了 4 个快速充电站，共 32 个充电桩，为市民提供可靠、高效、便捷的电动汽车充电服务。下一步，义乌供电公司将利用车联网大数据分析应用，继续加快重点区域电动汽车充电桩建设，打造安全、智能、高效、便捷的充电网络，并为电动汽车潜在车主提供充电服务、汽车服务、增值服务等多种服务，不断创新电动汽车服务经营模式，助力"智能交通、绿色出行"。

资料来源：佚名：《节能减排护生态　唱响绿色发展曲》，《浙江日报》2019 年 4 月 26 日，第 18 版；楼诗旭、蒋欣利、陈佳怡：《绿色电笔　绘就金东"全电景区"好风景》，《浙江日报》2019 年 4 月 26 日，第 18 版；王俊男：《节能减排　东阳绿色交通驶上"快车道"》，《浙江日报》2019 年 4 月 26 日，第 18 版；陈姣姣、万志锦：《智能＋绿色　义乌加快汽车充电网络建设》，《浙江日报》2019 年 4 月 26 日，第 18 版。

 经验借鉴

近年来，在国家强调企业应进行可持续绿色化发展改革的背景下，金华供电公司积极响应国家节能减排号召，不断优化电网结构，大力推进"电能替代"，探索绿色发展新模式，大力推广清洁能源。电能替代工作推进有力、成效明显，减少大量能源浪费，保障资源节约与环境改善。金华供电公司绿色发展的经验有如下几条：①在节能减排上提前布局，全域规划。例如，金华电力公司建设"全电景区"，规划景区的"全电"改造方案。综合分析制订有序引导充电计划，合理引导用户有序充电，确保电动汽车用户绿色出行。②在推广清洁能源上寻求合力。金华电力与政府、企业等开展合作，发挥各方优势，推进"电能替代"。例如，金东供电与琐园古村落旅游开发有限公司签订了合作协议书，进行用能设备电气化改造，还以"全域旅游"为切入点，积极配合政府和社会运营商开展新能源汽车充电设施建设。③在节能减排上大胆创新。不断创新绿色服务经营模式。例如，金华电力利用"车—桩—网"的衔接模式，积极向客户推荐使用手机充电 App，依托覆盖广阔、技术先进、标准统一、安全优质的电动汽车充电服务网络服务。④科技引领绿色智能电网。金华电力通过电动汽车充电服务与智能电网紧密融合，不断深入人们生活。利用车联网大数据分析应用，继续加快重点区域电动汽车充电桩建设，打造安全、智能、高效、便捷的充电网络。金华电力结合地方特色制定不同的电能替代方案而非"一刀切"的举措，促进金华地区经济效益和环保效益共赢，并为其他城市发展电能替代，推进绿色转型提供经验参考。

三、杭钢集团：主攻环保产业　节能重焕新生

 案例梗概

1. 杭钢集团联手"清华紫光"成立"富春紫光"，重点开拓城市污水处理市场。
2. 研发污泥深度脱水、污泥干馏制生物炭等环保核心技术，解决污泥处理难题。
3. 以并购重组、强强联合为实现手段，借助环保产业基金，迅速推动节能环保产业。
4. 明确提出实施"四轮驱动""创新高地"的战略思路，看好企业绿色发展的未来。
5. 积极开拓河道修复等市场，探索发展贵稀金属等再生资源循环利用业务。
6. 加强与行业领先企业战略合作，组建专业大气治理公司，拓展新能源产业。
7. 开发恶臭有害废气生物净化技术和设备，参与脱硫脱硝、工业烟粉尘治理。

关键词：污水处理市场开拓；环保核心技术；节能环保产业；绿色转型

 案例全文

　　半山钢铁基地关停后，杭州钢铁集团有限公司（以下简称"杭钢集团"）面临着新与旧的交替、破与立的交织、兴与衰的博弈。唯有解放思想、改革创新，才能推动杭钢集团第三次创业实现新跨越。

钢厂停产早有"预谋"　黑色污水孕育希望

　　从黑色金属冶炼迈向绿色节能环保，杭钢集团早有行动、准备充分。早在 2000 年，在钢铁业经营得风生水起的杭钢集团，在轰轰烈烈进行自身环保改造的同时，联手"清华紫光"成立了浙江富春紫光环保股份有限公司（以下简称"富春紫光"），重点开拓城市污水处理市场，把黑色污水变清，从中培育杭钢发展的新产业。2015 年，杭钢集团仅环保产业板块就实现营业收入 49.13 亿元，利润 1.9 亿元，总资产 34.4 亿元。2016 年，杭钢集团污水处理领

衔的环保产业的蓬勃发展，污水处理规模达到每天 400 万吨，年利润过亿元。经过近些年的发展，截至 2017 年 6 月，富春紫光在全国各地运营着 30 家污水处理厂，是浙江省最大的污水处理企业。浙江第一个污水处理 BOT 项目临海城市污水处理厂、第一个污水处理 PPP 项目常山天马污水处理厂、亚洲最大半地下式污水处理项目温州中心片污水处理厂，都是富春紫光环保公司建设运营的。杭钢集团所属的浙江省工业设计院、冶金研究院等科研院所长期从事污水处理设施设计等环保业务。这些实践和成绩让转型升级中的杭钢看到了未来发展的方向，也让众多因钢铁产能关停而面临分流安置的杭钢人找到了人生的新起点。

四十出头的马为卿如今是富春紫光的工程师，在杭钢炼铁厂综合站工作了 20 来年的她，经历了转岗分流的考验。"在炼铁干了 20 年的自动化，我们的自动化在业内同类炼铁厂中也算小有名气，但也习惯了每天按部就班的工作，突然说要提前关停分流，着实有些迷茫。"马为卿说，"正值上有老下有小的年龄要分流离岗，谁都着急啊。"富春紫光厂内招聘，让马为卿看到了希望，多年的自动化生产经验让她成功应聘。"污水处理厂也需要自动化，富春紫光五六百员工，现在管理营运着 30 个污水处理项目，大量的要靠自动化提高生产效率。"马为卿说，"离开炼铁厂进入环保水务行业，发现这里的天地很大。"多年的环保生产营运实践，让杭钢集团积累了较强的环保核心技术。如在污水处理厂污泥处置上，研发出污泥深度脱水、污泥干馏制生物炭等核心技术，解决了污泥处理难题。同时，多年的污水处理设施建设运营维护经验，也让富春紫光积累相当的市场信誉，抢占了不少市场份额。2017 年，富春紫光最远的污水处理项目已远到河西走廊。

找准转型主攻方向　立志实现"三百计划"

黑色污水中赚来的真金白银，让关停半山钢铁基地后的杭钢人对"绿水青山就是金山银山"的科学论断体会深刻。经过反复论证，在制定"十三五"规划时，杭钢集团明确环保产业是推进转型升级的主攻方向。2015 年 9 月以来，杭钢集团确定了"高端、创新、绿色、特色"的发展方向，主攻节能环保产业。"作为省属国有企业，杭钢集团理应主动担当，将浙江省委省政府以'五水共治'为重点的环境保护重大决策和浙江经验转化为先进的商业模式。"

杭钢集体前任董事长陈月亮表示。吴黎明这些年工作的变动，其实也印证着杭钢走绿色发展转型升级的脉络。2013 年，冶金铁路运输专业的他，从杭钢储运公司经理转任富春紫光董事长、总经理，如今又从富春紫光，出任杭钢新成立的浙江省环保集团总经理。"冶金运输串联起原料、炼铁、炼钢的全过程，在杭钢涉及铁路、公路、水路等多种运输方式，事关钢铁生产的全过程，在钢厂是个极专业的部门。当时调我搞污水处理，的确有些意外。经过几年水务市场的磨炼，我看到了发展绿色环保产业的巨大前景。"吴黎明说。

从黑色冶炼积极转型绿色环保的杭州钢铁集团，2017 年在产业转型升级路上迈出了新的一步，成立浙江环保集团有限公司，成为国内城市钢厂关停实施转型升级的样板。集团提出了"十三五" 3 个百亿元目标，即努力在"十三五"规划期间组建 100 亿元环保产业基金，完成 100 亿元环保投资，实现 100 亿元销售收入。以并购重组、强强联合为手段，核心技术支撑 + 金融平台支持"两条腿"走路。对于今后的发展，杭钢集团已有明确的节能环保产业发展规划。据介绍，杭钢将充分发挥集团产业基础、人才技术、资金实力、融资平台、土地资源以及国企品牌、社会影响力等优势，拓展水处理技术、水处理运营管理、环保装备制造、大气污染治理、固废处理等业务，努力构建"1+3+N"节能环保产业格局。其中，"1"即一个"共治、共赢、共享"的经营发展理念。"3"即涵盖治污水、防洪水、排涝水、保供水、抓节水的"五水共治"，清淤土、治渣土、消毒土、除弃土、利废土的"五土整治"，以及控烟气、降废气、除臭气、减尾气、消浊气的"五气合治"的"三五联治"发展体系。"N"即打造 N 个创新发展平台，主要包括：组建浙江环保集团有限公司；搭建资本运作和投融资平台，成立浙江节能环保产业基金；组建浙江省节能环保技术研究院，设立浙江省节能环保产业学院，成立节能环保装备制造公司，建设智慧节能环保信息平台，组建环境医院等。

涉足土壤、大气治理 环保产业做大做强

杭钢集团发展节能环保产业的路径和切入点也非常明晰——以并购重组、强强联合为手段，借助环保产业基金，迅速推动节能环保产业做大做强。围绕浙江"五水共治"，浙江环保集团将以治污水为核心业务，通过"重组并购 + 运维""环保 + 互联网"模式，形成水务全产业链。在"五土整治"上，以

清淤土和治渣土为重点业务，积极开拓河道修复、污泥处理、土壤治理、垃圾处理等市场，探索发展贵稀金属、钢铁等再生资源循环利用业务。

在"五气合治"上，以控烟气为重点业务，加强与行业领先企业战略合作，组建专业大气治理公司，积极参与脱硫脱硝、工业烟粉尘治理等业务，开发恶臭有害废气生物净化技术和设备，并积极拓展新能源产业。陈月亮曾表示，杭钢集团将坚持核心技术支撑＋金融平台支持"两条腿"走路，积极拓展针对各类园区和特色小镇的环境综合治理业务，发展以环保装备为主的装备制造业，打造相对集中的产业生态圈。

杭钢集团决策层更看好绿色发展的未来。在杭钢集团新编修的《"十三五"发展规划》中明确提出，实施"四轮驱动""创新高地"的战略思路。"四轮驱动"，即形成"2+2"产业架构，也就是：主攻节能环保产业、做强做优钢铁制造及金属贸易产业，积极培育智能健康、教育与技术服务两大产业。"创新高地"，即把半山基地和宁波基地打造为"创新高地"。退出钢铁生产的杭钢集团半山基地，将围绕杭州市26.7平方千米的杭钢新城规划，以半山基地1700多亩自留土地为基础，按照"创新、高端、绿色、特色"的发展理念，有效激活厂区的空间更新和文化遗存价值，把半山新产业基地建设成以快乐健康、智能环保产业为主导，产城融合的创新基地。陈月亮曾说，环保事业是民生事业，环保产业是朝阳产业。从火红的冶炼之光到黑色烟尘、污水，到关停分流夜的皑皑白雪，到如今主攻绿色节能环保，斑斓色彩的变幻，昭示着已历经一个甲子岁月洗礼的杭钢，在壮士断腕凤凰涅槃后，正迎来绿色发展新希望。

资料来源：晏利扬：《十里钢城停炉　环保新星升起——杭钢转型升级组建浙江环保集团，打造国际性综合节能环境服务商》，《中国环境报》2016年10月25日，第9版；张帆：《甲子杭钢　焕新生》，《浙江日报》2017年6月11日，第F0014版。

 经验借鉴

如今时代，企业唯有不断推陈出新，顺应时代和政策的变化发展才能立足当今商业环境。杭钢集团前后经历三次改革转型，追随我国制造业鼓励的绿色化、无污染的政策导向。杭钢集团同时组建了浙江省环保集团、杭钢职业教育集团等一批新产业集群，助能杭钢集团的高素质员工的培养，从生产的各个环节提高产品质量，减少资源浪费。以下是关于杭钢集团为环保产业做出的转型方针：①以绿色发展为战略定位。杭钢集团战略方向定位为主攻节能环保产业，做优质钢铁和金属贸易，制定清晰的环保节能战略规划，面对如今多元化的挑战多次改变企业战略，杭钢从粗犷地生产发展到追逐绿色化、环保化发展，将绿色生产制造、高效处理污染排放物作为最高战略定位。②注重环保技术研发，创新驱动绿色发展。杭钢集团在生产和处理污染方面研发和引进各类环保技术，例如，关于污水和污泥处置，研发污泥深度脱水、污泥干馏制生物炭等环保技术以降低污染，把半山基地和宁波基地打造为产城融合的创新高地。③并购重组，引进环保基因。杭钢集团借助环保基金，通过并购重组、强强联合的方式引进钢铁制造产业的环保企业推动企业环保转型。④树立"共治、共赢、共享"的经营发展理念，主攻节能环保产业。以"高端、创新、绿色、特色"为发展方向，以并购重组、强强联合为主要手段，建立多个环保绿色研究基地，开展钢铁的绿色生产加工，通过核心环保技术全方位控制"三废"排放，为社会带来绿色经济效益。⑤注重绿色发展的战略合作，打造集中的产业生态圈。例如，杭钢集团在"五气合治"上，以控烟气为重点业务，加强与行业领先企业战略合作，组建专业大气治理公司，积极参与脱硫脱硝、工业烟粉尘治理等业务，发展以环保装备为主的装备制造业，打造相对集中的产业生态圈。杭钢集团的经验做法不仅补全了环保生态链，极大减少了污染排放，还促进了稀金属、钢铁等再生资源循环利用和经济效益的提升，走出了一条绿色发展的创新之路。

四、时空电动：铺设"蓝色大道" 探索绿色出行

案例梗概

1. 浙企时空电动将电动汽车批量应用的国家战略落到实处，推广新能源电动汽车。

2. 建立近 30 个超级换电站，组成"时空移动电网"，保证"蓝色大道"司机的换电需求。

3. 与滴滴、物产中大等开展合作，并吸引更多重量级合作伙伴加入"蓝色大道"计划。

4. 建立一个开放的体系——任何整车厂都可以与之合作，齐力推动生态出行革命。

5. 建立适应所有车型的充换电网络，让用户有传统车辆加油时一样方便、快捷的体验。

6. 与杭州外事旅游汽车集团有限公司合力向出租车领域进发，推动新能源电动车发展。

7. 抢先卡位新能源出行的基础设施服务，为高频运营车辆提供方便快捷的换电服务。

关键词： 新能源汽车；蓝色大道；绿色能源；轻资产；生态革命

 案例全文

2017 年以来，杭州路上突然多出了许多贴有"蓝色大道"车标的纯电动汽车，引发了新能源行业及资本领域的关注。据了解，在杭州已有近 2000 辆"蓝色大道"电动汽车投入运营，开始逐渐为公众所认知。"搭载时空动力电池、使用时空移动电网换电服务的纯电动汽车，我们称为'蓝色大道'电动汽车。"时空电动企业股份有限公司（以下简称"时空电动"）CEO 陈峰表示，"截至 2017 年 8 月底，这些车辆的总行驶里程已近 1.4 亿公里。"时空电动与东风汽车合作的 ER30，2016 年曾经作为 G20 杭州峰会保障用车，为峰会保驾护航，之后就开始为杭州百姓提供便捷、环保的出行服务了。

交通工具新能源化已成全球议题。继法国、荷兰、德国等欧洲国家提出停止销售燃油车计划后，中国也将这一计划提上日程。而在真实的市场端，电动汽车上路难、推广难，曾让许多车主望而却步。"蓝色大道"近 1.4 亿公里的真实运营里程，是个了不起的数字，它证明电动汽车可以高频应用。"蓝色大道"也是浙江企业对国家战略和全球议题的最新贡献。

雄心壮志　新能源产业早有布局

时空电动在产业上游布局始于 2009 年，集团公司正式创立于 2013 年。在电动汽车成为热门话题的这几年，时空电动曾经被贴上"电动汽车界的小米""10 亿美元独角兽""电动汽车全产业链"等标签。而陈峰表示，经过与产业链和市场"死磕"近八年后，"蓝色大道"才是时空电动找到的使命之路：在真正合理的应用场景下，用经过实战检验的运营模式，将电动汽车批量应用的国家战略落到实处，最终建设一张移动电网。资本的青睐更令这一"浙江模式"的新能源汽车高频应用样本如虎添翼。除了滴滴之外，时空电动与东风汽车、浙江物产等"大牌"公司也有长期稳定的合作关系。事实上，"蓝色大道"计划，不仅是新能源车的市场化应用，更是"高频出行新能源化解决方案"的试水者。透过时空电动的发展路径和"蓝色大道"项目的运作轨迹，或许可以发现一些新能源的产业趋势。"以城市交通出行全面升级为契机，打造国内领先的新能源及交通出行产业集团。"陈峰如此描绘时空电动的规划。2017 年，"蓝色大道"计划全国拓展取得阶段性发展。

"蓝色大道" 新能源出行生态革命

"蓝色大道"到底是什么？它是一个解决方案：在一个中心城市，从电动汽车定制、专业运营管理直到移动电网建设，为城市管理者和公众提供高频出行清洁能源化的全面解决方案。它是一个市场推广计划：五年时间，建设一张移动电网，推广 25 万辆电动汽车。它是一张未来的能源网络：在推动电动汽车落地的同时，建设时空移动电网，不但可以支撑当下的运营车辆，也为未来的私家车、物流车解决了能量补充难题。

到 2017 年，杭州已经建起了近 30 个这样的超级换电站，组成了"时空移动电网"，保证了"蓝色大道"司机的日常换电需求。近 1.4 亿公里的真实运营里程，就是在移动电网的支撑下跑出来的。"网约车 + 换电站"的浙江模式，将时空电动的新能源产业链布局全盘市场化展示。首先，要有车：搭载时空电动的电池，并且有时空电动与整车厂合作研发的电动汽车；其次，要有能量补充网络：数十个换电站共组移动电网；最后，要能带动生态，大量的"小老板"可以通过汽车金融杠杆，参与到绿色出行生意中来。2017 年 9 月，UBER 公司在伦敦提出，到 2030 年之前，将其平台上全部运营车辆替换为新能源汽车，不再使用燃油汽车。而在中国，"蓝色大道"已经在运营车辆的电动化方面，取得了重大突破。

破局样本 自带体系者先行一步

作为全球第一大汽车消费市场，中国在新能源汽车领域的政策也越发成熟和完善。2016 年，国家发改委联同国家能源局、工信部和住房城乡建设部下发通知，要求推动解决居民区电动汽车充电难题，并有意在京津冀鲁、长三角、珠三角等地重点城市设立示范试点。2017 年 9 月 9 日，工信部相关负责人表示，已启动研究传统燃油车的退出时间表，同时备受关注的"双积分"政策也即将发布。在这样的态势下，时空电动探索出的真实应用场景和近 1.4 亿公里的实战数据，显得尤为珍贵。在业界看来，时空电动发起的"蓝色大道"计划，是对"清洁能源与可持续发展""交通工具新能源化""互联网 +"三大国家战略的承接；它聚焦于出租车和网约车两大城市碳排放大户，让更多的电动汽车跑在路上；同步建设技术领先又解决实际问题的移动电网；高效、顺畅、安全地完成城市交通新能源化迭代。

如此庞大的市场，将有三个"军团"加入战团，即传统车企、新势力出行企业及互联网造车公司，以及外资或合资品牌。曾有消息称，合资品牌将会在 2019 年以后大规模进入中国市场，届时中国新能源出行消费环境、基础设施建设基本成形，跨国企业适时而入。本土企业将如何应对？在获得各中心城市与资本市场青睐的同时，"蓝色大道"计划也冀望于为产业模式创新和中国智能清洁城市的建设贡献一份力量。在滴滴、物产中大、美都能源、中电投的平台合作、财务投资与合作推广之外，更多重量级合作伙伴，也即将以多种形式加入"蓝色大道"计划。网约车（出租车）、换电模式、能源互联网，五年 25 万辆的巨大目标，时空电动和众多合作伙伴已经启程。本土的新能源出行生态运营商的成长和突围，才刚刚开始。

战略合作　新能源汽车大规模落地

在新能源交通领域，被业内称为"10 亿美元独角兽"的时空电动已成焦点。这注定是一场旷日持久的战争，时空电动 COO 马辉（花名"道长"）对此早有准备。

"新能源汽车必定会成为未来交通出行的主要工具，但在此时此刻，与传统交通工具比起来，它还是个'新生儿'。"马辉说。此时正是 2018 年 4 月，春光正好。距离 2018 年 2 月时空电动宣布获 IDG 资本 10 亿元人民币投资不过月余时间。这是近一年内时空电动获得的第二笔投资，也是其自 2013 年创立以来，收获最大的一笔投资。上一笔投资消息公布于 2017 年的 5 月，来自 A 股上市公司美都能源，这家上市公司选择了与时空电动旗下"蓝色大道"业务线签订 A 轮融资框架协议，当时的融资规模是 6 亿元人民币。两笔投资，把这个将自己定义为新能源及交通出行产业公司的企业，推到了同行们艳羡的地位。在获得 IDG 资本的橄榄枝之前，据公开消息显示，时空电动的估值已达 58 亿元人民币。不过，时空电动对新一轮估值保持沉默。

到 2018 年 5 月，时空电动的一项重要品牌——"蓝色大道""出生"快满一年。在"蓝色大道"计划中，时空电动主要做哪些工作？马辉介绍："第一，我们的商业模式从标准化的电池开始，在此基础上达成了与整车厂合作的条件；第二，作为时空电动生态闭环中的一部分，我们建成了一个开放的体系，任何整车厂都可以与我们合作；第三，我们正在建立适应所有车型的充换电网络，争取让使用新能源交通的用户有与传统车辆加油时一样方便、快捷的体验。"在时空电动的"蓝色大道"上奔驰的，绝大部分是网约车这样高频出行的运营车辆。"按照 2018 年的应用情况来看，运营车辆是新能源汽车大规模落地的重要场景。"马辉这样说。

严格来说，滴滴在新能源汽车领域的首个战略合作伙伴其实是时空电动。双方的合作始于 2015 年，也是新能源汽车行业与互联网出行行业合作的最初模板之一。而时空电动 2017 年推出的"蓝色大道"计划，正是基于滴滴纯电动网约车领域的旺盛需求。截至 2017 年底，搭载时空动力电池、使用"蓝色大道"换电网络的各类纯电动车辆，总行驶里程超过 2 亿公里。2018 年初，时空电动还获得了来自滴滴出行的纯电动网约车的首笔订单，首期规模 2000 辆，并将在 2018 年二季度内发车到位。这批纯电动汽车将作为网约车，投放在广州、深圳、厦门、福州等地，后续还将不断增加投放城市和投放量。除了网约车之外，时空电动也开始向出租车领域进发。2018 年 3 月 6 日，时空电动与杭州外事旅游汽车集团有限公司在杭州外事出租车服务区举行了东风·时空 E17 出租车交车仪式。由此，上百辆"蓝色大道"出租车将正式投入运营。投放后，车辆将由杭州外事旅游汽车集团负责运营，时空电动旗下的"蓝色大道"提供换电服务。

轻资产玩法　移动电网正缓缓铺开

与其他新能源汽车玩家不同的是，时空电动选择了轻资产的玩法，"蓝色大道"模式的推行正是在这样的思路下诞生的。马辉介绍，截至 2017 年 9 月 19 日前，已有 12 个城市的"蓝色大道"建站开城。"在选择布局时，我们会优先选择本身网约车市场比较大的城市，这些城市能消化新投放电动网约车的增量，以及这些城市本身有替换新能源车辆的需求，而且量比较大。从 2016 年开始，我们逐渐在杭州把模式打透，2017 年底，苏州和长沙的移动电网也基本成型。2018 年，这三座城市总换电能力可惠及近一万辆快车运营。随着其他城市能源网络的逐步完善，实现'三网融合'的城市在 2018 年将达到更多"。

随着"三网融合"的到来，"蓝色大道"司机越跑越远，异地接单变得越来越平常。就在 2017 年 4 月，从苏州出发前往江浙沪的异地换电次数就超过了 50 起。最长单程距离达到两百多公里。从无锡到苏州，从苏州到上海，再到杭州，时空移动电网覆盖下的江浙沪三地牢牢联结起来。长三角地区率先实现能源网络一体化。马辉表示："现在，'蓝色大道'在大连、上海、南昌、西安、成都、无锡等 12 座城市都在建站和开城。时空移动电网已经成为当前运营车辆非常重要的基础设施，很好地支撑着高频车辆像网约车、出租车等，以及中频车辆如城市配送的物流车等的运营。到 2018 年底，我们计划布局的城市数量将在 20 到 25 个。"

在"蓝色大道"模式的关键词中，除了"车"之外，还有一个重点是"道"。马辉的话语背后，一张时空电动的"野心之网"正在缓缓向中华大地铺开。那就是时空的移动电网。在现有的电动汽车动力解决方案上，一般有充电和换电两种。由此，充电桩和换电站也成为服务这两种不同动力方案车辆的基础设施。时空电动采用的换电模式，车主可以在固定场所直接由机械臂辅助人工将电池换下，3~5 分钟后即可出行。在高频使用的运营车辆中，换电看起来确实比充电快捷很多。而在建立换电站这件事上，不难发现，时空电动正在尝试抢先卡位新能源出行的基础设施服务。

时空电动创立之初在纯电动汽车动力电池、电机、电控三大核心技术方面大下功夫。据介绍，2018 年在电动汽车全产业链领域，时空电动已拥有近百项专利。在行业内看似已经成为佼佼者，但马辉所代表的时空电动人似乎毫不满足："我们有个口号，叫作'清洁能源在路上'。此刻我们谈论的新能源出行产业，就像在 2000 年时谈互联网电子商务行业一样，就是一个刚刚萌芽的新兴产业。与传统汽车的市场占有量相比，2018 年新能源汽车还像个

'新生儿'。"这个"新生儿"的迅猛成长似乎指日可待。中国未来禁止销售加汽油、柴油的传统汽车这项利好，对于时空电动这样的新能源汽车企业而言，无疑是"好风凭借力"。

"在未来可以预见的大趋势中，时空电动努力抓住机遇，是我们的目标。"马辉如是说。

和许多互联网公司一样，时空电动也有一套花名系统，大多数时空人都选择了虚构作品中的人物作为花名："年青一代的花名里有三井寿、鲁西西、雅典娜，少量年纪大的同事喜欢西游记，所以花名里也有观音、唐僧、大师兄和二师兄。我们是创业公司，平时也经常用取经、八十一难、行李这些隐喻来激励大家。"而马辉的选择是"道长"，除了布道新能源这条大道坦途之外，也有路漫修远，上下求索之感。

资料来源：佚名：《时空电动：探索新能源未来出行生态的实践》，《浙江日报》2017年9月19日，第12版；姚恩育：《时空电动：破晓时分》，《浙商》2018年5月11日，第286期。

 经验借鉴

在我国推动三大政策"清洁能源与可持续发展""交通工具新能源化""互联网＋"的背景下，多数新能源汽车企业横空出世，其中，立于新能源时代浪尖的浙江企业时空电动提出并践行多个新能源企业生产、布点方案。时空电动提出的"蓝色大道"计划在全国拓展取得阶段性发展，高效、清洁、安全地使城市交通改革换代，推进城市未来智能和环保出行的进程。"蓝色大道"的布点以及优势主要包括以下几个方面：①立足环保，聚焦新能源汽车市场。时空电动承接国家战略，提出"蓝色大道"计划。从标准化电池、打造新能源电动汽车生态网络、全城市移动电网布点三步抢占智能绿色出行的蓝海市场。②合作研发，长远布局。时空电动获国内顶尖风投机构平台与资金支持，与城市旅游局等政府机关合作，与滴滴等交通龙头企业合作，与整车厂合作，研发电动汽车，善于和上下游合作确保完整生态，加快城市绿色节能出行布局。③大胆尝试，选择轻资产发展模式。在轻资产运营的思路下，全国优先布点网约车需求量大的城市，削减推广成本，实现快速返利。运用大数据与人工智能精准规划，避免重资产频繁变更带来的成本增加，从而推动企业可持续发展。"三网融合"战略使充电站的利用率逐步升高，产生更大的经济效益。④绿色和实干的企业文化。时空电动将"清洁能源在路上"作为企业核心文化和价值观，并通过独特花名系统鼓励员工吃苦耐劳，共建未来美好社会的企业文化也是时空电动稳健发展多年的根基所在。时空电动探索新能源汽车市场发展之路，为城市提供清洁能源的全面解决方案，全力助推城市未来绿色出行，值得期待，更值得借鉴。

五、天能集团：不忘绿色初心　守护绿色生命

 案例梗概

1. 天能集团引进国外先进的蓄电池资源回收再利用技术设备，探索绿色生产。
2. 从生产制造，回收处理，再生冶炼，最后回到生产，打造闭环式的循环经济产业链。
3. 以旧换新，最大限度回收废旧电池，进行再利用，延伸绿色循环产业链。
4. 在技改、科研、环保方面投入 43 亿元，推动产业转型升级与环保发展。
5. 率先履行生产者责任延伸制，开展废旧电池回收，实现对电池的全生命周期管理。
6. 斥资近 30 亿元建设循环经济产业园，产业园工业用水重复利用率达到 100%。
7. 打造铅蓄电池行业集回收、冶炼、再生产于一体的闭环式绿色产业链。
8. 将废旧电池分散回收、集中处置、无害化再生利用，形成闭环式的循环经济生态圈。

关键词：绿色转型；智能生产；一圈一链；以旧换新；回收再利用

 案例全文

走进位于浙江省湖州市的天能集团循环经济产业园，绿树环绕，池塘鱼戏。这座年产值达到 60 亿元的花园式工厂，是国家级循环经济标准化试点基地。"湖州是'绿水青山就是金山银山'发展理念的诞生地，也是国内首个以'绿色智造'为特色的试点示范城市，天能的变革转型正是湖州'绿色智造'

的写照"。天能集团董事长张天任说，天能集团专注电池产业 32 年，从一家村办小厂发展成为国内新能源动力电池领军企业，要用绿色点亮百姓生活。

2016 年 8 月 15 日上午 10 时，位于浙江省长兴的天能循环经济产业园内，操作工俞潮平正操控着智能化的抓斗，将满斗的废旧电池转移到粉碎机进行下一步处理；主控室内的工人周其阳在屏幕上操控着从意大利引进的铅蓄电池回收生产线……每天有 400 多吨的电池在这里"粉身碎骨""脱胎重生"。2016 年 9 月，循环经济产业园区二期即将建成，届时天能集团年处理废旧铅蓄电池将达到 40 万吨，相当于能"消化"掉浙江省 70% 的废旧电池。2016 年是天能集团走过的第 30 个年头，以电动车动力电池制造为主的天能，不仅在行业处于领先地位，更在绿色发展的道路上越走越稳。"天能集团绿色发展的新增长故事才刚刚开始。"天能集团董事长张天任说。在张天任和他的团队的努力下，天能已成为集铅蓄电池，新能源镍氢，锂离子电池，风能、太阳能储能电池以及再生铅资源回收、循环利用等新能源的研发、生产、销售为一体，目前国内领先的绿色动力能源制造商。

历经 4 年扭亏为盈　守住环境保护生命线

走在天能集团位于长兴吴山的循环经济产业园，满目青翠，让人感觉这里更像一个花园而不是工厂。过去，天能集团等长兴铅蓄电池企业可不是这番光景。位于长兴县西北部的工业大镇煤山镇是天能集团诞生地。这里群山环抱，绿树成荫，南涧与北涧汇成合溪，滋润着这片土地。"上世纪八九十年代的煤山镇不像现在一样风景如画。那时候天常是灰沉沉的，工厂烟囱'吞云吐雾'，遇上雨天更有酸雨……"回忆起老煤山，张天任很是感慨。不只是煤山镇，整个长兴县铅蓄电池企业高峰时期达到 175 家，一举成为"电池之乡"。但行业高速发展的背后却是以牺牲环境为代价，落后的生产工艺带来大量污染物的排放，废旧铅酸电池更是环境污染的"定时炸弹"……铅蓄电池行业一度让人谈"铅"色变。

铅蓄电池行业注定就要戴一顶高污染的帽子吗？在发达国家，铅蓄电池生产能够做到安全洁净，美国政府甚至将铅蓄电池生产从主要铅污染源名单上划掉了。目睹行业落后现状，对照国际先进水平，张天任开始意识到，绿色发展才是企业可持续发展的必由之路。天能集团开始了对绿色生产和废电池回收处理的艰难探索。2009 年夏天，张天任满怀欣喜地从意大利带回了代表国外蓄电池资源回收再生利用技术领先水平的全自动机械破碎设备和水力分选工艺技术设备，但他并没有开心几天。由于国内外废旧电池的差异，这套进口设备运行效率不如预期，效费比甚至比不上以前的"土办法"。一道难题摆在张天任面前：要社会效益还是经济效益？张天任顶着亏损的压力，毅然决定坚持推广清洁生产："我们天能发展要立足主业，新老结合，决不能丢掉环境保护的生命线。"经过 4 年的转型阵痛，天能终于完成了设备的调试和技术的革新，产业园终于在 2014 年扭亏为盈。

高效回收变废为宝　带动行业标准提升

在大部分人的印象里，一块铅酸蓄电池使用两三年后就报废没使用价值了。如今，天能集团却给了人们另一种可能：一块近 5 千克重的废旧铅酸蓄电池在经过多道工序后，被分解提炼回收 3 千多克再生铅、1 千多克硫酸钠和 0.3 千克聚丙烯塑料，这些物质又再次送进生产线，生产成新的铅酸蓄电池投放市场。"从生产制造，到回收处理，再生冶炼，最后回到生产，我们打造了一个闭环式的循环经济产业链。"张天任介绍道，当前铅污染防治重心已由生产环节转移到再生铅环节，天能集团对此做了一个非常好的破题，形成一个"闭环"经济，改变了铅蓄电池产业的发展之路。"由于从废料中直接回收再生铅，不需要像原生铅那样采矿、选矿，因此，成本、能耗、排放得以大幅降低。"天能电源材料有限公司技质部高级工程师娄可柏介绍，设备和工艺是从意大利引进的，但结合了天能自主创新的纯氧助燃、精炼保锑、专利合金配制、废烟气处理等技术，提取再生铅的生产成本比原生铅低 38%，能耗仅为原生铅的25.1%。相比于传统的原生铅生产方式，每生产一吨再生铅可节约 1360 千克标煤，节约 208 吨水，减少固体废物 98.7 吨，减排二氧化硫 0.66 吨。

从回收到破碎、分选、熔炼、精炼，再到重新组装成电池，天能将每一个步骤细细分开，从中分离出含铅物质，重新炼成铅；分离出废塑料，重新制造电池外壳；分离出废酸，生产出工业产品硫酸钠，而且回收利用率极高。2016 年，废旧电池金属回收率可达 99% 以上，塑料回收率达 99%，残酸回收率达 100%，工业用水重复利用率 98%，处理过的水可以用来浇花养鱼，做到了真正意义上的变废为宝。张天任说，"我们要推动中国整个铅蓄电池行业坚定不移地走绿色发展的道路。"在天能的推动下，天能的一些绿色发展指标远远超过国家法律法规规定的相关标准，在绿色发展的一些标准上，天能成为铅蓄电池行业标杆，带动了全行业的标准提升。如今，铅蓄电池项目资金中25%必须是环保设备投入，已经成了长兴蓄电池行业的一条"行规"。

5 年科技投入 43 亿元　创新人才成为主力

2016 年，在天能遍布全国的 50 万家门店里开展以旧换新活动。消费者拿着废旧电池，以折价的形式来补差价换取新的电池。"废旧电池留着也没什么用，现在可以拿来抵 100 多元钱！"通过这样的方法，天能集团最大限度回收了社会上的废旧电池，进行回收再利用，延伸了绿色循环的产业链。2016 年，在技术提供保障的情况下，完善回收网络成了当务之急。张天任表示，只有建立起健全的废旧铅蓄电池回收体系，污染和浪费问题才能得到根本解决。

对天能集团来说，绿色发展不只是发展理念的驱动，更是科技的驱动。天能集团通过机器换人、智能制造等手段不断提高生产水平，推动产业转型升级。"践行绿色发展，科技创新是前提。"张天任认为。"十二五"规划期间，天能集团在技改、科研、环保方面先后投入了 43 亿元，占营收总比达到 7.43%，在同行业中处于领先地位。近年来，天能集团围绕发展重心实施特色人才项目，培育了一批创新型人才和高层次人才。李文博士曾在美国知名企业工作 10 多年，深耕燃料电池、锂离子电池、储氢材料等新能源领域，先后主持完成 30 多项高端科研项目，其中 3 项为世界首创，并获得 28 项美国专利授权。2014 年回国后，李文入职天能集团担任首席科学家。到天能集团后，公司专门组建了一个团队，建立了实验室。如今的天能，已拥有特聘院士 4 人、国内行业顶尖专家顾问团队 33 人，外籍专家顾问 5 人，国家"千人计划"特聘专家 2 人，博士 7 人。先后承担国家科技支撑计划 2 项，国家政策引导类项目 35 项，授权专利 1584 项，其中发明专利 125 项，参与制定国际、国家和行业标准 40 余项。不久前，天能锂电的智能化工厂还成为国家工信部的"智能制造综合标准化与新模式应用项目"，成为浙江省唯一入选的锂电项目。科技进步帮助天能进一步提高了清洁生产的能力，天能在浙江、江苏、安徽、河南四省的八大生产基地所有工厂都能在无污染、无排放的前提下完成生产，废水、废气都得到了有效处置。"我们仰望同一片星空，脚踏同一片大地，我们要像对待生命一样对待生态环境。"张天任这么告诫集团全体员工，天能要永远守望绿色发展之路，不改初心。

生产迈入"智造时代" "一圈一链"驱动发展

2016 年开始，天能集团着力推进机器换人、智能制造。到 2018 年，天能集团已拥有国内最先进的铅蓄电池全自动装配生产线，每班次装配线上的人数从原来的 51 人减少到 7 人，每 15 秒就生产出 1 节电池，人均产能提升 3.7 倍，生产效率和产品质量大幅提升。天能研发的智能"云电池"已经投放市场，这款电池通过"天能云网"将云电池、互联网和用户手机连接起来，从而给传统动力电池附加了定位、管理、防盗等功能。此外，天能的电动汽车 PACK（新能源汽车的电池包）与电池管理系统 BMS 也深受客户好评。天能"十三五"规划期间的互联网战略，就是要让互联网渗透到制造业，通过互联网与实业的结合，以流程再造、组织再造与转型升级，打造一个基于"互联网 +"的平台型企业。

近年来，天能集团通过"一圈一链"来促进企业的高质量可持续发展，为国家的生态文明建设做出贡献。一圈，就是循环经济生态圈。天能集团斥资近 30 亿元建设的循环经济产业园，包括已建设的"年回收处理 30 万吨废铅酸蓄电池"及"年产 2000 万千伏安时动力储能用密封铅酸蓄电池"两大项目。天能集团在浙江长兴发展循环经济产业并进行了复制推广，2011 年起在河南濮阳建设了年处理 10 万吨的循环经济产业园。通过在全国各地的 30 万个营销网点，将废旧电池分散回收、集中处置、无害化再生利用，形成了闭环式的循环经济生态圈。一链，就是绿色智造产业链。天能集团从绿色产品、绿色车间、绿色工厂、绿色园区、绿色标准、绿色供应链等入手，借助互联网、大数据、云计算等手段，把绿色智造这条主线贯穿到生产经营的全流程，引领产业向绿色、高端、智能方向发展。2017 年工信部公布的第一批绿色制造体系示范名单中，天能集团就有 3 家公司榜上有名，其中两家被评为绿色工厂示范企业，一家被评为绿色供应链管理示范企业。

转型植入"绿色基因" 蓄电池产业稳步发展

2017 年 2 月，天能集团"高性能铅蓄电池绿色设计平台建设与产业化应用项目"被列入首批工信部2016年绿色制造系统集成项目。这家传统型装备制造企业，近年来始终把"绿色"作为转型升级过程中的优先项，步伐越走越快，越走越稳。"一方面，我们通过产品的生态设计，从材料源头赋予电池更环保、更安全的特性；另一方面，我们还在行业内率先履行生产者责任延伸制，开展废旧电池回收，发展循环经济产业，实现了对电池的全生命周期管理。"天能集团有关负责人说。

2005年和2011年，长兴县先后开展了两次蓄电池产业专项整治，大面积开展对蓄电池"低小散"企业的关停淘汰。长兴县专门出台了《长兴县蓄电池产业转型升级实施意见》，引导蓄电池产业集群集聚发展，政府投资基础设施建设7.39亿元，规划了郎山和城南两大新能源高新园区。长兴制定出台《铅酸蓄电池行业专项整治扶持政策》《关于金融支持长兴县铅酸蓄电池企业专项整治和转型升级的指导意见》等一系列专项扶持政策，在税收、土地、规费、设备投入等方面扶持和鼓励保留企业原地提升或搬迁入园、关停淘汰企业转产转行，共涉及政府资金近2亿元。

通过整治，长兴县蓄电池行业产值增长10.5倍。长兴蓄电池生产形成了从电池研发、生产及组装、原辅材料加工、零配件制造、销售，到废旧电池回收的完整产业链。长兴蓄电池企业由整治前"低小散"的175家，重组提升为16家现代化企业，包括2家超百亿元龙头企业天能集团和超威集团。到2016年，长兴县蓄电池企业与国内20多家科研院所建立了合作关系，拥有2个国家级技术中心，8家企业研发中心，10家企业被评为国家重点扶持高新技术企业。2016年上半年蓄电池产业完成产值153.4亿元，同比增长12.2%；完成销售121.9亿元，同比增长3.95%。

资料来源：李知政：《像守护生命一样守护绿色》，《浙江日报》2016年8月17日，第4版；谢尚国、邵鼎、王恒利：《天能集团践行绿色发展理念　工厂如同花园　产品全能回收》，《人民日报》2018年3月22日，第15版。

 经验借鉴

长兴的天能集团不仅在电动车动力电池制造行业处于领先地位，更在绿色发展的道路上越走越稳，建设循环经济生态圈并复制推广，打造绿色智造产业链，引领绿色、智能制造全产业链。天能集团对绿色生产和废电池回收处理主要做到了以下几点：①坚定绿色发展理念，推广清洁生产。天能集团坚持走绿色可持续发展道路，攻坚克难，探索绿色生产和废电池回收处理，积极开发铅酸类环保电池新产品，加快发展锂动力电池业务。②打造闭环循环经济，构建绿色全产业链。天能集团建立绿色的循环经济产业园，专注铅蓄电池行业回收、冶炼、再生产的闭环式绿色产业链，通过水资源多级利用以及废料回收构建节能产业园。全力打造回收体系"绿色能源循环产业领导者"的地位，确保集团总体战略实施。③舍得投入，以创新驱动绿色发展。例如，天能集团5年间在技改、科研、环保方面先后投入了43亿元，占营收总比达到7.43%，在同行业中处于领先地位。天能还以全生命周期管理模式创新绿色动力，为交通出行、观光休闲等提供绿色动力电池系统解决方案，引领行业绿色可持续增长。④引领智能制造时代。天能集团推进智能制造，提升生产车间的自动化水平，提高生产效率和产品质量，结合互联网、大数据的运营管理，引进海内外人工智能、大数据专业领域人才。天能秉持绿色发展和科技创新是前提的发展理念，通过机器换人、智能制造等手段不断提高生产水平，推动产业转型升级。从绿色产品、绿色工厂、绿色供应链等方面入手，并借助大数据云计算等手段，专注于新能源领域，并引领产业绿色化、智能化、高端化发展。天能集团紧随时代潮流，响应国家政策，大刀阔斧进行企业转型改革，被数次评定为绿色工厂、供应链示范企业，为无数行业企业提供典型绿色范例，真正实现了转型发展、绿色发展，不仅创造了经济效益，更收获了社会效益、生态效益。

六、美欣达集团：引领"绿色＋智造" 打造环保新航母

案例梗概

1. 美欣达搭建生活垃圾焚烧发电等固废处置产业为主的"7+1"环保固废产业平台。

2. 建立能源监控中心，实现能源信息化、数字化和扁平化管理，打造环保智慧车间。

3. 提升现有处置能力，以区域共建等创新模式，为政府提供一揽子垃圾处置方案。

4. 建立各项信息系统的集成与协同应用平台，为多元化产业管理模式创新打下基础。

5. 积极探索人才"选、用、育、留"各环节，建立立体化、全方位的人才开发机制。

6. 打造全新战略投资型集团，借力资本市场，助推产业升级，实现环保产业新突破。

7. 加大原有环保领域市场拓展，扩大"旺能环境"等子公司的运营规模和运营能力。

8. 借助环保智能管控平台巡视集团在全国的生产基地，构建环境产业全量数据资产。

关键词：环保产业；固废无害化处置；垃圾分类；绿色智造；智能管控

 案例全文

　　湖州是全国首个以绿色智造为特色的"中国制造2025"试点示范城市，在这一发展战略的引领下，绿色转型正在成为众多企业的首选。作为湖州老牌民营企业，成立于1993年的美欣达集团有限公司是中国民营企业制造业500强、湖州市本级首家上市企业。美欣达集团践行绿色发展、转型发展、创新发展理念，已从最初的单一的纺织印染产业拓展到当前以绿色环保固废处理产业为主导，金融、健康休闲产业为两翼的新型产业发展构架。如今在国内环保行业中，美欣达已成为引领发展的一流品牌。

全力构筑固废处置产业平台

　　2017年之后的未来五年，美欣达集团将把固废处置全产业链作为环保产业发展的战略重点，围绕打造生活垃圾处置、农业固废处置、工业固废处置以及环卫一体化等产业平台，形成美欣达固废环保产业的生态系统。生活垃圾处置上，以现有浙江旺能环保股份有限公司为平台，加大在河南、四川、广西、贵州等重点区域的市场拓展，不断提升现有建成企业的处置能力，以区域共建、垃圾收运处置一体化、垃圾分类减量等多种创新模式，为政府提供一揽子垃圾处置服务方案。至2020年处置能力力争达到1240万吨/年。农业固废处置上，以浙江百奥迈斯生物科技股份有限公司为平台，以病死畜禽无害化处置为重点，在现有35个项目的基础上，2017年新签特许经营项目30个，新建成项目10个，继续保持行业龙头的地位。至2020

年病死畜禽无害化处置能力力争达到 1500 万头／年。工业固废（危废）处
置上，以湖州美欣达再生资源开发有限公司为平台，以加大水泥窑协同处置
为切入点，加大与南方水泥、西南水泥等大公司的合作，同步加快回转窑焚
烧、危废填埋场等项目的取得。力争 2020 年处置达到 60 万吨／年。在环卫
一体化上，以美欣达智汇环境科技有限公司为平台，结合垃圾分类、干化等
减量化，运用互联网、物联网等技术手段，向垃圾处置产业链前端延伸，做
好垃圾分类的探索与实践，为政府提供更好的环卫保洁清运服务，企业进一
步升级到城市废弃物管理服务运营商，促进再生资源网与环卫网的"两网融
合"发展，推动生活垃圾处置的减量化和资源化。根据 2017 年在手项目，
企业进一步加大对建设项目的资金投入，2017~2020 年确保建设项目不少于
50 个，投入不少于 120 亿元。

坚持人才强企推动企业发展

2018 年 3 月在湖州市人才工作会议上，美欣达集团董事长单建明代表集
团公司登台，从市委书记马晓晖手中接过"湖州市重才爱才先进单位"奖牌
并接受表彰。对企业来说，人才是推动变革、转型发展的最关键要素，回顾
美欣达近 25 年的发展历程，每一个关键里程碑都离不开人才的支撑。近年
来，集团在"人才强企"战略的指导下，在人才的"选、用、育、留"各个
环节进行了积极探索，建立了立体化、全方位的人力资源开发机制，为企业
发展提供了有力的人才支撑。在人才选用方面，美欣达坚持"美欣达合伙人"
机制，构建立体化引才渠道，全面配置和储备各产业各层次优秀人才。截至
2018 年 5 月，共引进国家"千人计划"专家 1 名，浙江省"千人计划"专家
1 名，浙江省领军型创新团队 1 个，培育技能大师工作室 3 个，2016 年以来
累计申报中级以上职称人员 100 多名。在人才培育方面，美欣达依托"美欣
达管理学院"及下设分院，完善全方位人才培养体系，打造可持续的人才梯
队。借助信息化手段，开设因材施教的特色培训提升课程，建立移动网络学
习平台，鼓励员工随时随地开展碎片化学习。2017 年，集团公司下属各产业
完成人均培训小时数为 4.05 小时，中高层管理人员培训小时数超 16 小时，培
训共计 9968 人次。在人才发展方面，运用"平台＋项目＋人才＋资本"的产
业发展新模式，搭建干事创业平台，留住和鼓励人才二次创业。成立湖州欣

创客管理有限公司,打造企业主导并面向社会的众创空间,为平台内项目团队提供低成本、便利化、全要素、开放式创业场所和综合服务平台。通过欣创客这一平台,计划 2 年内孵化企业不少于 20 家。

资本运作构建环保产业生态链

2017 年 9 月,美欣达集团下属浙江旺能环保有限公司通过重大资产重组成功上市,上市公司由"浙江美欣达印染集团股份有限公司"更名为"旺能环境股份有限公司",标志着美欣达环境产业的发展开启了新征程。此次资产重组,美欣达旨在实现打造环保创新平台、提高盈利能力、拓宽融资渠道、推进项目兼并四方面的目标。未来,美欣达将致力于全新战略投资型集团的打造,借力资本市场,助推产业升级,实现环保产业的新突破。2006 年以来,美欣达先后组建了七大绿色环保产业平台,形成了绿色环保产业生态圈,环保产业的总投资累计近 200 亿元。以湖州总部为核心,向全国各地发展的总部型经济模板框架初现。特别是在固废处理产业上,已经形成了生活垃圾焚烧发电、农业废弃物处理、工业固废(危废)处置、环卫一体化、餐厨垃圾、热电联产以及循环产业等固废产业生态链。

2017 年,美欣达继续加大原有环保领域市场的拓展,有效扩大了"旺能环境""百奥迈斯""再生资源""智汇环境"等的运营规模和运营能力。"旺能环境"至 2017 年 12 月累计处置生活垃圾总量 2123.63 万吨,累计发电量 65.23 亿度,累计减少二氧化碳排放 757.2 万吨,连续四年被评为"全国固废行业十大影响力企业"。"百奥迈斯"继续保持细分行业龙头地位,建成运营 13 个项目,当年处置病死畜禽 120 万头,同比增长 300%,经济效益增长明显。"再生资源"加强下属公司的融合管理,全年取得危废处置许可 16.44 万吨,同比增长 94.6%,下属公司全年共处置危废 5.5 万吨。"智汇环境"从前端分类收集、一体化收运、后端资源化处置各个环节入手,加大创新实践力度,迅速拓展了市场,开端良好。美欣达还不断延伸和拓展,切入了餐厨垃圾处置、清洁能源、城市矿产(汽车拆解)等多个细分市场,搭建了旺能生态、欣旺能源、循环产业等多个新的环保产业平台。其中,"旺能生态"大力抓好首个湖州餐厨项目的建设,成为全省 8 个试点城市中首个投产项目,当年实际处理厨余垃圾 4.3 万吨,餐饮垃圾 1 万吨。

借力"互联网+"实现智能管控

在美欣达集团运管调控中心，企业运管部门的工程师能通过环保智能管控平台巡视美欣达在全国各地的生产基地。借助调控中心这个"超级大脑"，如今超过100个项目的现场运行情况都能够一览无遗。经过多年发展，如今美欣达各产业板块齐头并进，现有下属一级子公司10家、二级子公司124家，项目足迹遍及全国各地。由于专业跨度大、地域范围广，美欣达以"互联网+"为依托，持续推进信息化建设，成为湖州市首家国家"两化"融合管理体系评定企业。企业负责人说，随着浙江省"建设'云上浙江'，打造'数据强省'"目标的提出，2017年美欣达集团已联合伏泰信息、中国电信等机构，针对每个产业板块制订了上云实施方案，开发环境行业普遍适用的行业云产品。

经过一年的实践，美欣达企业上云已取得了初步成效。通过物联网感知及企业数据上云采集，企业的生产设备运行、远程项目现场管理都实现了可视化。而实时采集的生产运营数据、流程数据，让管理进一步强化，提升了运营效率。如今美欣达的环卫一体化、垃圾焚烧、危废处理等都实现了精确的智能运营管控，小到垃圾桶是否满溢，大到收运车辆是否按规定线路运行，都能做到实时监测。截至2018年5月，美欣达环境产业一体化管控云平台是国内环保领域首个全量数据上云的应用平台，每秒有50多万条数据上传，每天存储超过2T结构化数据，构建了环境产业全量数据资产。运管调控中心作为集团"大脑"，统一汇集各项目数据，进行高效的信息反馈，保证信息沟通传递的及时性、有效性、准确性，效率较以往提升了3倍以上。"流程的规范与优化、设备管理的规范以及集中的故障诊断机制，提升了项目安全运行周期，也提升了项目的运行效益。"企业负责人说，业内先进的技术平台保障了项目接入的兼容性及良好的性能，同时也避免了重复性投入，若以每个项目建设一套系统计算，节约的平台软件投入成本可达1800万元。

狠抓项目建设　增强发展原动力

2017年底，"旺能环境"成功与丽水市青田县完成了生活垃圾焚烧发电项目的签约，"旺能环境"将投资约2.3亿元，按照国家和行业标准，打造高标准高质量的环保新项目。坚持"市场第一、项目为王"是美欣达近年来的第一动能。2017 年以来，企业充分发挥固废处置全产业链的综合竞争优势，新签、并购、扩容等市场开拓方式多管齐下，继续保持着良好的增长态势，全年累计取得各类环保项目 40 个。为加快项目建设，企业还扎实开展项目建设年活动，分别出台项目前期、项目建设、项目政策资金管理办法，签订责任状，明确责任人，排定时间倒逼进度，较好地推进了项目投资、项目进度的落实。2017 年，美欣达全年共有建设项目 32 个，完成投资 19.46 亿元，同比增长 62%。为扎实推进项目化管理，全年新增 66 个项目纳入项目化管理库，管理库中累计项目已达 112 个。围绕主导环保产业，美欣达不断加大产业并购力度，完成并购项目 21 个，有效地推动了产业外延式快速发展。企业负责人表示，从 2017 年开始的三年，美欣达将按照高起点规划、高标准建设、高效率推进的要求，持续推进多达 50 个项目的建设，项目总投资金额预计将达到 100 亿元。

2018 年"美欣达"当时预计将有开工在建项目 44 个，其中"旺能环境"25 个，"百奥迈斯"6 个，"再生资源"5 个，其他 8 个，全年计划完成额 39 亿元，同比增长 100%。"将充分发挥集团在固废处置全产业链布局的综合优势，各环保产业联合作战，主动出击，多拿项目，快拿项目，拿好项目，全力打造固废处置行业航母。"相关负责人说，同时，2018 年当时预计将有 24 个项目投产或投入使用，这些项目关系到各产业的健康发展，因此这些项目的按时投产将作为重中之重来推进。为打造"中国制造 2025"试点示范城市的标杆项目，2018 年美欣达印染科技有限公司已启动"印染科技城"项目的规划，未来将按照绿色制造、智能制造的要求，立足高起点规划，加快项目推进落地，打造模式和经验可复制可推广的全国样板。

2019 年的夏天，关于"垃圾"的话题频频刷屏。从调侃戏谑的网络段子，到抽丝剥茧的新闻报道，再到严肃探讨的研究文章，形成了一轮关于垃圾的舆论共振。未来学家托夫勒在《第三次浪潮》中预言，"继农业革命、工业革命、计算机革命之后，影响人类生存发展的又一次浪潮，将是垃圾革命。"浙江年垃圾量 2500 万吨，日均约 6.85 万吨。显然，该预言正在变成现实。谁能打赢这场"垃圾革命"攻坚战？在 2019 年 8 月的"浙江省高质量发展智库论坛"上，来自湖州的美欣达集团以"垃圾革命的先行者"，入围 2019 浙江省民营企业高质量发展优秀案例，成为全省 20 强之一。得益于多年来在环保产业领域的持续发展，美欣达已成为国内固废无害化处置的一流企业，持续助推湖州的"无废城市"建设。

签约首个海外固废管理项目

为响应"一带一路"倡议的号召，推进企业"走出去"发展战略的实施，寻求合作共赢，美欣达首个海外项目——柬埔寨暹粒省固体废物管理及处置项目合作意向签约仪式于 2019 年 9 月 25 日正式举行。这标志着美欣达"走出去"发展再上新高度、"国际化"进程开启新篇章。早在 2007 年 6 月 12 日，美欣达就召开集团公司"走出去战略"研讨会，开启了立足全国、联通世界的发展模式。十年磨一剑。在 2018 年 1 月 30 日召开的集团公司泰国会议中，美欣达明确了国际化的发展方向和战略。2019 年 7 月 17 日，美欣达正式发文《关于成立集团海外事业部的决定》，成立集团海外事业部。而此次签约柬埔寨暹粒省项目，是美欣达环保产业正式涉足海外市场迈出的第一步，它也践行了多年来集团"走出去"的发展战略，在美欣达的发展历程中具有里程碑意义。

入选全国固废十大影响力企业

作为湖州知名企业，美欣达从成立之初的一家小型绒布厂，不断转型升级、开拓创新，已成长为以环保固废产业为主体，金融投资、时尚休闲产业为两翼的科技型、集约型、品牌型大型民营企业集团。在 2019 中国民营企业制造业 500 强榜单中，美欣达集团以 176.32 亿元营收排名第 310 名。在环保固废产业方面，2019 年美欣达已搭建起了生活垃圾焚烧发电、农业废弃物处置、工业固废（危废）处置、环卫一体化、餐厨垃圾处置、热电联产以及循环产业等固废处置产业为主营业务的"7+1"的环保固废产业平台，初步形成了绿色环保产业生态圈，在全国范围内投资环保项目超 150 个，环保产业的总投资累计近 200 亿元。企业负责人以旺能环境为例粗粗算了一笔账，经初步计算，截至 2018 年，旺能环境累计已经处理生活垃圾 2464.59 万吨，累计发电 75.59 亿度，节约标煤 430.74 万吨，减少二氧化碳排放 877.48 万吨，减少树木砍伐 1.74 亿株。旺能环境已连续 6 年被评为"全国固废行业十大影响力企业"。

在环保产业发展过程中，美欣达也越来越重视对于产业前端垃圾分类等工作的参与。2019 年，美欣达成立美欣达欣环境服务有限公司，以终端型环保产业为依托，布局产废前端和中端，以全固废管理为发展方向，为各类产废场景提供"标准化＋定制化"的管家式服务。在浙江省住建厅日前发布的《浙江省城镇生活垃圾分类标准》中，欣环境成为了该标准的主要参编单位之一，这也是中国第一部城镇生活垃圾分类地方性标准。而在推广垃圾分类的工作中，美欣达旗下的智汇环境公司也积极创新为这项工作贡献力量，小区环保屋就是其中的一项成果。据企业负责人介绍，环保屋设置有可回收投放端，并通过海报形式进行垃圾分类知识宣传。"环保屋结合线上 App、物流系统进行智能化管理，不仅可实现垃圾分类、回收利用、资源再生一站到位，同时也能汇总居民端数据、服务站点数据、分拣中心数据，形成智慧垃圾分类，精确管理数据，精准分析各单位、各小区参与情况。"该负责人说。

连续入选国家级"绿色智造"榜单

在纺织印染产业方面，美欣达也积极践行"绿色智造"。2019 年 9 月 12 日，工信部公布了第四批绿色制造名单，美欣达旗下的浙江美欣达纺织印染科技有限公司上榜"国家绿色供应链管理示范企业"。这也是继 2018 年荣获"国家级绿色工厂"殊荣后，美欣达纺织印染科技再次荣获国家级"绿色供应链管理示范企业"称号。连续两年入选国家级"绿色智造"榜单，彰显了企业走绿色发展、智能智造之路的决心。美欣达纺织印染科技主要从事棉、麻梭织面料印染系列产品的设计开发和生产制造，是我国纺织印染产品生产基地之一，也是中国印染行业二十强之一。公司拥有自主开发的雕印印花技术、冷轧堆染色技术、多功能面料涂层整理技术、湿蒸染色技术等核心技术，年生产能力 1 亿米，产品行销于 60 多个国家和地区。2006~2018 年，公司获得新产品专利 160 余项，参与制定行业标准 6 项，为国家发改委提供了"印染行业准入标准"的生产规模及节能减排标准。作为传统纺织产业和高能耗、高污染型企业，美欣达纺织印染科技十分注重绿色制造实践探索，通过不断的技术创新和技术应用，努力打造绿色花园式工厂。比如，建立能源监控中心，实现能源信息化、数字化和扁平化管理，将美欣达打造成以棉为主，多纤为辅的环保型的、智慧型的纺织印染生产车间；与湖州吴兴贝健新能源公司签订 0.26MWp 分布式光伏电站项目，在生产车间屋顶建设分布式光伏，项目于 2018 年投入运行，年均发电约 147 万度，占美欣达印染科技用电量的1/6，每年节约标煤 490 吨、减排二氧化碳 1274 吨、减排二氧化硫 11.8 吨、减排氮氧化物 3.42 吨……

此外，美欣达纺织印染科技在保证安全和质量的前提下，积极开展了"前处理紧式蒸箱改造""印染总厂 A 车间打料台改造""前处理电箱集中控制、管理"等节能技改项目；通过与 ZDHC 合作试点工作达到有害化学物质零排放，为社会提供绿色无污染产品。2016 年，荣获"ZDHC 先锋试点工厂"称号；与产业链上下游企业战略合作回收天丝、涤纶、环保黏胶、原液着色等，探索用环保可持续面料取代一次性面料；定期举办报废产品回收利用专项培训会；投资 900 万元实施空中污水管道工程和集水池过滤过程……以责任创造价值，以绿色发展为导向高质量发展，美欣达纺织印染科技将会不断探索绿色、低碳、循环、可持续的发展方式，共同构建新型世界纺织产业命运共同体，为循环经济不断做贡献。

 案例延伸

旺能环保：挖掘城市矿产的先行者

浙江旺能环保股份有限公司是美欣达旗下的一家企业。公司已相继建成投产湖州、舟山、荆州、安吉、台州、德清、兰溪、淮北、汕头、丽水、许昌等生活垃圾焚烧发电和热电联产工程，并正在建设许昌、三门、渠县、攀枝花、河池、武陟、沁阳、公安等十几个垃圾焚烧项目，2017 年旗下共有遍及全国的 27 个垃圾焚烧发电特许经营项目。旗下旺能生态科技有限公司，以餐厨垃圾处理、污泥处理、建筑垃圾处理等环保固废业务为主业，2017 年已在湖州、舟山等地开展餐厨垃圾无害化处置项目。其中，湖州餐厨垃圾无害化处置项目，作为浙江省首批、市首家餐厨垃圾资源化综合利用和无害化处理项目，采用国内外一流的预处理＋厌氧发酵＋沼气发电工艺流程，截至2017 年 6 月，已顺利完成项目施工并投入运营。

百奥迈斯：捍卫舌尖上的食品安全

浙江百奥迈斯生物科技股份有限公司是由美欣达集团有限公司投资成立的控股子公司，专业提供病死畜禽无害化处理等农业废弃物综合解决方案。浙江百奥迈斯生物科技股份有限公司为中国唯一一家加入美国 NRA 的公司。公司现已在全国投资建设（含正在建设）兰溪、鹰潭、鄢陵、东乡、钟祥等 36 座病死畜禽无害化处理厂，公司计划两年内在全国投资 60 个无害化处理项目。

智汇环境：打造智能环卫的先进样板

美欣达智汇环境科技有限公司是美欣达集团全资一级子公司，注册资金 5008 万元，总部位于浙江省杭州市。2017 年以建成织里镇垃圾处置中心为重点，不断提升在湖州市环卫一体化的覆盖率，同时在云南、河南、湖北、贵州、重庆等地落地生根。2017 年环卫清运一体化面积实现零的突破，达到 3240 万平方米 / 年。至 2020 年环卫清运一体化面积到 1.2 亿平方米 / 年、周转 328 万吨 / 年。

再生资源：专注危废处置的全省第一

湖州美欣达再生资源利用有限公司成立于 2015 年，专注于工业固废（危废）处置。两年来，以加大水泥窑协同处置为切入点，加大与南方水泥、西南水泥等大公司的合作，同步加快回转窑焚烧、危废填埋场等项目的取得，成为为数不多的拥有三种危废处理技术的公司之一。2017 年工业固废（危废）处置能力达到 30 万吨 / 年，成为浙江省第一，迈入行业前列。

信息技术："互联网 +"开创信息建设新时代

美欣达集团自 2000 年以来，先后经历了三个信息化建设的发展期。2017 年，伴随着多元化发展的需求，企业已经建立起各项信息系统的集成与协同应用平台。基于不同业务部门对于管理侧重点以及信息化资源需求的不同，信息化管理平台涵盖了 CRM（客户关系管理）、视频监控、视频会议、招投标管理、人力资源管理、环保电厂 DCS 生产运行管理等多个信息系统。企业在产业 + 互联网方面取得重大进展，为多元化产业的管理模式创新打下坚实基础。

通过多年的摸索与探究，加强了产业信息化顶层设计，分层实施，为企业管理模式创新创造有利条件。2017 年，美欣达集团旺能智慧环保平台一期建设已初见成效，实现了旺能电厂运营数据、监控画面的实时上传；百奥迈斯远程控制系统以鄢陵为试点，实现了设备的远程控制；智汇环境环卫一体化及餐厨垃圾收运智能管理系统也将进一步拓展市场，为推进项目盈利水平提供新的模式。企业已于2016年先后通过了工信部"两化融合贯标"的认证，为湖州首家通过的企业。

资料来源：佚名：《美欣达：绿色智造打造环保产业巨型航母》2017年6月20日，美欣达集团官网，https://www.mizuda.com/news/detail-company/199；邵鼎：《美欣达：绿色环保产业大显身手》，《湖州日报》2018年5月22日，第T27版；佚名：《美欣达："绿色＋智造"打造环保产业新航母》2019年10月28日，世界浙商网，http://www.wzs.org.cn/zb/201910/t20191028_305934.shtml。

 经验借鉴

近年来，美欣达集团依托湖州这一全国首个以绿色智造为特色的"中国制造2025"试点示范城市的地理优势，借力绿色发展，从单一的纺织印染产业，逐渐拓展出绿色环保的新型产业构架，开启了绿色环保的新篇章。概括来讲，美欣达集团的绿色发展经验主要有以下几条：①以绿色发展战略为引领，践行绿色发展理念。例如，美欣达集团与产业链上下游企业开展战略合作，探索环保产业的发展道路，还将固废处置全产业链作为环保产业发展的战略重点，形成美欣达固废环保产业的生态系统，实现环保产业的新突破。②重视绿色发展的人才支持，构建立体化引才渠道。例如，美欣达集团坚持"人才强企"，在人才的"选、用、育、留"各个环节进行积极探索，建立了立体化、全方位的人力资源开发机制，建立可持续的人才梯队，为企业绿色转型奠定基础。③注重绿色发展的资本支持。例如，美欣达集团进行资产重组，借助资本实现打造环保创新平台、提高盈利能力、拓宽融资渠道、推进项目兼并四方面的目标，先后组建七大绿色环保产业平台，形成绿色环保产业生态圈。④依托互联网平台，实现环保智能管控。运用互联网、物联网等技术手段，向垃圾处置产业链前端延伸，为政府提供更好的环卫保洁清运服务。通过物联网感知及企业数据上云采集，企业的生产设备运行、远程项目现场管理都实现了可视化。⑤搭建环保产业平台，开展行业合作。例如，美欣达加快环保产业平台布局，全力构筑固废处置全产业链，发挥集团在固废处置全产业链布局的综合优势，各环保产业联合作战，推进企业"走出去"发展战略的实施，寻求合作共赢，拓展首个海外固废管理项目。美欣达集团在环保产业领域的绿色探索已成为环保行业的成功典范。

七、镇海炼化：捕捉每一滴绿色能源　兑现每一个绿色承诺

 案例梗概

1. 镇海炼化扩大污水回用能力，推行清洁生产，减污减排，改善厂区及周边环境。
2. 实施污污分流、分质处理、分级利用的水资源循环利用，炼油工业废水近零排放。
3. 投资脱硫脱硝等 20 余个环保治理项目，对硫黄尾气、加热炉烟气等提标改造。
4. 实施以清洁生产为目标的炼油老区结构调整提质升级等"六大项目群"建设。
5. 源头规划清洁生产，采用全加氢炼油工艺流程，推行全生命周期的设备寿命管理。
6. 构建以"高利用型内部产业链""废弃物零排放"为构架的内部循环经济模式。
7. 采用中国石化自主知识产权的生物航煤技术，变废为宝，大幅减少温室气体排放。
8. 实施水上发电水下养鱼，实现"一水两用、渔光互补"，每年节约标煤 5.73 万吨。

关键词：清洁生产；资源循环利用；环保治理；清洁能源；渔光互补

 案例全文

2019 年初，中国石化"绿色企业行动计划"评选出了首批 10 家"绿色企业"，浙江石油、镇海炼化双双获此殊荣。根据这份行动计划，中国石化将在 2023 年建成清洁、高效、低碳、循环的绿色企业；到 2035 年绿色低碳发展水平达到国际先进水平；到 2050 年绿色低碳发展水平达到国际领先水平。

给白鹭一个安宁的家

在中国石化镇海炼化塔林间的小树林里，几百只小白鹭破壳而出。数百米外，世界最重的石化反应器——渣油加氢反应器驻扎于此。良禽择木而栖。鹭鸟对生存环境极为挑剔，被称作大自然的"生态检验师"，然而，越冬归来的大白鹭、牛背鹭、夜鹭、池鹭等已在此历经十多代繁衍生息。不远处，一池春水，鱼虾相戏……这是镇海炼化污水处理厂氧化塘的一景，经过处理后的污水引入到氧化塘，成为鱼虾赖以生存的源头活水。

在中国石化绿色发展战略的指导下，"十二五"规划期间镇海炼化投资9.2亿多元建设脱硫脱硝等20余个环保治理项目，并启动新一轮的环保提标改造工作，投入约10亿元，对硫黄尾气、加热炉烟气等进行提标改造。"白鹭选择了我们，我们也尽力给白鹭一个安宁的家。"镇海炼化副总工程师孙敏杰介绍到。2014年公司原计划新建一条输油管线，技术人员制订了最经济高效的设计方案。但在审议中发现，管架将穿过"百鹭园"。若坚持施工，意味着白鹭的家不再安宁，但若改道设计，仅管道工程费用需徒增200多万元。为了保护白鹭的家，公司最终决定，重新设计，让管道拐了4个弯，绕着"百鹭园"走。项目方案敲定后，为了不影响白鹭在春季繁衍，施工时间还特意推延到候鸟越冬的秋冬季节。同行的镇海炼化人介绍说，第一次看到"百鹭园"鸟窝里的蛋，还有刚刚孵出来的小雏鸟，"那种从心底涌出的莫名感动，我至今难忘"。此后，"给白鹭一个安宁的家"成为镇海炼化发展建设中不变的约定。

捕捉每一滴绿色能源

原油炼制的末端产品渣油是石油加工过程中最难利用的重质部分。然而有了氢的加入，渣油摇身一变成为清洁油品。"煤焦制氢和渣油加氢装置投产后，将过去最难利用的部分变废为宝，每月增产航煤5200吨，一年可供1架普通客机绕地球飞行近500圈"。2016年开始，镇海炼化投入近150亿元，实施以清洁生产为目标的炼油老区结构调整提质升级等"六大项目群"建设。作为中国石化首套沸腾床渣油加氢装置，建成后可增强重油转化能力，提高轻油收率，将石油资源最大限度地"吃干榨尽"。

伴随着加工深度的加强，国家油品质量升级持续推进，炼油装置的氢气需求量越来越大，据测算仅"国五"到"国六"耗氢量就增加了 5% 以上，而"国三"到"国六"，油品的耗氢量增加了 60%。中国石化"十条龙"科技攻关项目之一的煤焦制氢装置，作为渣油加氢装置的配套项目，投料开工。该装置以水煤浆为原料，应用中国石化自有技术，每小时可产氢气 12 万标准立方米。在国家大力倡导氢气新能源应用的新背景下，深入探索煤炭资源的清洁化应用具有重要意义。从源头规划清洁生产，采用全加氢炼油工艺流程，推行全生命周期的设备寿命管理，按原油实际加工量 2200 万吨 / 年计算，加氢工艺路线可减少污水量 55 万吨 / 年、减渣约 4.5 万吨 / 年。装置投产后，氢气资源富裕，将有利于提高加氢负荷，柴油硫含量可由 8ppm（百万分率）降低到 5ppm，远低于国标要求的 10ppm，排放更环保。中国石化首套 260 万吨年沸腾床渣油加氢项目建设是镇海炼化创新驱动打造绿色企业的一个缩影。立足技术创新减排，通过源头控制、存量优化、区域资源优化、能源结构优化等，推进绿色生产，并由此构建起以"高利用型内部产业链""废弃物零排放"为基本构架的内部循环经济模式，走出了一条"代价小、效益好、低排放、可持续"的发展道路。

探索每一条绿色新路

在镇海炼化的塔林中，我国首套生物航煤工业化生产装置建设如火如荼。按照计划，该装置采用中国石化自主研发的生产技术，以餐饮废油为主要原料，可掺炼非食用油脂等可再生资源，设计年产 10 万吨生物航煤。与传统石油基航空煤油相比，生物航煤碳排放可减少 35% 以上，同时解决了餐饮废油科学、合法、高效应用的难题，走出了一条餐饮废油资源化绿色应用的新路。中国航空煤油消费指数显示，2018 年我国航油年消耗量以 3500 万吨跃居世界第二。通常 1 吨传统航煤燃烧后将排放 3.2 吨二氧化碳，若我国传统航煤全部以生物航煤替代，每吨生物航煤至少减排 35% 来计算，一年可减排近 4000 万吨二氧化碳，相当于植树超 3 亿棵、2000 万辆经济型轿车停开一年。早在 2011 年 9 月，镇海炼化下属杭州石化生产基地改造建成了生物航煤工业试验装置，并生产出合格的生物航煤。2017 年 11 月 22 日，加注镇海炼化生产的中国石化 1 号生物航空煤油的海南航空的一架客机平稳降落在美国芝加哥奥黑尔国际机场，标志着我国首次使用自主研发生产的生物航煤，成功实现商业载客跨洋飞行，代表着国产生物航煤商业化应用挺进新时代。

能源与环境和谐共生

作为国家重点用水企业水效领跑企业，早在2003年镇海炼化就扩大污水回用能力，推行清洁生产，减污减排，有效改善了厂区和周边地区环境。2004年镇海炼化成为全国首批八家"国家环境友好企业"之一。如今，镇海炼化通过污水回用，实现了"污污分流、分质处理、分级利用"的水资源循环利用目标，最终工业用水重复利用率达到98%以上，公司的吨油新鲜水单耗和吨油外排污水指标处于国际领先水平。比如实现了污水处理回收再利用。既节约了社会资源，又增加了企业的环保效益。截至2019年4月，镇海炼化已处理回用的水资源超过了1亿吨，相当于节约了10个西湖的水量。

在岚山水库碧波荡漾的水面下，鱼儿欢快嬉戏，而在水面上方，近71.7万块太阳能发电板正源源不断地输送着电能，技术人员介绍说，到2019年5月10日，已累计发电2.17亿度，与相同发电量的火电厂相比，每年可节约标煤5.73万吨。一位参观人员称赞说："通过水上发电水下养鱼模式，实现了'一水两用、渔光互补'，在践行绿色发展理念的同时，为社会不断输送效益。"还有参观人员说道："渔光互补，给我的感觉挺震撼的，可能之前也没有看到过这么大的光伏发电板，然后也了解了渔光互补这个项目确实是很好的绿色项目，这个印象非常深刻，感觉我们这边绿色发展是日新月异。"

在镇海炼化算山码头泊位上，红色的输油臂在半空展翅，一艘载有26万吨的科威特原油轮船正在卸油。这里濒临金塘水道，万吨级油轮可终年驶抵停泊作业，是宁波港区的重要组成部分。尽管这里是镇海炼化原油进港和成品油出海的枢纽，可码头上看不到一点油渍，闻不到一丝油味。一位从小在青岛长大的参观人员深有感慨，他对陪同的工作人员说："我是在海边长大的，对海有着特殊的感情，你们这么大的油量在这里进进出出，却看不到一点油渍，闻不到一丝油味，足见企业的环保功夫之深。特别是我进来时，看到海途上有许许多多跳鱼、螃蟹在悠闲地游动，倍感亲切，让我有一种回家的感觉。"算山码头不仅是原油和成品油海运的港口，还是成品油管道输送的首站。公司生产装置超过半数的成品油通过首站流出，顺着输油大动脉输送到浙江省内外。现场技术员介绍说，由于管道运输采用的是密闭运输方式，将大大减少对自然环境的污染，有利于环境和生态保护，是截至 2019 年世界上油品长距离运输最先进的方式。镇海炼化是守护能源命脉的坚强力量，为打造世界领先绿色石化基地加油助力。

叩响绿色世界大门

镇海炼化坚持奉献清洁能源，让社会有油用、用好油，始终信守"每一滴油都是承诺"的质量追求，主动引领消费潮流，推动产品质量与国际接轨。据统计，2018 年，镇海炼化生产的 3 万吨"东海"牌沥青铺上了中巴经济走廊 392 公里的路面，助力"一带一路"建设。2018 年镇海炼化共出口柴油 84 万吨，出口量创历史新高，航煤出口 108 万吨，也在历史高位。成品油、聚丙烯、沥青等产品远销亚洲、非洲、美洲、欧洲，跨区域远洋贸易成为常态。2019 年新年伊始，由镇海炼化生产的航煤、柴油相继叩开欧洲市场的大门，实现了新的突破。企业通过积极参与"一带一路"建设，融入全球经济体系，用绿色产品参与国际竞争。

资料来源: 佚名:《中国石化绿色企业行: 走进浙江》2019 年 6 月 10 日，中国环境网，https://www.cenews.com.cn/pollution_ctr/xydt/201906/t20190610_900166.html ；佚名:《"中国石化绿色企业行"活动走进镇海炼化》2019 年 5 月 20 日，宁波石化信息网，http://www.npca.com.cn/assoNews/64405.htm。

 经验借鉴

镇海炼化是中国石化绿色发展领跑企业。近年来，镇海炼化不但积极推行清洁生产，减污减排，实现经济效益的增长，还有效改善了厂区和周边地区生态环境，步入清洁、高效、低碳、循环的绿色发展轨道，在中国石化"绿色企业行动计划"评选中被评为首批 10 家"绿色企业"之一。镇海炼化绿色转型发展的经验主要有以下几条：①坚持绿色发展战略。例如，镇海炼化在中国石化绿色发展战略的指导下，5 年时间投资 9.2 亿多元建设脱硫脱硝等 20 余个环保治理项目，"十三五"以来启动了新一轮的环保提标改造工作。②加大科技创新。走在产业技术改造和节能减排的前端。例如，镇海炼化投产的我国首套生物航煤工业化生产装置以餐饮废油为主要原料，可掺炼非食用油脂等可再生资源，设计年产 10 万吨生物航煤。中国石化首套 260 万吨年沸腾床渣油加氢项目建设是镇海炼化创新驱动打造绿色企业的一个缩影。立足技术创新减排，通过源头控制、存量优化、区域资源优化、能源结构优化等，推进绿色生产。③与国际接轨，用绿色产品参与国际竞争。镇海炼化成品油、聚丙烯、沥青等产品远销亚洲、非洲、美洲、欧洲，跨区域远洋贸易成为常态。企业通过积极参与"一带一路"建设，融入全球经济体系，绿色产品走向国际市场。④变废为宝，发展循环经济。例如，镇海炼化扩大污水回用能力，推行绿色生产，实现污污分流、分质处理、分级利用的水资源循环利用，达到炼油工业废水近零排放。投产的中国石化首套沸腾床渣油加氢装置，建成后可增强重油转化能力，提高轻油收率，将石油资源最大限度地"吃干榨尽"，构建起以"高利用型内部产业链""废弃物零排放"为基本构架的内部循环经济模式。镇海炼化的绿色发展实践已显成效，走出了一条"代价小、效益好、低排放、可持续"的发展道路，经济效益、环保效益和社会效益兼得，形成环境友好的产业结构和生产方式，这也是企业未来加快绿色转型升级，抢占新一轮发展制高点的战略选择。

本篇启发思考题

1. 企业的绿色转型升级如何实现？

2. 企业如何打牢绿色战略领先的基础？

3. 企业实施绿色战略的主要举措有哪些？

4. 从宏观层面，政府应如何推动企业绿色转型升级？

5. 企业在制定绿色发展战略时，应注意哪些要点？

6. 企业为什么要走绿色发展道路？

7. 如何以智慧产业推动企业绿色转型升级？

8. 企业的绿色转型升级受哪些因素的影响？

9. 企业如何以绿色战略指导自身的可持续发展？

10. 能源企业在转型升级中有哪些绿色思路？

11. 电力企业如何在绿色升级中知行并进？

第二篇

绿色创新和绿色产品

一、同美集团：智能分拣回收资源　垃圾分类再接再厉

 案例梗概

1. 浙江同美集团研发"城市河道环保清淤一体机"，完成 22 条河道的清淤工作。

2. 历经两年研发和五次更迭，清淤工艺与传统清淤工艺相比，具备六大优势。

3. 自主研发再生资源全封闭自动化分拣设备，将有机混合物等从垃圾中有效剥离。

4. 采用全自动封闭式筛选技术，推动滨江区实现生活垃圾日减量 100 吨。

5. 升级环卫装备、购买三合一机扫车、购买国内最先进的设备，把握主动权。

6. 在前端对塑料制品、橡胶等含氯制品进行回收，提高焚烧值，避免二次污染。

关键词：全封闭智能筛选；河道清淤；生活垃圾减量；垃圾分类；资源再利用

 案例全文

　　2018 年新年伊始，杭州迎来持续晴好天气，滨江区白马湖万顷碧波，倒映出纯白色的中国国际动漫博物馆。天蓝、水清、岸美的景致，让滨江区，这个被贴着国家级高新区"三强"、全省县（市、区）经济竞争力、发展潜力和创新力 30 强三榜单首位等标签的创新强区，更接近了向往中的美好生活。

凭借一把扫帚起家　依靠创新走出浙江

当被问及一家传统环卫企业为何执着于科技创新时，傅福良思忖了一番说道，滨江作为浙江省创新创业高地，这股创新之风，也引领着本土企业进步。"2009 年，企业正式踏足环卫领域，而当时的环卫工具，无非是保洁员手里的一把扫帚和一个蛇皮袋。"浙江同美环境科技集团有限公司（以下简称"同美集团"）董事长傅福良坦言。原始落后的环卫方式，很快就被随后入驻滨江的大型环卫企业击溃。"与狼共舞"的时代，让傅福良和其他几家滨江的本土环卫企业意识到，只有更新设备，才能掌握主动权。升级环卫装备、购买三合一机扫车、购买国内最先进的设备，通过砸钱购买别人研发产品的阶段，傅福良称之为"追赶期"。

"垃圾，是放错地方的资源"。废纸、金属、塑料等这些资源如何实现科学高效分选回收？2018 年 6 月，浙江同美环境科技集团有限公司创新研发产品"再生资源全封闭自动化分拣设备"进入调试阶段，该设备采用全自动封闭式筛选技术，一条生产线可实现滨江区生活垃圾日减量 100 吨，有望成为破解垃圾成山难题利器。

自主研发治水利器　生态清淤 22 条河道

"事实上，白马湖之所以这么清澈，和刚刚完成的河道清淤有很大关系。"浙江同美环境科技集团总经理许建龙介绍说，为进一步落实省市"五水共治"工作部署，持续改善滨江区水环境质量，浙江同美环境科技集团在滨江区城管局的指导和委托下，在 2017 年 7 月 23 日开始对白马湖展开清淤作业。2017 年 11 月 30 日，白马湖一期湖区清淤项目竣工，共清理 98041 立方米淤泥。在许建龙眼中，让他引以为傲的并非清淤数量，而是由同美公司自主研发，负责本次清淤项目的城市河道环保清淤一体机。据了解，该清淤机共历经两年研发和五次更迭，其清淤工艺与传统清淤工艺相比，具备不受季节和天气限制，可常年工作；不破坏原有水生态系统；淤泥固化时间快，施工工期短等六大优势。2017 年，同美集团共完成许家河、山北河、建设河、解放河、十甲河等滨江区 22 条河道的清淤工作，而那艘在河面上安静行驶、身后拖着一根黑色管道的新奇机器，就是这家滨江本土企业自主研发的治水利器。

万户家庭垃圾分类 减量目标仍有差距

"2018 年，如何科学分选回收垃圾中的可利用资源，实现城市生活垃圾减量难题，生活垃圾的资源化、减量化、产业化成为同美集团创新课题。"同美集团董事长傅福良说，根据滨江区此前公布的数据，2017 年，滨江区生活垃圾产生量 23 万吨左右，平均每天产生的生活垃圾超过 630 吨。"例如目前，滨江区有 125 个小区 11115 户家庭进行垃圾分类工作，在区领导和城管局等有关部门的重视和持续推动下，滨江区垃圾分类工作取得的成效显著，但随着新增楼盘、商业网点、企业入驻、人口增长等原因，生活垃圾增幅依然过快，离分类减量的目标差距还很大。"傅福良拿出一份垃圾分类调研报告介绍说，2018 年 5 月，同美集团对滨江区 5 个小区进行抽样调查，调查显示，经人工筛选这几个小区的垃圾，除去可回收及涮下物后，减量均超过 50%。"这些垃圾都是混合原生垃圾，不宜直接进行填埋处理。"傅福良认为，当下，想要实现垃圾减量，就必须通过对垃圾连锁式综合处理，实现资源化、无害化处理。

环保创新再接再厉 新型设备半年投产

"同美的环保创新实践，不仅仅停留在水里。"除了生态护水有妙招，2018 年初，同美集团董事长傅福良正着手申请另一项创新发明专利——全封闭自动化生活垃圾分拣设备。作为杭州市滨江区政协委员的傅福良介绍说，2010 年初，杭州市政府重新启动垃圾分类，破解垃圾处置难问题。滨江区也相应实施将回收垃圾和有毒有害垃圾作为必选的前提下，进行餐厨垃圾的分类工作。"但针对滨江区小区垃圾减量工作而言，仍存在居民对垃圾分类减量的意识薄弱、垃圾分类的公共配套设施不完善等问题。"傅福良说，研发这款产品的目的，就是帮助小区完成家庭垃圾分类减量工作。"功能主要有破袋、干湿分类、有机无机分类，和其他分拣设备相比，具有投资少、占地面积小、分散处理能力强等特点。"据同美集团研发部相关负责人介绍，事实上，这款分拣设备更像是给小区量身定做的垃圾分拣中心，"因为只需要约 100 平方米的房间，就能安装该套设备，从而真正实现垃圾分类不出小区"。

全封闭智能筛选　高效剥离生活垃圾

如何科学高效地把有机混合物（餐厨垃圾及渣土、污水等）、金属（含铁类）、玻璃制品、轻质混合物（可燃物）、危废制品（废旧电池）从垃圾中剥离出来？

许建龙介绍，密闭的外观，满足了全封闭处理垃圾环保卫生的条件，垃圾运输车把生活垃圾直接倒入三个料仓后，设备便开始正式运行，"首先，产生的污水会经污水管道收集，同时料仓内置的破袋系统会对垃圾进行破袋处理。"许建龙讲解道，"随后，通过全封闭输送系统，垃圾被输送到除尘除臭区域，进行全方位的除尘除臭处理。其次，经过磁选系统，筛选出金属物质，进行回收，余下物质经过 IRS 自动识别分拣系统，由机械臂通过传感器精准识别回收。"提起这套设备的过人之处，许建龙认为，目前正处于深度学习阶段的自动识别分拣系统，可以完全替代人工，"什么是塑料瓶，什么是废旧电池，什么是橡胶，它目前还需要人工辅助识别，只有通过一段时间的数据采集积累，而且在智能系统自带的模糊识别功能帮助下，智能识别才能越来越精准。最后，物质进入垃圾分选系统，有机物通过设备六角孔径筛出，进行高温或阳光发酵制肥处理，未筛出无机残留物统一由垃圾钩臂车运送至指定场地进行焚烧或填埋处理"。

占地 720 平方米　日减生活垃圾百吨

看到一车车分拣过后的垃圾被运离试验场地，许建龙颇为感慨，从目前的试验情况来看，他很有信心把设备调试至最佳状态。"虽然它占地面积仅为720 平方米，但我希望它能扛起一个区的生活垃圾减量的重担。"许建龙介绍说，以设备本身而言，其占地面积少、操作简易、用工少等优势，已经引来不少采购方的关注。"而研发这套设备的初衷，则是从社会价值出发。"许建龙说，在垃圾焚烧环节，燃烧物会释放出二噁英，悬浮于空气中的二噁英很难在自然环境下自主降解。这台全封闭自动化分拣设备系统，可以在前端对塑料制品、橡胶等含氯制品进行回收，不仅有效利用可回收资源，提高了焚烧值，同时避免了对环境严重的二次污染。"餐厨等涮下物，可以发酵后变成有机肥。"许建龙介绍说，截至 2018 年初，该设备可以根据需求调整为：200吨 / 日、300 吨 / 日、500 吨 / 日处理量。如果设备运行正常，每日可减少 100吨的垃圾量。

"'五水共治'号角吹响后，我们才发现，环境保护并非一项工程，而是一种发展理念。"傅福良认为，如果以保护环境为前提研发的产品，必定能在环保发展理念上实现"领跑"。事实也正是如此，随着山东、江西、广西、河北等省份的环保合作项目纷至沓来，依靠创新，浙江同美环境科技集团走出了浙江。正筹备上市的浙江同美环境科技集团有望成为浙江省第一家独立上市的环卫企业。"和大家一同追求美好生活，也是同美的目标。"傅福良坚信，在未来，同美集团能够提供更多优质生态产品以满足人民日益增长的优美生态环境需要。

资料来源：陆群安：《创新争先 滨江传统环卫企业转型"环保管家"》，《浙江日报》2018 年 1 月 18 日，第 7 版；陆群安：《5 类资源智能分拣回收日减垃圾量 100 吨同美集团"再生资源分拣设备"问世》，《浙江日报》2018 年6 月 6 日，第 6 版。

 经验借鉴

垃圾分类一直是环境保护中的难题，浙江同美环境科技集团有限公司创新研发产品"再生资源全封闭自动化分拣设备"进入调试阶段。试图通过全自动封闭式筛选技术来破解垃圾成山难题。同美集团的智能分类回收经验有如下几点：①创新研发智能环保设备，有效分拣垃圾。同美集团自主研发的城市河道环保清淤一体机成为白马湖项目的治水利器。该清淤机共历经两年研发和五次更迭，其清淤工艺与传统清淤工艺相比，具备不受季节和天气限制的优点，可常年工作。②践行理论与实践相结合的绿色发展。同美集团通过一段时间的数据采集积累，而且在智能系统自带的模糊识别功能帮助下，能使智能识别越来越精准甚至完全替代人工。③以市场为导向，设备推广性和适用性强。同美集团的设备占地面积少、操作简易、用工少，可被广泛采购并投入运用。④变废为宝，有效利用可回收资源。同美集团采用全封闭自动化分拣设备系统，可以在前端对塑料制品、橡胶等含氯制品进行回收，不仅有效利用可回收资源，提高了焚烧值，同时避免了对环境严重的二次污染。

打造循环经济，通过对废弃物的分类、回收，在避免产生环境污染的情况下，变废为宝，加以利用，为社会创造价值。

二、宁海电厂：追逐绿色　唱响未来

 案例梗概

1. 浙江国华宁海电厂应用高效除尘、脱硫脱硝、废水处理等一系列先进技术。
2. 采用世界成熟先进的 SCR，即选择性还原法烟气脱硝技术，脱除烟气氮氧化物。
3. 建立独一无二的全封闭煤罐，燃煤运送中噪声和粉尘污染都被控制在最低限度。
4. 提高回收废水效率至百分百，采用废水集中处理系统，真正达到"零排放"。
5. 在厂区分别设置相互独立的生活污水管网、工业废水管网和雨水直排管网。
6. 采用"生态边坡"技术，利用高科技建筑材料处理抛面，确保绿化的长久性。
7. 建立包含煤—电—粉煤灰—水泥等 3 条产业链的循环经济区，变废为宝。

关键词：绿色电厂；脱硝火电环保；"生态边坡"技术；废水回收利用

 案例全文

"环境保护"是 21 世纪的世界主题，"实现人与环境的和谐共处"是当今中国建设和谐社会的主旋律之一。企业，作为社会的基本经济单位，与环境资源、生态平衡等社会重大课题之间有着千丝万缕的联系。拥有"中国电力装机突破五亿千瓦标志性机组"的浙江国华宁海电厂，位于素有"人意山光，天然氧吧"之称的浙江省宁海市。在开工伊始，浙江国华宁海电厂（以下简称"宁海电厂"）就以建设"绿色电厂"为己任，豪迈地绘制了"脱硫脱硝、生态边坡、圆形煤场、四管集束"等一系列环保的鸿篇力作，在实践中积淀起的以"实现企业与环境和谐"为核心的绿色文化，正彰显着其独特魅力，散发着诱人的绿色芬芳。

竖立在国华宁海电厂厂区的在线环保监测仪数据显示：宁海电厂的烟尘排放浓度为 15.4mg／Nm³，二氧化硫排放浓度为 72mg／Nm³，氮氧化物排放浓度为 330mg／Nm³，其中 4 机组仅为 92mg／Nm³。据了解，宁电的环保指标已远远低于国家关于烟尘、二氧化硫、氮氧化物的排放标准（国标依次为500mg／Nm³、1200mg／Nm³、650mg／Nm³），也低于欧洲标准（欧标依次为50mg／Nm³、400mg／Nm³、500mg／Nm³）。这些数据映射出一个中国火力发电企业为环保做出的努力，也让我们看到中国火电厂环保发展理念的新境界。

挺进火电环保新领域

作为国内新建的大型火力发电企业，宁海电厂自开工之日起，就高擎国华电力公司"四不一再"（烟囱不冒烟、厂房不漏气、废水零排放、噪声不扰民、灰渣再利用）的环保发展理念，本着对社会高度负责的态度，矢志建设国际一流的绿色环保电厂。在一期工程建设初期，宁海电厂大手笔地应用了高效除尘、脱硫脱硝、废水处理、圆形煤场和生态环保边坡等一系列先进技术，环保方面的总投入占工程总投资的 20%，在美丽的东海之滨，一个绿色的现代化电厂初具雏形。

身处于碧海绿岛之间的天然氧吧，如何实现自身与环境的友好和谐，建设一个对社会更加负责的国际一流绿色电厂？如何将宁海电厂打造成国华电力在华东地区乃至国内的标杆工程？宁海电厂人不断思索，于是，他们将一片拳拳之心，又一次地融入实实在在的环保举措之中，追求环保事业的最高峰。

2006 年 4 月 3 日，浙江国华宁海电厂脱硝工程启动暨签字仪式在杭州饭店举行，这标志着国内首台 60 万千瓦亚临界火电机组脱硝环保示范工程全面启动。会上，原国家环保总局污控司官员对宁海电厂对社会、对环境高度负责的态度给予了充分肯定，并高度评价了宁海电厂上马脱硝项目所起到的积极效应。2007 年我国在控制燃煤电厂烟气氮氧化物排放方面还处于起步阶段。对于宁海电厂而言，对脱硝的尝试也是第一次。所以，在脱硝项目的初步设计中，经过专家及相关方的认真论证，最终采用了当今世界成熟先进的选择性还原法烟气脱硝技术（SCR），该技术是通过向锅炉的尾部烟气中喷入氨气，使之与烟气中的氮氧化物发生化学反应，最后生成无害的氮气，从而达到脱除烟气中氮氧化物的目的。

绿色宁电减排大提速

自 2006 年 11 月脱硝工程正式运行以来，宁海电厂每年减少氮氧化物排放量达 3000 余吨，极大地降低了电厂对周边环境的污染，具有显著的社会效益，现代化电厂与周边的一流生态环境相映成趣。我们把"镜头"再一次拉回到宁海电厂脱硝建设路上那一个个不平凡的"身影"，那一次又一次的环保提速：2004 年 4 月 1 日，"国华电力关于开展脱氮工作会议"在北京召开。通过对脱硝工作意义和前期运作等方面的研究、部署，会议一致决定对宁海电厂 #4 机安装脱硝装置，以更好地满足国家的环保要求，同时，也为今后大型火电厂的烟气脱硝积累经验，最终实现建设一流环保电厂的目标。由于宁电 #4 机组脱硝是在锅炉上新加装脱硝装置，对锅炉的空预器、除尘器、引风机等都将产生影响，工艺、程序十分复杂、烦琐，一旦操作受阻将很可能影响最后一台机组的投产日期，但是，宁海电厂人人本着对环保的执着，在脱硝建设路上一路快进、势如破竹：2004 年 10 月，取得国家环境保护总局《关于浙江国华宁海发电厂 #4 机加装烟气脱硝装置及调整脱硫部分工艺系统环境影响补充报告审查意见的复函》；2005 年 2 月，取得国内首个经国家发改委批复的脱硝项目文件《国家发展改革委关于浙江国华宁海电厂 #4 机组加装烟气脱硝装置工程核准的批复》；2006 年 4 月，脱硝工程主体钢结构开始吊装；2006 年 11 月 20 日 14 时 58 分，#4 机组脱硝装置随国华宁电 #4 机组顺利完成 168 小时试运全时段随机组运行，并同步通过了 168 小时连续满负荷试运，期间平均脱硝效率达 80% 以上，其他指标均达到设计值，标志着脱硝工程在宁海电厂取得圆满成功。

令人感动的"赔本生意"

李春龙是宁海电厂脱硝项目的主要负责人，他说，浙江是酸雨的重灾区，电力企业尤其是火电企业更应该有一种义不容辞的担当。宁海电厂上脱硝项目，其实产生不了任何经济价值，或者可说是个赔本生意，整个脱硝项目投用后，后期维护成本非常高。他算了这样一笔账：脱硝中缺之不可的催化剂，大约 3 年就要更换一次，每次约花费 2400 万元，全部需从外国进口；另外，氨气的消耗量每小时约 360 千克，一天就将近 9 吨，等值于 2 万元人民币，也需要从化工厂购进。李春龙感慨地说："我为公司这种对环境负责、对社会负责、对子孙后代负责的意识与举措，感到深深的自豪与莫名的感动！"

宁海电厂坚守着一份信念：环保之路，没有最好只有更好！在环保征程上，宁海电厂人凭借着一颗对环保事业尽职尽责的敬业之心和一股坦然面对崎岖路的豪气，勇敢而又不失睿智地追求环保事业新"净"界。

独一无二的全封闭煤罐

宁海电厂在建设之初，考虑到煤场粉尘对周边环境的影响，在充分吸收借鉴国外电厂环保建设成果的基础上，在一期工程中利用天然地基，投资 2.2 亿元建设了两座直径为 120 米的圆形全封闭储煤罐，设计可堆煤 38.8 万吨，能满足 4×600MW 机组 20 天的耗煤量需求，燃煤从码头运送到储煤罐的全过程中，噪声和粉尘污染都被控制在最低限度。储煤罐造型优美，结构精巧，工艺上达到国际一流水平，是宁电工程建筑的一大亮点。

废水回收利用百分百

按照国华电力"四不一再"环保发展理念，宁海电厂在厂区分别设置了相互独立的生活污水管网、工业废水管网和雨水直排管网。对于各生产工艺排放的工业废水，宁海电厂采用废水集中处理系统，根据工业废水的排放周期，采用不同工艺，经处理合格后作为工业水重新利用。为防止海水渗透，灰坝按闭气坝设计，厂区与灰库采用分隔堤分开，避免厂区雨水进入灰库，作业区的雨水通过移动式水泵，集中到回收水池沉淀后，用于灰库作业区的灰面洒水。对于生活污水，由厂区生活区污水管网汇集至 100 立方米生活污水调节池，由污水提升泵升压，再经二级接触氧化池消化、沉淀池固液分离、接触消毒，得到的中水水质达到国家综合污水一级排放标准，再经过滤处理后的清水达到工业杂用水水质标准，可回用于工业生产或厂区绿化。通过以上措施，国华电厂的废水真正达到了"零排放"，2006 年处理废水达 92.8 万吨，100% 回收利用。对废水的回收利用在保护周边环境的同时，也产生了巨大的经济效益，更达到了节能降耗的效果。

石头上种草的奇迹

宁海电厂针对工程建设过程中开挖山体留下的裸露面，采用"生态边坡"技术，利用高科技建筑材料，经挂网固土、喷浆种草等工艺，实现"石头上长草"的奇迹。这项技术集生态、环保、节能于一体，将乔、灌、草、藤等植物进行合理搭配，确保坡面恢复植物的多样性和绿化的长久性。早期以花草绿化防护为主，后期则以乔灌木防护为主，有效地避免了草本植被的退化现象，构建了乔、灌、花、草立体防护生态体系。宁海电厂共完成生态边坡面积约 6 万平方米，这一道道绿色屏障净化着空气，美化了环境。

点"废"为宝的魔术棒

宁海电厂一期工程机组投产后，每年产生粉煤灰约 35 万吨、煤渣 5 万余吨、石膏 10 万余吨，这些原本是工业废物的物质被利用起来，变废为宝，仅 2006 年在机组相继投产的背景下，废品综合利用各项创收达 7766 万元，全年实现净利润 608 万元。2007 年，以宁海电厂为依托的临港区块已被宁波市环保局列为全市第一批循环经济试点单位。一个包含了煤—电—粉煤灰—水泥、煤—电—粉煤灰—新型墙材、煤—电—石膏—石膏板 3 条产业链的循环经济区正在建立，它将成为三次产业互为促进、生产生活生态联动发展、人与自然和谐统一的循环经济典范。现在，海螺水泥厂已在宁海电厂附近建立，电厂的粉煤灰将直接被送到水泥厂，最后加工成水泥；石膏的供应协议也与山东泰和东新股份有限公司签订。循环经济的大力推广确保了电厂下游产品的再利用，从而也减少了环保压力，更为推动地方经济的高速发展做出了积极贡献。

心与心的交融沟通

宁海电厂在环保方面动足了脑筋，不惜血本，但随着电厂的投产，当地百姓还是不免担心电厂造成环境污染。尤其是每天看着电厂烟囱排出的白烟，百姓担忧："这会污染我们的生存空间，对生活造成影响吗？"捕捉到这一信息，宁海电厂领导高度重视，强调"消除村民误解，做好绿色沟通我们责无旁贷！"

"我们来到了一个地方，这里的一切是那么的新鲜、优美，让人流连忘返。漫步于这个技术先进、外观时尚的电厂，有如在倾听一首行云流水般的音乐；那生机盎然的花草，群山环抱的厂区，快乐生活在此的小鸟也不时高歌一曲，那山，那水，那高居雄伟的厂房，让我看到了一个似乎与世隔绝，又似乎连成一脉的城市，仿佛陶渊明笔下的世外桃源……"这是宁海电厂与《宁波晚报》联手举办的"小记者走进绿色宁电系列活动"中，大家对这座环保、大气、美观的绿色电厂的由衷赞叹。

宁波市电视台拍摄的纪录片《创模复检：国华电厂环保状况调查》，以独特的视角，纪实性手法，对周边村民关注的宁海电厂污控措施、运行影响等问题进行了全方位、深层次的挖掘，通过深入浅出的专业讲解，翔实丰富的实验数据和政府权威的中肯评价，将一个绿色、大气的宁海电厂展现给每一位观众。此外，宁海电厂还邀请附近村民来电厂进行面对面的座谈，用最融洽的氛围、最直接的方式与每位村民真诚沟通。

由衷的首肯与赞叹

很多国家、地方领导都曾到宁海电厂参观考察，并对其作出了肯定。原国家电力监管委员会主席柴松岳用"安全可靠、大气美观、高速高效"充分评价宁海电厂的建设成果，称其在环保措施应用、发展循环型经济等方面处于同行业中领先地位，为火电项目树立了榜样，并欣然题写了"和谐宁电"。曾任浙江省委书记的习近平评价："宁电不失为一个美丽、和谐、大气的电厂！"一位附近村民在参观完电厂后更是由衷感慨，"以前在家门口看到你们排放的烟雾，心里真的非常担心，如今不光心中石头落地了，而且为有这么一个漂亮的电厂落户在这儿，感到很自豪！"绿色沟通，在消除社会受众误解的同时，树立了宁海电厂绿色、负责的美好形象，提高了知名度和美誉度。

生态宁电唱响未来

一分辛苦，一分收获。宁海电厂建成以来，"绿色宁电""生态宁电"等美誉接踵而至，"浙江省五大百亿示范工程""浙江省循环经济示范企业"等殊荣纷至沓来。自我加压、追求卓越的宁海电厂人，却淡泊昨日的成就，整装踏上新征程：正在开工建设的宁电二期 2×1000MW 扩建工程，放眼大局，注重长远，为建设一个具有国际一流水准的大型火力发电厂，国华宁海电厂创造性地提出了"三高一创"的目标，即高标准开工、高水平建设、高质量投产，创国内百万机组示范工程。宁电二期扩建工程选用两台超超临界燃煤发电机组，具有煤耗低（273g／kW·h）、热效率高（45.05%）、厂用电率低（5.75%）、耗水指标低（0.089m³／s.GW）、机组可用率大（大于90%）以及可靠性高、调峰能力强等优点，首先在选型上就具有节省资源的优势。在原有一期工程环保技术应用的基础上，首次采用特大型海水冷却塔循环冷却系统，淋水面积达 1.3 万平方米。塔高 176.14 米，避免一次循环温排水对海域的影响，对大型滨海电站建设具有开创性意义。首次在百万机组塔式锅炉中采用等离子点火技术，可节省费用将达到 5902 万元。两台机组同步脱硫脱硝，烟尘及排水指标将低于欧盟标准。采用干除灰、除渣方式，实现灰渣综合利用和节约用水，脱硫石膏等环保副产品将全部得到综合利用，届时循环经济企业的龙头示范作用将再显流光溢彩。

循声望去，一首饱含绿意的天籁之歌正在东海之滨奏响，不远处，一艘挺立浪尖、永立潮头的"绿色航母"正在扬帆起航。绿色，唱响未来！

资料来源：刘杰：《绿色，唱响未来》，《中国环境报》2007 年 6 月 15 日，第 4 版。

 经验借鉴

宁海电厂在开工伊始就以建设"绿色电厂"为己任，绘制了一条绿色环保的发展之路，实践发扬以"实现企业与环境和谐"为核心的绿色文化。宁海电厂的绿色发展的主要经验有如下几条：①公司有强烈的环保发展理念。作为国内新建的大型火力发电企业，宁海电厂自开工之日起，就高擎"四不一再"（烟囱不冒烟、厂房不漏气、废水零排放、噪声不扰民、灰渣再利用）的环保发展理念，本着对社会高度负责的态度，矢志建设国际一流的绿色环保电厂。②在环境保护上敢于投入。例如，在一期工程建设初期，宁海电厂大手笔地应用了高效除尘、脱硫脱硝、废水处理、圆形煤场和生态环保边坡等一系列先进技术，环保方面的总投入占工程总投资的 20%，可见对环保的重视。显然这些投入也收到了实效。③打造循环经济，百分百利用废水。例如，按照"四不一再"环保发展理念，宁海电厂在厂区分别设置了相互独立的生活污水管网、工业废水管网和雨水直排管网。对于各生产工艺排放的工业废水，宁海电厂采用废水集中处理系统，根据工业废水的排放周期，采用不同工艺，经处理合格后作为工业水重新利用。④大力提倡"变废为宝"，发展循环经济。宁海电厂一期工程机组投产后，每年产生粉煤灰约35万吨、煤渣5万余吨、石膏10万余吨，这些原本是工业废物的物质被利用起来，变废为宝。此外，海螺水泥厂已在宁海电厂附近建立，电厂的粉煤灰将直接被送到水泥厂，最后加工成水泥；石膏的供应协议也与山东泰和东新股份有限公司签订。

三、中兵环保：降服空气污染的"杀手"

 案例梗概

1. 中兵环保具备发展污染物治理设备制造和污染物治理项目的咨询、设计、施工等能力。
2. 采用氧化、裂解等技术，进行除臭、脱色、脱硝，特别是挥发性有机污染物的治理。
3. 在橡胶工艺尾气治理方面，先后完成许多公司的炼胶、硫化工艺尾气末端治理。
4. 在杭州富春江化工等项目的煤焦油储罐及脱水废气治理中都有很好的实践。
5. 开展杭州松下马达、杭州保利泰克塑化等公司的苯乙烯废气治理项目。
6. 开展杭州旭化成纺织、杭州圣山实业等公司的纺织品定型机废气治理项目。
7. 承担橡胶沥青废气除臭项目的研究，根据不同工艺参数，进行大量对比性试验。

关键词：科技创新；橡胶废弃治理；产学研合作；绿色环保产品

 案例全文

杭州中兵环保股份有限公司（以下简称"中兵环保"）位于杭州经济技

术开发区，为国家高新技术企业，2015 年初正式在"新三板"挂牌，证券代码 831847。中兵环保自 2005 年成立以来，始终坚持"创新发展、务实治理"的信念，以争做中国环保战线上的尖兵为目标，走校企联合的道路，先后与浙江大学、杭州职业技术学院等院校结成战略合作伙伴，加强产学研合作，使企业得到快速的提升和发展，并获得社会的认可和美誉。2015 年，中兵环保入选共青团中央大型公益品牌展播企业；2016 年，被 CCTV《工匠精神》栏目组选中，为公司拍摄的"降服空气杀手"纪录片于 2016 年 12 月 22 日至 2017 年 8 月 17 日在 CCTV 发现之旅频道"让世界爱上中国造"栏目播放。

自主创新　苦练内功

多年来，中兵环保苦练内功，具备了污染物治理设备制造和污染物治理项目的咨询、设计、施工到运行的能力，其中橡胶行业除臭技术与装置处于国内领先地位，在橡胶废气治理领域拿到国内首张中国环境保护产品认证证书《橡胶废气干式氧化除臭装置》，这一环境保护产品全套设备成功出口日本，并逐步向东南亚市场拓展。

中兵环保不断追求科技创新与研发，2010 年，"炼胶废气干式氧化法防治技术与装备"列入"2010 年浙江省环保推荐技术（产品）"，成功将氧化、裂解等技术运用于除臭、脱色、脱硝，特别是挥发性有机污染物（VOCS）的治理。2011 年 6 月，"橡胶恶臭废气干式氧化防治技术与装备"项目获得科学技术部科技型中小企业技术创新基金管理中心立项（立项代码：11C26213304706）；2011 年 9 月，"干式氧化法炼胶废气除臭净化设备"产品由浙江省科技厅登记为"浙江省科学技术成果"（登记号：11001191）。

近年来，中兵环保更是成功将臭氧氧化、雾化吸附、蓄热氧化、超高压高安全型静电吸附、高能 UV 光裂解、活性炭吸附脱附、有机溶剂吸收、催化氧化、超高浓度臭氧水制备等众多污染物治理技术，运用于废气除臭、VOCS 废气降解、废水脱色、高盐污水预处理、烟气脱硝等众多行业，特别在橡胶、饲料加工、纺织品定型、喷涂、改性沥青生产加工、橡胶沥青生产加工、医药、化工、农药生产、再生胶生产、煤焦油储罐油气、PVC 压延、污泥干化、化纤等众多重污染行业的净化治理中发挥出色。

踏踏实实　专注实业

中兵环保坚持务实的工作作风，踏踏实实做实业，在橡胶工艺尾气治理方面、煤焦油储罐及脱水废气治理方面等几方面都取得了可喜的工程业绩。

一是在橡胶工艺尾气治理方面，先后完成了杭州朝阳橡胶、中策橡胶集团、中策清泉实业、中策橡胶建德、中策橡胶富阳、浙江庆大橡胶、浙江久远汽车零部件、金朝阳橡胶机械、杭州横滨轮胎、双钱回力轮胎芜湖工厂、苏州横滨轮胎等公司的炼胶、硫化工艺尾气末端治理。2013 年 9 月"炼胶废气干式氧化除臭装备"还出口到日本横滨橡胶株式会社三岛工厂。据了解，该装备还将出口到泰国等其他国家。二是在煤焦油储罐及脱水废气治理方面，在杭州富春江化工、韩城黑猫炭黑、济宁黑猫炭黑、太原黑猫炭黑等项目中都有很好的实践。三是在苯乙烯废气治理方面，有杭州松下马达、杭州保利泰克塑化、苏州大金电气等成功的案例。四是在纺织品定型机废气治理方面，完成了杭州旭化成纺织、杭州圣山实业、杭州中强印染、杭州福发纺织、杭州恒迅纺织、奥坦斯布艺、众望布艺控股集团等企业的治理项目。五是在橡胶改性沥青工艺尾气治理方面，由于改性沥青和橡胶沥青在制备过程中需要加温至 200℃高温，会出现沥青烟等多种有机混合废气，气味非常难闻。中兵环保承担橡胶沥青废气除臭项目的研究，经过工艺优化，以及不同工艺参数，进行了大量的对比性试验，取得阶段性成果。经处理后的各项指标超过了国家排放标准，除臭效果立竿见影。现已在浙江华路公路物资、宁波宝盈沥青等项目中得到应用。六是在喷涂废气治理方面，分别应用吸附浓缩 +CO、蓄热式催化燃烧（RCO）、高能等离子 + 喷淋工艺、催化氧化等各类工艺，并成功应用于杭州神钢建设机械、建超喷涂等项目。

此外，湖州海皇生物科技股份特种饲料加工废气、宁波飞达鱼粉加工废气、康师傅煮浆锅废气治理、顶园食品加工废气治理、杭州秉信纸业印刷废气治理、浙江禾田化工污水站废气治理、中国供销集团（宁波）海洋经济发展有限公司污水治理等还有很多成功的案例。

资料来源：佚名：《降服空气污染的"杀手"——杭州中兵环保争做环保战线中的尖兵》，《中国环境报》2018 年 1 月 16 日，第 7 版。

经验借鉴

　　杭州中兵环保股份有限公司始终坚持"创新发展、务实治理"的信念，以争做中国环保战线上的尖兵为目标，在橡胶工艺尾气治理方面、煤焦油储罐及脱水废气治理方面等都取得了可喜的工程业绩。简单来说，杭州中兵环保股份有限公司空气污染治理及企业发展的主要经验有如下几条：①追求科技创新与研发。中兵环保先后与浙江大学、杭州职业技术学院等院校结成战略合作伙伴，加强产学研合作，使企业得到快速的提升和发展，企业自身具备了污染物治理设备制造和污染物治理项目的咨询、设计、施工到运行的能力，成为领先整个行业环境治理的领头羊。②以大批项目实践不断优化废气防治技术和产品。根据自身企业可能造成的污染源进行分析和创新，研制出不同方面的尾气治理模式，大量的技术应用推广获得成功，同时环保技术和产品也得到验证和进一步优化。③在废气治理上提高标杆，务实治理。橡胶行业除臭技术与装置处于国内领先地位，这一环境保护产品全套设备成功出口日本，并逐步向东南亚市场拓展。为其他化工企业提供减排废气的先进技术和机器，带动各个行业对环境治理的重视。杭州中兵环保股份有限公司环境治理发展及企业污染防治的经验说明，企业在追求经济效益的同时，应当扛起绿色发展的大旗。以污染治理点亮企业社会责任，以高科技环保技术和产品护航洁净的生产生活。

四、浙江移动：编织绿色网络　成就生态企业

 案例梗概

1. 浙江移动提出"移动绿色精品网络"运营发展理念，向"绿色生态型"网络目标迈进。

2. 采用微蜂窝、室内分布系统等技术，营造符合环保标准的移动电话无线网络。

3. 坚持"以客户为导向"发展理念，制订"绿色"服务方案，建立"绿色"服务机制。

4. 安置绿色回收箱，开展绿色环保废旧手机及手机电池回收行动，废物回收再利用。

5. 提供数百项绿色环保业务，利用"移动信息化全面解决方案"实施"数字"环保。

6.发出"创建移动产业绿色生态链倡议书",构建"移动产业绿色生态链"。

7.根据用户需求开发各种人性化的"绿色"业务,提供网络化、电子化业务和服务。

关键词:绿色业务;生态设计;绿色服务;数字环保;移动信息化

 案例全文

浙江移动通信有限责任公司(以下简称"浙江移动")2003年12月,成为省内率先通过清洁生产审计的通信运营企业。2004年4月,浙江移动成为省内率先通过ISO14001环境评审的通信运营企业。2004年7月,浙江移动成为全国通信行业首家"绿色企业"。浙江移动,一个"绿色生态型"的发展企业正在逐渐成形。

"绿色生态"——浙江移动发展新发展理念

在经历十多年的快速增长后,浙江移动开始思考这样一个问题:作为企业,要实现一定的增长并非难事,可以靠高消耗来快速达到一定的指标,也可以通过一些刺激来完成一定的业绩,但企业的发展与经营并非一时行为,而是一个连贯的过程,那么,什么才是保持企业不断发展的动力呢?资源是会消耗光的,但企业必须不断向前,而在这循环往复的过程中,什么才是永恒不变的呢?在这种情况下,实现可持续发展战略成了企业无法回避的一个使命。

著名的战略大师迈克尔·波特认为,一个企业的社会责任,或从事公共事业的目标,实质上应该集中于公司竞争力的增强,而不该是各种华而不实的空洞口号。在波特笔下,企业是社会责任的实质凸现。而浙江移动的"绿色生态型"发展理念,正是从这样的实质中提升上来的理论精髓。现代工业文明正在转向一种新的文明形态——生态文明阶段。"绿色"的内涵更重要的是"可持续发展能力",要通过自身优势,带动相关产业链的发展;"绿色"还包含企业必须为生态环境的改善而努力;"绿色"更包括"人与自然"的和谐发展,包括给客户提供"绿色"、环保的业务与服务……从浙江移动对"绿色"的认识中，我们看到了一个企业作为社会组成元素的社会责任感。

"绿色生态"设计——移动"139"计划

过于华丽的企业战略很容易导致失败，因为根本无法执行，而浙江移动"绿色生态型企业"的战略构想却实实在在，其实施的移动"139"计划可操作性强，真正为企业打造了一条"绿色"的可持续发展之路。移动"139"计划的主要内容："1个环境方针"——遵守法律法规，实施清洁生产，提供绿色服务，体现企业价值，提升社会责任。"3个环境目标"——确保网络建设、运行和维护符合环保要求；持续降低生产、服务过程能源和资源的消耗；不断改进产业链的环境意识，建设生态型的供应链。"9个环境指标"——定期进行基站电磁辐射指标测评；加快信息化建设，实现无纸化办公；全省改造推广节能基站500个，改造后每个基站耗电等比下降10%；全面推广纸质充值卡替代塑料充值卡；大力推广电子充值手段，电子缴费比例达到30%以上；定期进行废旧通信器材的回收；实现危险废物无害化处置；定期开展绿色主题公众宣传活动；建立生态型供应链的绿色档案。

把生态设计纳入企业服务过程。产品的生态设计也叫产品的"绿色"设计或环境设计，是随着"绿色"消费和"绿色"市场的兴起，在产品设计领域中出现的新潮流。服务过程同样也适合使用产品生态设计的原则。服务的生态设计的基本思路是：污染预防要从服务的设计过程开始，在提供服务的过程中要考虑生态系统的安全，设计阶段引入生态环境变量，把生态特性作为服务产品的重要差异性。服务的生态设计的基本原则包括：①环境原则。减少服务过程中的能源消耗和废弃物的产生数量，减少对健康和安全的风险以及考虑生态可降解性。②费用原则。在达到相同服务功能的情况下，要求所花费的费用最低、利润最大。③性能原则。要求满足不同层次消费者的需求，包括功能和服务质量。④美学原则。要求符合消费者的审美需求。把生态设计纳入浙江移动通信服务过程的基本措施：严格按照国家有关电磁辐射的标准要求建设基站，并对基站进行优化，减少辐射量。

服务过程中少用短缺的原材料，多用废料或者再循环物料作为原料。在可能的条件下减少服务流程。减少产品重量，以降低物耗和运输过程的能耗，如：采用轻质材料；去除多余的功能；避免过度包装。服务过程低物质化，如采用缴费卡缴费，研究电子缴费卡系统等，减少纸张和塑料的消耗。简化结构，如减少所用原材料的种类；减少零部件数目；易于拆卸装配，便于维修；废品易于分类处置。考虑各种材料报废后回收、复用、再生的可能途径和方法。产品系列化，满足各种消费要求，避免浪费。包装材料标准化，便于重复使用。尽量少用或者不用有毒有害的原材料。减少服务过程中的污染物排放，节能降耗，节约水资源。产品报废后易于处置、分解和生物降解，分散在环境中的废品成分应易于与环境相容。

"生态建设"——"绿色生态"型精品网络

将"环保"作为一项长期的工作来抓，而且一抓就是十年，这也是浙江移动不断获得成功的秘诀。浙江移动在建网之初，就朝着打造"绿色生态型"网络的目标迈进，并提出在全省范围内构建"移动绿色精品网络"的网络运营发展理念，全面实现了网络从"量"的覆盖到"质"的提升。浙江移动"绿色精品网络"的构建是不断动态优化的过程，历经十年，浙江移动在生态型网络的运行、维护、管理等方面取得了丰硕成果。为打造"绿色精品网络"，浙江移动采用微蜂窝、直放站、室内分布系统等技术，形成了大密度、小站距的网络布局，并通过动态功率控制、话音激活等手段，营造起符合环保标准的移动电话无线网络。2004年，浙江移动已进行了10期GSM工程的扩容，全省基站达到6000多个，网络通信容量达1500多万门。据环保专家介绍，基站建设越完善、网络覆盖越好的网络手机辐射越小，也就越"绿色"。庞大的基站数量、稳定的网络运行指标，为构建"绿色生态型精品网络"奠定了基础。

多年来，第三方权威机构对浙江移动全省部分基站进行了环境检测和评估，结果完全符合标准。实测基站的辐射量只有国家规定标准的5%～16%、相关国际标准的0.4%～1.4%，好于欧美同类网络品质标准。2004年"3·15"期间，浙江省质量技术监督局在杭州、嘉兴两地对移动发射基站的检查进一步验证了移动网络的"绿色"品质。结果显示：不少地方的辐射量都小于0.1微瓦，最大也不超过1微瓦，低于国家规定的40微瓦每平方厘米的环保标准。几年来，浙江移动在支持生态环境保护方面，一直坚持从自身做起、从现在做起的原则。如在通信基站的建设上，不仅对其辐射指标制定了极为严格的标准，而且考虑到浙江省丰富的旅游资源，在天线外形上也力求做到与环境相协调，设计上达到仿生态要求。如在宁波象山松兰山建立树形仿生基站，在杭州、宁波、温州等小区建立隐形路灯基站等，有些设计还成为当地一景。

"绿色"服务——领先服务"123"

在人人倡导"绿色"，人人追求"健康"的当下，"绿色"的含义被一再挖掘。浙江移动在建设"绿色生态"企业的同时，深刻认识到为用户提供"绿色"服务的重要性。浙江移动认为："绿色包含了'人与自然'的和谐发展，就是要给客户提供绿色的业务与服务，保持业务与服务的领先。"在这种服务发展理念的推动下，浙江移动制订了一系列"绿色"服务方案。首先是建立"绿色"的服务机制。浙江移动紧紧抓住"以客户为导向"的客户服务发展理念，深入实践服务领先，完善了大客户服务机制、客户经理工作机制和大客户管理机制。

（一）"绿色"服务"123"

"绿色"服务决定"绿色"消费，这是一个双重因果循环关系。为此浙江移动推出了移动"绿色"服务"123"。

1. 一条"绿色通道"

通过"绿色通道"——"全球通客户俱乐部"，客户可以享受到个性化贵宾服务。与银行、商场、酒店等消费场所联动，推出12580移动小秘书、"绿色"通道易登机服务、贵宾诊室、工行直通车、24小时自助营业厅等服务，丰富"绿色通道"的服务内涵，强化服务能力。

2. 两个"绿色"服务

浙江移动开发新服务让大家能够在移动中完成各项工作。"移动＋互联网"是浙江移动提出的最新"绿色"服务发展理念，电子商务是最新的服务。浙江移动为客户提供了一系列非接触的"绿色"服务，并打包成两个"绿色"服务包，即：①遥控办公服务包。移动会易通、移动办公助理、"随e行"、手机钱包、手机上网。②业务受理服务包。网上营业厅：登录浙江移动网站，即可进行话费查询与业务办理，访问量已超过1300万次，进入全球网站访问量前 4000 名，可以受理 11 大项、24 小项业务，月增长幅度近 50%。电话营业厅：拨打 1860、1861 或 12580 办理各种业务。短信空中营业厅：发短信到 1860、1861 办理业务，现可进行 6 大类、93 小项的业务受理，设计容量为 300 万次 / 天，月增长超过 100%。24 小时自助营业厅：用户可以 24 小时自行办理各种业务。

3. 三种方便服务

（1）提供入网方便服务——浙江移动建立了以营业厅为主体、社会代销力量为补充的遍布全省的庞大的营销网络，把营销网点逐步向居民生活区和农村集镇延伸，同时又组织了一支移动代理人队伍，上门为客户提供服务。

（2）提供缴费方便服务——浙江移动为客户寄送个性化的话费对账单，提供营业厅、1861 热线、短信话费点播、网上查询等多种话费查询渠道。并且开发了环保的纸质缴费卡，2004 年 1~4 月，应用纸质缴费卡浙江移动共节约成本 400 万元，平均每月节约 100 万元，替代了原来的塑料充值卡。基本实现电子化充值，运用空中短信充值等手段，既环保、节约，又方便用户。

（3）提供咨询与投诉方便服务——在客户服务上建立"1860 绿色通道"。为进一步提高客户服务质量，浙江移动于 2003 年初正式启动了全省集中化呼叫中心。需求产生服务，服务创造优势。在本省实现异地服务的基础上，浙江移动又与上海移动、江苏移动合作，于 2004 年初共同推出长三角"两省一市服务漫游"服务，打破移动服务的地域界限，让移动用户在异地可以享受到与本地一样的优质服务。跨区域服务使"全球通"向"服务通"转变。"全球通"成为一个全程全网的服务体系。

（二）用"绿色"为社会提供有价值服务

在做好自身绿色服务的同时，浙江移动将绿色服务的范围扩大到了整个社会领域，将建设"生态浙江"看作自身服务工作的一部分。浙江移动在全省各主要移动营业厅都安置了绿色回收箱。2003 年 10 月，浙江移动又在杭州分公司延安路营业厅和教工路"动感旗舰店"开展了为期一周的"关爱家园，从我做起——浙江移动绿色环保废旧手机、废旧手机电池回收行动"。另外还在浙江丽水建造了直径 5 米的废旧电池回收塔。回收的废旧手机、废旧手机电池交给相关厂家进行回收再利用处理……2003 年夏天，连续的高温导致杭州蚊蝇肆虐，为了给市民创造好的纳凉环境，浙江移动向杭州 100 个社区赠送了 200 台灭蚊蝇的公益灯箱，受到群众一致好评。

"绿色"业务——移动信息化全面解决方案

在浙江移动看来，"绿色"包含"人与自然"的和谐发展，为此，他们给客户提供了数百项绿色、环保的业务，充分体现了人性化特征。比如，在创建生态省建设中，浙江移动立足行业特点，利用"移动信息化全面解决方案"，结合相关单位环保需求，提出了"数字"环保发展理念。2004 年移动和市环保局在杭州试点推出的"水污染防治短信系统"，将在全省推广。此外，为公交系统推出的"三 G 合一"业务实现了公交信息化；在媒体推出的 WLAN 无线高速上网、多样化的无线接入手段、移动办公助理等业务，加速了传媒信息化的步伐，同时使这些部门和单位节省了能耗，提升了工作效率。

（一）从模式到业务的创新

多样化的"绿色"业务模式：浙江移动以"全球通"等品牌为中心，开发了短消息、WAP、IP 电话、手机证券、手机钱包、随 e 行、会易通、手机银行、移动传真、虚拟专用网、自由呼、亲情号码、移动 OICQ 等新业务。依托浙江移动强大的网络支撑，使移动电话变成了随身传呼机、小银行、炒股机、传真机，客户可随时随地上网、收发信件、阅读新闻、理财、炒股等。人性化的"绿色"业务：浙江移动根据用户需求不断开发出各种人性化的"绿色"业务。截至 2004 年 9 月，企业所提供的网络化、电子化业务和服务已达上百种，如：移动电子缴费券、随 e 行、浙江移动百宝箱、会易通、手机钱包、彩铃业务。正是因为有了这些业务，改变了人们的生活方式，提高了生活质量。

（二）从"绿色"业务到移动信息化

早在 2001 年初，浙江移动便提出了"移动信息化"的思路，并首先在全省 1000 多家大中型企事业单位进行了试点，收到良好效果。2004 年，浙江移动又推出了针对不同行业、部门的"移动通信全面解决方案"。政务信息化：一场高效、透明的电子政务革命正在出现，而移动政务的出现，使这一切成为现实。浙江移动承担了浙江省政府门户网站的建设任务并着力推进各部门的政务信息化建设。以宁波海关为例，浙江移动针对海关办公的特殊需求，为其开发了审批类、提醒类、预警类、查询类四大项多达几十种服务功能的通信解决方案，使海关审批回复时间从平均 2.5 小时缩短为 30 分钟左右。企业信息化：针对各企业办公、商务的实际需求，浙江移动开发了相关业务，使企业真正实现从无纸化办公到无址化办公的转变，大大提高了工作效率。例如，由于采用了移动办公业务，在全国拥有 1000 多家销售网点的温州正泰集团公司，要召集所有营销人员开会只需两分钟，费用最多只需 100元。社区信息化：浙江移动依托在全省小区建立的"天天社区青少年服务中心"，全力实施"移动社区"工程。2004 年，在"天天"社区无线网络的基础上，已经做到了基站光纤进小区，实现了社区网吧的移动宽带上网。家庭信息化：针对家庭用户，浙江移动开发了一系列服务。比如联合盟卡数码商城网站（www.139buy.com），开通了手机小额支付服务，市民在该商城内可购买包括游戏、软件、教育等二百余种数字类产品，充分享受足不出户的购物乐趣。个人信息化：针对个人客户，浙江移动为他们提供了"个人移动通信解决方案"。有给客户带来生活价值的"个性化信息定制服务"，有实现远程办公的"蓝色邮件"服务。特别是"彩信"和"动感地带"的推出，受到了商务人士和青年人的推崇。

"绿色生态链"——企业发展生态观

"一花独放不是春，百花齐放春满园"，在浙江移动的"生态型"企业发展理念中，企业考虑的不只是自身的运营状况和环境，而是要有一个生态圈、一个生态群体，要在整个行业中实现"移动产业绿色生态链"，并与这个群体共同成长。浙江移动向产业链上游的产品供应商以及下游的合作代理厂商发出了"创建移动产业绿色生态链倡议书"，得到了本地知名企业及浙江省 3000 多家手机销售维修网点与摩托罗拉、诺基亚等制造商的积极响应。浙江移动倡议：①推进生态建设，打造"绿色浙江"是保护和发展生产力的客观需要，也是社会文明进步的重要标志。通信行业作为先进生产力中的一支重要力量，应积极参与到创建生态省这一民心、德政工程中来，实现资源的永续利用，以环境保护为己任，保持社会的可持续发展能力。②在通信网络建设上，通信运营商应努力打造"绿色生态型精品网络"，为客户创造一个健康、安全的使用环境。

在通信基站布局、选址、设备使用上，应充分考虑到和当地环境的协调性，持续降低资源消耗。③在业务上，积极树立"以客户为导向"的绿色经营发展理念。根据客户需求，不断改进现有产品和业务，减少或控制一切有害的环境影响，努力为客户营造良好的绿色、健康的消费氛围。④在服务上，坚决抵制以绿色名义进行的各种形式的虚假广告和宣传。企业应利用相关渠道，为消费者提供真实和恰如其分的绿色产品、服务信息。⑤诚信经营，抵制假货，并做好旧手机、废电池等废旧通信器材的回收和再利用。浙江移动承诺将为客户提供回收服务。⑥正确培养引导消费者科学、健康的消费习惯和消费观念，为生态省建设培育坚实的民众基础。⑦遵守有关环境保护法律、法规，建立较为健全的环保机构设施和组织管理。在企业内部经常开展环保宣传教育活动，让环保意识、生态发展理念深入人心。⑧根据企业自身特点，在日常运营中建立起一种强调可持续发展的企业文化，树立起一种"生态兴则文明兴、生态衰则文明衰"的企业发展生态观。

从管理到网络到各种服务和业务的推出，浙江移动一直在走可持续发展的"绿色生态型企业"之路。2003 年以来，浙江移动连续获得"全国五一劳动奖状"、"第十届国家级企业管理现代化创新成果一等奖"、首届中国企业信息化 500 强评比前 20 位、"全国用户满意企业"、"全国优秀质量管理小组活动优秀企业"等一系列国家级荣誉和称号。可以说，这些荣誉是浙江移动从"绿色生态型企业"向世界一流通信运营企业迈进过程中的坚实足印。

企业在绿色中得到延续

詹姆斯·C.柯林斯和杰里·I.波拉斯所著的《基业长青》一书在全球销量过百万册，作者在书中展示了一幅企业的生态图：企业也是有生命的。有的企业可以百年长存，有的却只如蜉蝣一日，其中关键之处就在于：对于一个企业来说，应该建立怎样的发展理念（即百年企业要有高瞻远瞩的发展目标）。在对美国众多拥有百年历史的企业进行了深入研究之后，作者惊讶地发现，这些企业都不是唯利润是图的企业，沃尔玛、迪斯尼、福特、运通……在这些企业的成长史上，人们都能发现使命基因的存在。如今，当浙江移动将目标定位于创建世界一流企业、创世界百年企业时，对于绿色可持续发展战略的追求，就成了实现这一目标最可行的道路。绿色，代表着生命，代表着清新，更代表着朴实向上的沉稳……

资料来源： 王仰兴：《浙江移动实施"绿色生态型"企业发展战略透视》，《人民邮电报》2004 年 9 月 9 日，第 7 版。

 经验借鉴

21 世纪是"绿色"经济时代，代表安全与健康、时尚与文明的"绿色"产品和服务正受到越来越多消费者的青睐。面对消费者不断增长的"绿色"消费需求，浙江移动树立"绿色"企业的经营战略，积极开发"绿色"产品和服务，不断谋求绿色发展的良机。简单来说，浙江移动绿色发展的主要经验有如下几条：①立足可持续发展，坚持绿色发展理念。浙江移动秉持"绿色生态型"发展理念，将"绿色"视为企业的"可持续发展能力"。改变传统价值观念，树立创造优质生活于社会的企业发展理念；以可持续发展为宗旨，确立社会市场营销观念；主动寓环保意识于生产经营之中，确立"绿色"企业文化。②着眼长远，进行绿色生态设计规划。基于"绿色生态型企业"的战略构想，浙江移动围绕绿色发展提出移动"139"计划，把生态设计纳入企业服务过程，真正为企业打造了一条"绿色"的可持续发展之路。③以技术创新为支撑，搭建绿色网络。浙江移动为打造"绿色精品网络"，浙江移动采用微蜂窝、直放站、室内分布系统等技术，形成了大密度、小站距的网络布局，并通过动态功率控制、话音激活等手段，营造起符合环保标准的移动电话无线网络。④个性化绿色服务方案。例如，浙江移动制订了一系列"绿色"服务方案，建立了"绿色"服务机制。浙江移动紧紧抓住"以客户为导向"的客户服务发展理念，深入实践服务领先，完善了大客户服务机制、客户经理工作机制和大客户管理机制。浙江移动的绿色发展之路充分说明，通信企业的绿色化发展需要以低碳节能发展理念为指导，以技术创新为动力。践行绿色发展，保护生态环境，与客户达成绿色环保共识，既是企业未来可持续发展的必然选择，也是企业应有的社会担当。

五、浙江石油：打造绿色"定心丸" 节能环保两不误

 案例梗概

1. 浙江石油投入巨资在油库和加油站安装油气回收装置，并设立油气排放监测点。
2. 严守"每一滴油都是承诺"宗旨，严格执行省政府对油品环保质量标准提升的要求。
3. 实施车用柴油和普通柴油管线、油罐等储运设施分离，为车用柴油的推出创造条件。
4. 采购车用柴油质检仪器设备，建立车用柴油相对应的质量管理制度，做好质量监控。
5. 兴建成品油长输管道，采用密闭运输方式，运输过程中几乎没有物料损耗。
6. 实施国际通用的 HSE（健康、安全、环境）管理体系，致力于环境保护和综合治理。
7. 拓宽视野，加快天然气推广和加气站网点拓展工作，还对充电网点进行试点布局。
8. 投放无人值守循环水洗车机，大力推进光伏发电项目，推广节能改造项目。

关键词：油气回收；油品升级；管道运输；综合能源供应；光伏发电

 案例全文

　　浙江素以优美的自然环境，深厚的人文底蕴，发达的经济基础闻名中外，"最具幸福感城市"的美誉为吴越大地的人们所自豪。然而在长三角区位优势和民营经济的快速发展之下，在享受科技发展和社会进步硕果之余，浙江私家车保有量的猛增，成品油的消费量逐年攀升，老百姓开始注重汽车和油品的使用，积极呼吁社会各界注重环境保护。作为全国经营规模领先的省级油品销售企业和中国石化首批"绿色企业"之一，党的十八大以来，中国石化浙江石油分公司（以下简称"浙江石油"）在"两山"发展理念的指导下，深入开展环保治理、清洁生产、节能技术推广等工作，持续打造绿色舒适的"人·车·生活"一体化智慧服务生态圈，为城市、乡村增加了一道亮丽的绿色风景线，让浙江百姓吃下"环保"定心丸，为减少污染、改善环境，打造"碧水蓝天"做出了应有的努力。

油气回收让"空气"更清新

韩师傅是一名杭州的资深的哥，跑车多年都习惯到家附近的中石化莫干山路加油站加油，几年前加油的时候时常向加油员抱怨"汽油味道很重"。2008 年底，加油站竖起了改造围栏，韩师傅加油变得麻烦，也一直不清楚怎么回事儿，直到有一天发现加油站营业了，再去加油的时候发现加油枪上多了一个皮圈，加油时的油气味道小了很多，一问才知道，这段时间加油站正在进行油气回收改造，现在对挥发的油气进行了治理，这让韩师傅感觉很满意。这样的变化不仅仅发生在杭州，全省中石化加油站，乃至油库都在悄然改变。浙江石油分公司投入巨资在油库和加油站安装油气回收装置，并设立油气排放监测点，严密监测装置运行效果。油气回收是节能环保型的高新技术，运用油气回收技术回收油品在储运、装卸、加注过程中排放的油气，能够有效减少挥发性有机物排入空气，防止油气挥发造成的大气污染，同时消除安全隐患。通过长时间的数据分析和排放检测表明，油气回收系统油气处理效率稳定在 98% 以上，油气排放浓度小于 $3g/m^3$，远低于国家标准限值（$25g/m^3$）要求。发油过程中逸散的油气可有效通过油气回收密闭系统得到回收，减少油气排放，既节约资源，又保护大气环境和人员健康，提高作业安全性。截至 2015 年底，公司合计投入近 10 亿元用于油库、加油站油气回收治理工作。油气回收改造已完成加油站 1700 余座和 14 座油库，截至 2016 年6 月，主要加油站点和油库油气回收大规模改造已基本结束。同时，正在建设中的甬台温成品油长输管道和 3 座配套下载油库均具备油气回收系统。为有效回收加油过程中的挥发油气，浙江石油加紧推进油气回收改造。2018 年共回收挥发油气 8656 吨，相当于 1.23 万辆家用汽车 1 年的用油量。截至 2019年 5 月，已有 17 座油库和 1700 余座加油站安装了油气回收装置，油库油气回收率达 0.8‰，油气回收系统油气处理效率稳定在 98% 以上。这些措施对改善大气污染起到了积极作用。

油品升级让"路上"用油更洁净

"油品质量升级，对于环境保护有着非常重要的意义。您看新标准车用柴油与原普通柴油比，十六烷值从 45 提高到 49，有效改善燃烧性；硫含量从不大于 350ppm（ppm 为百万分之一）降低到不大于 50ppm，减少有害物质排放。汽油从国Ⅲ标准升级到国Ⅳ标准，硫含量从不大于 50ppm 降低到不大于 10ppm……柴油车排放标准再配上车用尿素液才能达到排放标准……"这是发生在中石化滨江新民加油站义务宣传员和等待加油车主之间的对话。2016 年 4 月 7 日中石化质量日，加油站开展了环保公益活动，向前来加油站加油的车主宣传环保知识。为改善汽车尾气污染，中石化浙江石油分公司积极实施车用油品质量升级。浙江地区成品油升级逐步开展，严守"每一滴油都是承诺"的质量宗旨，严格执行省政府关于油品环保质量标准提升的要求。针对油品标准升级，中石化浙江石油分公司按照省委、省政府和中石化总部的统一布置，加快步伐，省内区域将按照循序渐进、以点及面的原则，在 5 年内实现油品质量"三级跳"。从 2010 年 1 月 1 日起，浙江全省系统销售的所有车用汽油已符合国Ⅲ标准要求。

2013 年 9 月，公司在浙江地区启动国Ⅳ标准汽柴油的升级工作，2015 年末，市区、高速公路、国省道等主要区域中石化加油站已经全面供应国 Ⅴ标准汽柴油。浙江石油分公司总经理岑利祥表示公司将在规定时间内完成油品升级工作，确保销售的油品百分之百质量合格，同时确保加油站供应稳定，油品不脱销。为此公司在油库把车用柴油和普通柴油的管线、油罐等储运设施分离，为车用柴油的推出创造条件；同时采购车用柴油质检仪器设备，建立车用柴油相对应的质量管理制度，对进出库站的车用柴油做好质量监控，并在"入库、出库、运输、进站、储存、加油" 6 个环节实施全过程监管，确保销售的油品质优量足。按浙江 2015 年消耗 950 万吨柴油 770 万吨汽油计算，本轮升级后浙江全年可减少硫排放 2850 吨，对环境改善贡献巨大。此外，国Ⅴ汽油还降低了锰含量、烯烃含量的指标限值，降低了油品中不良组分含量；提高了冬季蒸气压下限和夏季蒸气压上限，改善了使用性能。汽油和柴油的质量升级后，机动车各项排放指标会有不同程度的改善，硫和氮氧化合物排放物减少、锰含量的降低有助于对汽车三元催化器等器件的保护，将有助于降低空气中 PM2.5 的含量。推广使用高标准的汽柴油无疑对减少尾气污染、改善浙江空气质量具有重要意义。

成品油管道让输油更环保

2016 年上半年开始，浙江地区甬绍金衢和甬台温成品油管线沿线的居民就陆续收到了一封环保宣传信，信中详细介绍道，"管道运输可以有效控制油气挥发，改善泄漏导致的空气、水和土壤污染，且管道基本埋于地下，运行受气候影响小，可以确保运输系统长期稳定……"沿线居民表示："以前只知道这里修了运输油的管道，究竟有啥用，有啥好处这下总算是弄明白了。"为减少油品远距离运输途中的挥发污染，中石化浙江石油分公司积极兴建成品油长输管道，从 2000 年第一条镇杭管道投产至 2019 年 5 月，现已建成长输管道 748 公里，镇杭、金嘉湖、甬绍金衢等成品油管线已经建成投运，甬台温成品油管线正在积极建设当中。长输管道全部投运后，预计全年可减少油气挥发 3200 吨，大幅度降低成品油在运输途中的排放，有效降低对大气的影响。与铁路运输相比，管道运输具有环保、安全、占地少、运量大且运输成本低等优点，是当时世界上油品长距离运输最先进的方式。由于管道运输采用的是密闭运输方式，运输过程中几乎没有物料损耗，可以实现全天候自动化稳定连续运输。据浙江石油分公司党委书记李玉杏介绍，管道运输的损耗最低，通常水路的损耗在 3‰~5‰，公路损耗为 5‰，铁路损耗为 3‰，而管道运输只有万分之四，使用管输的方式将大大减少对自然环境污染的可能，有利于环境和生态保护。2012 年全省管输成品油 487 万吨，占总量的 37%，2013 年预计将超过 50%，运输方式已经由水路、铁路为主逐步转变为管道输送为主，将对环境保护发挥积极的作用。

作为浙江省内的重大能源建设项目，这些成品油管道的建设，还将大大改善浙江省的成品油管网布局，克服目前的储运"瓶颈"，缓解浙江省能源短缺和运输压力，保证能源安全，同时推进产业结构的调整和能源结构的优化，还能带动其他相关产业发展，提高人民生活质量。中石化浙江石油分公司一直是浙江省成品油供应的主要渠道，承担着全省 80% 以上成品油供应的重任，通过 2000 多座加油网点，每天为全省 800 万车友和广大企事业单位提供 24 小时用油服务。多年来，公司遵循中石化总部绿色低碳发展战略，实施国际通用的 HSE（健康、安全、环境）管理体系，致力于环境保护和综合治理，努力打造环境和谐型企业。在全省设 901 个油气浓度检测点、54 个噪声检测点。公司还积极向社会提供清洁能源，杭州、宁波、嘉兴、湖州等分公司已拥有 65 座加气站，其中 33 座 CNG 加气站、32 座 LNG 加气站。2013 年 1~5 月销量达近 20000 万立方米，既节约了资源，又利于环保。

经过近 20 年的拼搏努力，浙江石油初步构建了沿海炼厂向周边市场辐射，覆盖浙江 9 个地市的"两纵两横三专线"，共 7 条全长近 1500 公里的成品油管网，相当于挖出了一条京杭大运河。截至 2018 年底，浙江石油管道运输占比已达 70%，全年同比减少油气排放 1101 吨。管道运输采用的是密闭运输方式，可以实现全天候自动化稳定连续运输。通常石油水路运输损耗在 2.5‰，公路、铁路运输损耗在 2‰，而管道运输损耗能达到 1‰及以下，大大降低了损耗率。浙江石油还建立了一套数据完整、真实可视、安全运行的管线管理系统，逐步实现了全部地上、地下管线三维立体展示，极大地降低了管道运行的事故风险。

领跑绿色科技创新更先进

作为大型传统能源企业，浙江石油在浙江省内率先完成国Ⅵ标准汽油的置换升级。相比于国Ⅰ标准，硫含量下降超过99%；相比升级前的国Ⅴ标准，颗粒物排放降幅10%，大幅度降低汽车尾气的污染物含量，个别指标还超过欧盟标准，对大气环境质量的改善有着积极意义。浙江石油在注重油品质量的同时，还积极探索与新能源的融合。紧盯天然气市场，截至 2018 年底，共建成 79 座加气站，天然气年供应量达 3.06 亿立方米，相当于替代了 6.1 万吨成品油消费当量，减少了 8.2 万吨标煤燃烧。同时还对充电网点进行了试点布局，与绍兴诸暨公交公司共同出资建成了 2 座公交充电站，站内各有 10 个充电桩，承担了公交公司内部 24 辆公交车的充电任务。2019 年 1 月，位于杭州市西湖区的古荡加油站改造成功并正式开业，该站集加油、加气、充电、购物于一体，是全国首座综合能源供应站。该站可供 8 辆汽车同时充电，每天有 130 辆车进站充电，日均输出电能近 1700 度。"以前还和人开玩笑说，万一有天不小心开到加油站说'我要充电'怎么办。没想到现在真的体验到了"。这是一位使用充电桩的新能源车主的切身感受。此外，浙江石油还大力推进智能化融入。绍兴（东湖）油库作为全省首座智慧油库试点，借助"作业现场自动化值守"系统，将传统的油库公路发货流程进行优化整合。发油班组人员由原先的 5~6 人减少为 2 人，作业流程由 17 个步骤简化为 6 个自动化模块，单车发油时间由 25 分钟缩短至 18 分钟，能提前 1 小时结束发油早高峰，大大缩短了油罐车排队等候时间。

污水回收　光伏发电更节约

在南环路加油站，一座长约 13 米的红色自动洗车机尤为显眼。不时有车辆进入，十几分钟后便焕然一新地离开。无人值守循环水洗车装置的优势在于，自带污水回收再利用系统，以减少甚至避免洗车对环境的污染。该设备还能回收处理雨水，使它成为达标的洗车用水。截至 2019 年 4 月底，中国石化已在浙江范围内的加油站投放无人值守循环水洗车机超过 150 台，2019 年 4 月日均洗车 7500 辆。自 2018 年 9 月投用以来，累计节水约 3.9 万吨，相当于可清洗车约 130 万辆，节水量超 70%。大力推进光伏发电项目。2018 年 8 月，以高立加油站为试点开发首个加油站光伏发电项目，经由国家电网现场设备确认和验收合格后正式并网发电。随后，杭州南环路加油站、甬绍金衢管道正式应用光伏发电。截至 2019 年 5 月，浙江石油年发电量可达 13 万度，可供约 150 个家庭使用一整年。与光伏发电试点一并进行的是节能改造项目的推广。截至 2018 年底，浙江石油已将 1000 余座加油站罩棚灯更换为 LED 灯具，据测算每年可节约用电 160 余万度。

油品提升、油气回收综合治理等一系列环保措施是利国利民的民生工程，"为美好生活加油"既是公司的发展战略，也是公司义不容辞的政治责任和社会责任。中石化浙江石油分公司将始终坚持绿色发展的发展理念，重视安全生产，保护生态环境，加大节能投入，提供清洁燃料，努力实现企业与地方、生产与环境的和谐发展，为营造碧水蓝天，继续做出不懈努力。

资料来源：佚名：《中石化浙江石油：让百姓吃下绿色定心丸》2016 年 6 月 3 日，人民网，http://energy.people.com.cn/n1/2016/0603/c71661-28410453.html ；佚名：《智慧引领浙江石油的绿色之路》2019 年 5 月 21 日，中国石油石化网，http://www.chinacpc.com.cn/info/2019-05-21/news_3102.html。

 经验借鉴

中国石化浙江石油分公司是全国经营规模领先的省级油品销售企业和中

国石化首批"绿色企业"之一。近年来，浙江石油分公司在"两山"发展理念的指导下，深入开展环保治理、清洁生产、节能技术推广等工作，持续打造绿色舒适的智慧服务生态圈，走出了一条绿色创新的发展道路。总的来说，浙江石油绿色发展的主要经验有如下几条：①坚持绿色发展理念。中石化浙江石油分公司始终坚持绿色发展的发展理念，保护生态环境，加大节能投入，提供清洁燃料，升级油品，回收油气，将绿色发展理念与清洁生产的实践相结合。②大量的科技资金投入。浙江石油分公司投入巨资在油库和加油站安装油气回收装置，并设立油气排放监测点，严密监测装置运行效果。截至2015年底，公司合计投入近10亿元用于油库、加油站油气回收治理工作。③资源高效回收。浙江石油的油气回收是节能环保型的高新技术，运用油气回收技术回收油品在储运、装卸、加注过程中排放的油气，能够有效减少挥发性有机物排入空气，防止油气挥发造成的大气污染，同时消除安全隐患。④提高环保标准，产品质量升级。浙江石油严守"每一滴油都是承诺"的质量宗旨，严格执行省政府关于油品环保质量标准提升的要求。针对油品标准升级，中石化浙江石油分公司按照省委、省政府和中石化总部的统一布置，加快步伐，省内区域按照循序渐进、以点及面的原则，在5年内实现油品质量"三级跳"。浙江石油的绿色发展之路充分说明，发展绿色能源是企业和政府义不容辞的责任和义务，只有坚定不移地走这条绿色道路，企业才能蓬勃发展。

六、君集股份：浙江污水深度处理技术的领军者

案例梗概

1. 君集股份助力嵊新污水处理厂对现有原水进行"提档升级"，提升出水水质。

2. 采用一系列高标准化污水处理技术，助力嵊新污水处理厂进行提标改造。

3. 协助嵊州污水处理厂破解印染废水深度处理世界性难题，达到国家最高排放标准。

4. 在嵊州污水处理厂提标改造过程中运用14项专利技术，并且申请17项专利。

5. 研发自主核心技术，掌握领先国内外的"粉末活性炭浸没式超滤膜分离技术"（CUF）。

6.设计全新的一体化活性炭再生炉，集中各种炉型的优点，降低能耗，提高产量。

关键词：智能运营；提标改造；污水处理；粉末活性炭过滤技术；生态文明

 案例全文

近年来，关于水污染的话题不断被提起，特别是地表水污染问题。一些地方曾经有农民或者企业家提出出资请环保局长下河游泳，以此来引起大家对水污染严重程度的关注。解决水环境问题已成为各地政府的重要工作，同时也成为环保企业的技术主攻方向。有一家企业解决了污水处理领域的多项世界难题，成为同行中污水深度处理技术的领军者。它以技术研发为内生动力，在创造和引领人与水和谐共处时代进程中，留下了属于自己的名字和身影，它就是湖北君集水处理股份有限公司（以下简称"君集股份"，本文主要介绍该公司在浙江的有关项目）。

全国首例示范工程：嵊新污水处理厂工业污水升级至地表水Ⅳ类

2017年5月，在各级政府部门要求下，嵊新污水处理厂对现有原水进行"提档升级"，出水水质由一级A标准提升至地表水Ⅳ类标准。这一项目处理规模15万吨/日，建设工期约两个月，2017年7月10日君集股份完成提标改造并正式通水。这一案例为污水资源化利用提供了样本，实现浙江污水治理的重大技术突破，也标志着我国首个工业园区污水深度处理提标改造工程在浙江省率先完成，为嵊新两地"五水共治"工程开启了崭新的时代。这是君集股份数年来在工程项目中不断开发创新的成果之一。2017年，君集股份已研究出一系列拥有自主知识产权的高标准化污水处理技术，并已实现核心工艺技术自主化、服务个性化、能耗低碳化、工艺模块化和运营智能化。君集股份已在全国多省市建设了污水处理厂项目，并完成河道湖泊等地表水修复项目60余个，项目均获得用户百分之百好评，前文中提到的浙江嵊新污水处理厂提标改造项目已成为全国示范性工程。

此外，君集股份新的项目——武汉汤逊湖污水处理厂（15000立方米/天）

一级 A 标尾水深度处理至地表水 III 类（湖库）项目将成为君集股份又一个具有代表性的成功案例。这一项目尾水排放受纳水体为汤逊湖流域，最终汇入长江。而汤逊湖 2014 年的监测数据表明其水体已恶化，水质为 V 类，且出现不同程度的富营养化。随着长江生态的保护升级，长江有限的纳污容量与众多污水排污形成新的矛盾。10 万吨 / 日的一级 A 标尾水排放至汤逊湖，氮磷营养元素的累积将不利于湖泊的水质改善。君集股份在该项目中应用的"生物滤池 + 混凝沉淀 + 粉末活性炭过滤器 + 硝酸根树脂吸附脱氮"深度处理技术将汤逊湖污水处理厂尾水深度处理至地表水 III 类（湖库）标准。一年处理废水能够削减总氮 560 吨、总磷 10 吨，能极大改善汤逊湖流域自然环境与水质状况。工程实施后，还可回用于城市绿化、冲洗，既节约水资源，又节省自来水费。汤逊湖污水处理厂也可获得经济收益。当环保政策对污水处理厂中水回用有规定要求时，可为汤逊湖污水处理厂节省下一步中水回用项目的再次投资。

技术领先世界同行：解决嵊新污水处理厂提标改造技术难题

在君集股份各个成功项目中，核心是粉末活性炭过滤技术。如今，经过不断研发迭代，君集股份已经掌握了在这一领域领先于国内外同行的"粉末活性炭浸没式超滤膜分离技术"（CUF）。该技术将粉末活性炭吸附技术和超滤膜炭水分离技术结合在一起，通过在浸没式超滤膜池内投加粉末活性炭，对污水中的污染物快速吸附，膜池内置浸没式超滤膜装置，用于截留混合液中的粉末活性炭和悬浮物，经过吸附、分离处理后的水透过膜排出。其中膜池内粉末活性炭累积浓度高达 30000 毫克 / 升，对于来水冲击，缓冲能力强，脱色效果更好；由于活性炭层持续更新，不易堵塞超滤膜；投加粉末活性炭可以增加超滤膜对 UV254 和 CODMn 的去除率，同时可以延缓膜污染，并且投加量越大，膜污染的进程越缓慢；相比于传统的逆流接触方式，为达到同等水质处理效果，粉末活性炭的投加量相对较小，节省了运行成本；并通过调整粉末活性炭的投加量，使出水达到地表水标准或更高级别的出水水质标准。CUF 装置具有简单易操作，自动化程度高，出水水质稳定，浊度低等优点。君集股份这一自主核心技术研发的成功，彻底终结了我国近一个世纪以来依赖国外引进污水处理技术的历史。CUF 工艺组合形式多样，既可作为深度处理工艺单独应用，也可与各种类型的沉淀工艺组合实施。例如，针对所处理污水的特点，以及 CUF 的技术特点，当污水悬浮物浓度过高，SS≥300 毫克/升时，可采取"高效絮凝沉淀池＋CUF"联合运用的方式。这样既能保证 CUF 系统对难处理污水的处理效果，又可极大地降低系统的运行成本。

超越德国同行的活性炭技术是怎样炼成的？从 2013 年开始，随着浙江省政府"河长制"的正式出台，作为其中的重要内容，城镇污水处理厂的提标改造被提上日程。浙江 144 家城镇污水处理厂的厂长这几年越来越忙。2017 年是最后收官之年，全省所有的城镇污水处理厂全部要实现一级 A 标准排放，这也是截至 2017 年 11 月国内最严格的排放标准。作为已成功完成改造的案例之一，嵊新污水处理厂一期工程一级 A 标准提标改造已于 2015 年前圆满结束。浙江绍兴的嵊州市和新昌县是全球最大的领带之乡和丝针织服装重要的生产基地，仅领带服装年产值就达 164.24 亿元。嵊州新昌工业园区有 23 家印染企业、11 家造纸企业和 14 家其他企业，其工业废水都需要嵊新污水处理厂进行处理。嵊新污水处理厂一期以 BOT 模式承接，在 4 个月内完成提标改造项目。2014 年 12 月 31 日，提标改造顺利通水，出水经检测，全部指标优于一级 A 标准，色度等部分指标达到地表水Ⅳ类标准。值得一提的是，该项目将印染、造纸等难处理的工业废水，深度处理到一级 A 标准且不产生污泥，每吨成本不到两块钱，属于全球范围内首例大规模处理高难度工业废水，并稳定达到国家最高排放标准要求的大型案例，破解了印染废水深度处理世界性难题。在嵊州污水处理厂的提标改造中，君集股份不仅运用 14 项专利技术，还申请了 17 项专利。这也为君集股份在此后几年不断创造国内外领先案例打下了坚实的基础。

君集水处理股份有限公司董事长巴能军从 2008 年起就开始研究污水处理技术。自 2011 年 8 月起，经过 11796 次过滤实验，逐步明确了粉末活性炭特性与废水中污染物特性之间的关联性。采用高能电子束辐射定向调控、改性粉末活性炭微孔结构，实现了粉末活性炭高效"靶向"吸附，从微观层面揭示了粉末活性炭吸附污染物的作用机制，为实际工程应用过程中粉末活性炭吸附效率、吸附模型构建、炭层厚度以及过水流速的优化提供了技术支持与运行经验。而这项实验，截至 2017 年 11 月仍然在继续，以期得到更佳数据。有了理想的粉末活性炭过滤数据，在通行的过滤罐的基础上，君集股份设计了一种适应粉末活性炭的全新的连续式粉末活性炭过滤罐，粉末活性炭滤芯在罐中布局巧妙。这种过滤罐可以不间断地长时间连续工作，一个过滤罐24小时可过滤1万吨"劣V类"水。

君集水处理股份有限公司总工程师刘鲁健介绍，实践证明粉末活性炭治理污水技术具有高效、彻底等优点，而粉末活性炭处理污水首先必须降低污水中的悬浮物，还要解决过水量小的问题。其核心和难点是如何降低使用成本。粉末活性炭价格昂贵，优质椰壳炭30000元一吨，二手粉末活性炭，也要七八千元一吨。降低成本是一道现实难题。经查阅资料，刘鲁健和他的团队发现德国西门子掌握了粉末活性炭再利用技术，活化率60%，可人家不卖此项技术。刘鲁健几乎看遍了在深山里的少量活化粉末活性炭小作坊，他们无一例外都是在土窑炉内用小瓦罐闷烧，规模小，污染环境。于是，刘鲁健团队决定自己尝试："我们买遍了世界上各种类型的炉子，井式炉、电炉、微波炉，最贵的500多万元一个，买来实验的炉子有26个，花了2000多万元。"活化过程中，最难控制的是温度。明明已经活化成功了，打开炉门，却看到一层白灰。最后终于功夫不负有心人，刘鲁健和他的团队设计了一种全新的一体化活性炭再生炉，它集中了各种炉型的优点，能耗降低了43%，产量提高了3.6倍。

据嵊州君集污水深度处理有限公司总经理安春联介绍："仅仅是解决活化问题，4个小时活化一炉，刘鲁健他们做了8900次试验，到2013年7月该技术才成熟。"安春联说："我们的活化率是103.3%。也就是活性炭在污水中吸附的有机物，在活化过程中，也变成了活性炭。活化后活性炭的吸附效果比新炭的效果好，因为炭的孔径彻底被打开。"

君集水处理股份有限公司高级工程师覃将伟还介绍道："污水深度处理用粉末炭的再生工艺及控制过程关键参数与其他行业用粉末炭的再生截然不同，需要根据不同污水水质、处理要求、炭吸附饱和程度等选择不同的预再生技术、控制不同的炭化活化温度及时间，仅仅是解决活化问题，做了一万多次试验，积累了很多行业典型污水用粉末炭的活化温度及时间的数据；另外，如何平衡炭再生过程中吸附性能恢复率和得率，直接影响炭的品质和成本，针对印染、造纸、化工等综合废水处理用粉末炭进行了连续50次吸附再生实验研究，一次再生吸附恢复率达150%，50次再生吸附恢复率仍达90%，单次损耗均低于5%；103.3%的炭粉活化率比德国同行的数据高出43.3%之多。也就是说在工业污水深度处理领域，君集股份拥有的大规模粉末活性复合再生技术和超大规模复杂工业污水粉末活性炭固液分离技术，不仅成功攻克'劣Ⅴ类'印染废水直接处理至地表Ⅳ类水的世界性难题，而且值得一提的是，君集已研发出成套专用装备。"这意味着，未来在全球市场上君集股份也将成为最有竞争力的行业领军者之一。公司董事长巴能军透露，为了解决这套工艺和技术装备，公司共投入研发费用1.2亿元，他说："为了祖国的青山绿水，为了公司的长远发展，这个钱投得值。"

君集股份的领军者巴能军董事长作为"60后"武汉大学经济学博士，同时也担任湖北省污水资源化工程技术研究中心主任，湖北省扶贫开发协会副会长，潜江楚商联合会会长。为响应国家建设资源节约型、环境友好型社会的战略目标，贯彻执行节约资源、保护环境的基本国策，巴能军开始投身环境保护行业。2008年巴能军收购了湖北科亮生物工程有限公司，2011年成立了君集水处理股份有限公司，秉承"科技治污、创领未来"的企业使命，始终坚持"专注、专心、专业"的核心价值观，致力于将君集股份打造成为全球污水处理专家。

作为潜江人，巴能军曾在给家乡领导的信中立下军令状："鉴于目前整治汉南河工期紧，任务重，君集股份愿意先全部自己投资对城北污水处理厂进行提标改造，力争半年内完成提标任务，项目完成后由政府相关部门进行验收，如果达不到预期效果，君集股份愿意承担一切后果。"巴能军表示："我愿意承担这项责任的最直接原因是希望以此为契机，在家乡领导支持下，借习总书记及湖北省领导高度重视长江、汉江生态文明建设的东风，重塑潜江水乡园林在全国范围内的典型形象，大力削减水污染物总量，扩大水环境容量，进而释放出招商引资潜力，促进家乡经济发展。"

如今，君集股份有了一系列"全国第一"，客户群不断扩展。当前主要运营污水项目已经覆盖全国大部分省、直辖市，同时在全国形成了五大区域营销中心，业务范围辐射全国。通过高标准、高质量、高要求的建设和运营管理，一系列示范项目的成功运营，一方面给公司带来较好的经济效益，另一方面也由此积累了丰富的大规模污水处理厂运营经验，树立了良好的市场品牌形象，提升了市场竞争优势。同时，在各地项目运营过程中，多年以来一直受到政府的肯定，为进一步拓展市场打下了坚实的基础。

树立超前人才战略：确保企业运营管理效率不断提升

君集股份成就的背后，是其超前的人才战略。在公司领导层带领下，君集股份自成立以来一直注重日常工作中人才的培育发展以及引进外部行业领军人物。经过多年的积累，君集股份组建了一支以李圭白院士为首席科学家，具有丰富实战经验的工程师和专家团队，并率先在武汉建立了"院士工作站"。

李圭白院士是享有"中国水界泰斗"盛名的顶级专家，也是我国最早研究地下水除铁除锰技术的学者，我国高浊度水处理技术的奠基人之一。作为市政工程专家，他还担任全国高等学校给水排水工程专业指导委员会顾问、中国土木工程学会水工业学会副理事长、住房和城乡建设部科学技术委员会顾问。李院士把握国内外最前瞻性的技术发展趋势并将其应用于君集股份的业务实践中。

与李院士配合最多的人之一是君集股份总工程师刘鲁建，他也是君集水处理研究院院长，生化处理、树脂和活性炭处理污水专家。刘鲁建先后主持了生物/沸石高效脱氮装置的开发与应用、UV/O$_3$工艺深度降解印染废水、污水深度处理及回用技术等多个科研项目。"一种利用粉末活性炭净化污水的系统及方法""一种利用浸没式超滤膜进行污水深度处理系统""一种采用催化氧化法进行预处理的粉末活性炭再生炉"专利的第一发明人，主持设计浙江嵊新污水处理厂提标改造等十余项污水处理工程项目。君集股份另一位核心技术人员是资深研究员李魁声，曾任职总后军需装备研究所、哈尔滨工业大学水资源国家工程研究中心，获发明专利两项、实用新型专利八项，曾获军队科技进步一等奖两项、二等奖两项、三等奖一项，建设部一等奖一项，个人荣获三等功两次。除此之外，君集股份的管理层和核心员工大多数都是自公司成立之初就一直在公司任职，彼此熟悉，团结协作，认同企业文化，具有很强的凝聚力。同时，他们都亲身参与了公司项目从前期调研论证、投标、合同谈判、项目建设、验收评估、运营管理等各个阶段，积累了十分丰富的项目运行经验，对污水处理行业整体发展及经营管理有着深刻的理解和认识。

这一系列人才战略使得君集在日常生产各环节中能够始终坚持强化运营管理，不断提升管理效率，确保生产经营的合规性、效益性。2017年君集股份已通过ISO9001质量管理体系、ISO14001环境管理体系以及ISO18001职业健康安全管理体系认证；通过使用远程监控管理系统，24小时全程对污水处理过程进行监控,并配备水质在线自动监测系统,有效确保日常安全生产管理;通过对项目设计、工艺选择、运营管理等各个环节的控制,可持续对设备和工艺进行创新优化,改进效率;通过日常的精细化生产管理,不断降低单位能耗和药耗,加强各类成本费用控制,提升公司盈利能力。

经过多年努力,君集股份还围绕污水深度处理业务,与武汉各高校院所以及设计院等科研机构进行产学研联合技术攻关,被湖北省教育厅评为湖北高校省级实习实训基地及武汉工商学院实习实训基地,并获批成立了"湖北省污水资源化工程技术研究中心""君集水处理研究院""工业废水协同创新中心"等研究机构,同时与华中科技大学、武汉大学、中科院水生物研究所、武汉工商学院、哈尔滨工业大学等科研院所长期开展技术协同攻关工作。君集股份的研发投入也不断提高,为公司的长足发展提供了不竭动力。其中,2014年用于污水处理技术的研发投入占比达21.1%,2015年至2017年上半年,技术研发投入平均增长率达26.5%。

截至2017年,君集股份围绕水处理工艺与技术、装备研发等方面已获得的近百项专利中,粉末活性炭深度处理污水技术及再生工艺26项、粉末活性炭在线再生装备9项、高级氧化深度处理技术6项、地表水水质净化设备7项、石油废水高效分离技术及装备12项、强化生化处理技术6项,另有38项专利正在受理中,其中再生粉末活性炭深度处理污水技术如前所述已达到全球领先地位。

因为有了这些深厚的积累,荣誉自然接踵而来。君集股份凭借着先进的管理、过硬的质量和优质的运营服务,先后多次获得全国性奖项及相关荣誉,如第十八届中国科协全国科技工作者创新创业大赛奖、2015中国环保行业榜样评选技术创新(升级)贡献奖、全国AAA级"守合同重信用"单位、中国环境报理事会2015年度环保突出贡献奖、中国环境科学学会"环境友好型技术产品"、中国印染行业节能减排技术推荐项目、2014年度中国水业工业及园区水处理领先企业、印染废水处理年度领跑企业。"活性炭循环利用深度处理印染废水及再生水生产技术"入选2013年国家重点保护实用技术及示范工程名录。君集股份在湖北省获得的荣誉同样不胜枚举,包括湖北省科技成果奖、湖北省科技进步奖、湖北省"守合同重信用"单位、湖北省著名商标、武汉市首批"千企万人"支持计划企业、武汉市科学技术成果奖等。当然,最重要的奖项是来自用户的肯定。在浙江,君集股份获得了2014年度嵊州市市长奖等荣誉。截至 2017 年 11 月，君集股份已在全国多地建立了良好的口碑和市场影响力，并且在全国的品牌美誉度也正稳步提升。

业内预计，"十三五"期间我国水处理领域市场逾万亿元。不少水处理企业瞄准各个细分板块，纷纷调整自身发展战略，立足技术创新，研发出相应的处理装备。君集股份作为污水处理技术的领军企业，第一个攻占了工业废水中数量最大、处理难度最高的一类——印染废水治理的"制高点"。相比之下，市政生活污水的处理难度小得多，但将生活污水低成本处理到优质地表水、转变成可利用的水资源则又是一道世界性难题。君集股份依托自有专利技术，2017 年已经成功在湖北"静思湖"项目上达到地表 Ⅱ 类水效果。未来已来，君集股份必将继续秉承"君集武汉、治水天下"的豪情，与全国乃至全球各地的同行和用户合作，共创碧水蓝天。

资料来源：佚名：《做污水深度处理技术的"No.1"——君集股份致力于成为水生态文明领军企业》，《中国环境报》2017 年 11 月 17 日，第 5 版。

 经验借鉴

解决水环境问题已成为各地政府的重要工作，同时也成为环保企业的技术主攻方向。有一家企业解决了污水处理领域的多项世界难题，成为同行中污水深度处理技术的"No.1"。作为全国首例示范工程，君集股份有以下几点可以借鉴：①技术为重，自主研发污水处理技术。研究出一系列拥有自主知识产权的高标准化污水处理技术，并已实现核心工艺技术自主化、服务个性化、能耗低碳化、工艺模块化和运营智能化。②有优秀的企业领导人指引方向并加强监管。军集股份的董事长巴能军为响应国家建设资源节约型、环境友好型社会的战略目标，贯彻执行节约资源、保护环境的基本国策，积极投身环境保护行业。③有一支强有力的专家团队作指引。在公司领导层带领下，君集股份自成立以来一直注重日常工作中人才的培育发展以及引进外部行业领军人物。经过多年的积累，君集股份组建了一支以李圭白院士为首席科学家，具有丰富实战经验的工程师和专家团队，并率先在武汉建立了"院士工作站"。④开展技术协同攻关。君集股份还围绕污水深度处理业务，与武汉各高校院所以及设计院等科研机构进行产学研联合技术攻关。同时，君集股份的研发投入也不断提高，为其成为水生态文明领军企业提供源源不断的动力。

七、吉利集团：生态净化舱 环保新空间

 案例梗概

1. 吉利集团提出"生态净化舱"发展理念，展现研发过程中的绿色、健康、环保价值追求。

2. 从设计、研发、配套、生产到销售、售后和回收阶段，注入健康、节能、环保基因。

3. 采用只有在更高级别车型上才用的 INS 工艺，确保不用一滴胶水，减少车内危害。

4. 借助"绿色制造"奠定核心竞争力，突破某些现实壁垒，开展绿色发展国际合作。

5. 打造全新的 e-gapf 动力系统、清洁能源甲醇动力等五方面核心技术，做节能"加法"。

6. 建设国家级绿色工厂，工厂内运输车辆全电动化替换，包装循环利用环保材料。

关键词：生态净化舱；绿色生态汽车；绿色制造；新能源汽车；绿色工厂

 案例全文

从"造老百姓买得起的车"到"造最安全、最环保、最节能的好车"，发展理念改变的背后除了中国汽车市场的消费者的购车和用车需求已经从单纯追求性价比升级到追求更高的品质和价值这份外在推动力外，更多的是吉利汽车集团（以下简称"吉利汽车"，吉利汽车集团隶属于浙江吉利控股集团有限公司）对"推动中国汽车工业进步"这份自我加压的责任担当。

7 立方米生态空间 注入绿色环保基因

设想以下三个场景：北京，傍晚，下班高峰时段在国贸地段拥堵成长龙似的车流，高达 80 多分贝噪声让人几近崩溃；包头，初春，五级以上的大风席卷着漫天的黄沙遮天蔽日，这是北方在这个季节最常见的沙尘暴天气；唐

山，深冬，PM2.5 指数再次爆表，无处不在的刺鼻的粉尘颗粒让人无处可逃。以上三种情况只要走进吉利帝豪 GL 的车厢内，就可以得到彻底改观。得益于 200 多项 NVH 优化方案和 200 多项异响设计优化，将绝大多数环境噪声隔绝到车内 38 分贝，相当于昆虫低鸣的夏日宁静夜晚；得益于 AQS 空气质量管理系统，可以自动将外界污染隔绝，配合 PM2.5 独立空气净化系统，使用高效精滤技术、活性炭化学滤料强效吸附技术和等离子杀菌除味技术进行空气净化，可以实现在 5 分钟内将车内 PM2.5 数值从 1000 降至 200。打开负离子空气清新系统，实现清新空气再生，负氧离子含量甚至多于原始森林。

这就是吉利汽车最新的"生态净化舱"发展理念，吉利汽车研究院副院长、帝豪产品线项目组长严永贵则用"7 立方米生态空间"更确切地描述了帝豪 GL 在研发过程中对绿色、健康、环保价值的追求。"在研发过程中我一直和团队强调要把自己当用户，和用户交换位置看问题：我们想为自己打造一台什么样的车？你想让你的家人、小孩坐在一个什么样的车内空气环境中呢？"严永贵以自己举例："我的小孩也还很小，他就是坐帝豪 GL 的。""未来汽车在人们日常生活中扮演的角色越来越重要，吉利认为汽车是仅次于家和工作场所的第三个最主要的生活空间。"吉利汽车研究院首席工程师、副院长顾鹏云介绍到。本着"打造人的第三空间"的发展理念，以博瑞、博越、帝豪 GS、帝豪 GL 为代表的吉利 3.0 时代产品，从设计、研发、配套、生产到销售、售后和回收阶段，在全产业链和全周期内注入健康、节能、环保的基因。

例如，帝豪 GL 这款从设计研发到工艺配套，再到市场竞争都全面对标同级别合资品牌产品的车型，可实现整车再利用率达到 93%，整车可回收利用率 97%；车漆、灯光、座椅材料、侧围内饰板材料、车身附件材料、胶类及工艺等均采用环保设计；怠速噪声，36dBA、80km/h 匀速行驶 62dBA，120km/h 匀速行驶 68.5dBA，车内噪声水平达到国内自主品牌领先，测试数据甚至优于起亚 K3、大众速腾、奔驰 GLA、日产轩逸；加速过程中闭环语音清晰度（AI）为 80%~135%，平均高于合资品牌 10% 以上，已经达到了 C 级车的普遍水平。对此市场给予了充分肯定，帝豪 GL 自上市以来销量迅速走高，连续几个月销量过万，截至 2017 年 6 月，帝豪成为全中国唯一能进销量前十的自主品牌 A 级轿车。2017 年 1~5 月，吉利汽车累计销量 441854 辆，较 2016 年同比增长 89%。

业界也对吉利汽车坚持的健康、节能、环保发展理念进行了肯定，在

2017 年 6 月 28 日，中国汽车技术研究中心在北京发布了中国生态汽车评价（C-ECAP）第六批评价结果。帝豪 GL 以 92.94 的总得分荣获 C-ECAP 评价规程最高等级——白金评价，成为继新帝豪之后，第二款在 C-ECAP 获得白金评价的中国自主品牌汽车。这枚白金奖牌有多大的含金量呢？据了解，C-ECAP 采用优中选优的评价规程，要求参评车型的各个指标必须领先于现行国家标准，参加评价的车型需取得 90 分以上的成绩，才能获得 C-ECAP 白金评价。根据一次 C-ECAP 摸底调研结果显示，有近 80% 的车型根本无法得到 C-ECAP 认证，仅有 0.46% 的车型有实力得到白金级别评价。这块来之不易的奖牌，背后不仅有整个吉利汽车研发和制造团队对健康、环保发展理念的专注，更是源于吉利对制造高品质汽车的坚持。

确保不用一滴胶水　守住绿色发展初心

众所周知，汽车内饰件的生产和装配不可避免地要用到胶水，而吉利的研发团队认为只要是胶水就会挥发，就会产生对身体有害的气体成分。为了保证最大程度上减少车内空气中有害物质的产生，研发团队决定采用只有在更高级别车型上才采用的 INS 工艺，真正确保了不用一滴胶水。但是仅这一项，当初就需要面对不小的阻力。"INS 工艺，比普通的内饰工艺要多一副模具，这就意味着增加不少成本。这个成本怎么来消化，就需要整车厂和零部件供应商之间来配合解决。"严永贵介绍道。所以作为研发负责人的他，更深知这白金奖牌的意义。"吉利已经连续拿到两款车型的白金评价，势必对我们的供应商有极大的鼓舞，对以后我们推动项目的工作也是非常有帮助的"。

在发布会后的媒体沟通会上，针对"会不会在更低级别和价位的车型上应用这些环保、健康、绿色的新发展理念和新技术，以及会不会因为更低价格车型的成本问题就有所放弃"的提问，吉利汽车集团副总裁、销售公司总经理林杰明确表示吉利汽车将"造最安全、最环保、最节能的好车"作为长期践行的企业使命，所以吉利不会因为价格的原因降低对安全、环保和节能的要求，"否则就完全违背我们的初心了"。金融界汽车了解到，吉利生态净化舱正在从 1.0 迈向更加交互的 2.0 时代。2.0 技术包括智能化车内环境管理、婴儿级过敏防护、感官舒适性定制三个方面。吉利甚至还将打造定制化的车内香氛，从而提升乘客的感官舒适度。

不忘初心，方得始终。2017 年 5 月，吉利汽车在发布 iNTEC 技术品牌的同时，也将"绿色发展"确立为企业的重要发展战略之一。同时把新能源、轻量化和生态净化舱三大核心技术，汇集为"G-Blue 健康生态技术"。在新能源方面，2017 年吉利已经构建了包括纯电动、油电混动及插电混动在内的三条技术路线，吉利 GHS 系统上插电式混动汽车、纯电动架构 PMA 平台首款车型也将陆续上市；在轻量化方面，到 2017 年底，吉利汽车平均将减重 3%，到 2020 年平均减重 8%，到 2025 年平均减重 15%。在节能、环保成为时代主题的当下，吉利也已形成了自己的一套打造绿色生态汽车的新玩法。

引领先进环保技术　创新红利向外"溢出"

中国民营企业在老牌工业强国掀起了"绿色工业革命"，这不是天方夜谭，而是"中国质造"名片吉利演绎的真实场景。随着英国首相的一记"点赞"，这番景象在中国国内也引发不小的反响。据新京报报道，2019 年 11 月 13 日，英国首相鲍里斯·约翰逊"打卡"了吉利在考文垂基地的伦敦电动汽车（LEVC）绿色工厂。他对吉利在促进中英商业合作及 LEVC 在引领英国"绿色工业革命"方面做出的贡献，给予了高度评价。在现场公开演讲中，他称这场绿色工业革命"带来了前瞻性的绿色环保技术，并且创造了成千上万个工作机会"。英国是世界工业革命的发源地，时隔 200 多年后，中企引领了当地全新的"绿色工业革命"，这无疑有着标志性意义：中国新能源汽车行业创新型发展的红利，正在向外"溢出"。尤其是随着"头部"企业的"走出去"，利好惠泽面的半径也势必会不断扩大。英国首相约翰逊的"点赞"，本质上也是对红利惠及的"正反馈"。究其不吝赞许的理由，就在于他演讲中圈出的两大关键词——"绿色"和"就业"。"绿色"着眼的是吉利旗下 LEVC 带来的节能环保价值，"就业"侧重的则是其民生价值，二者兼具，也契合英国社会的多维需求。

拿吉利与 LEVC 融合发展的代表车型全新 TX 来说，它在保留"经典"车身结构的前提下，协同吉利全球资源融入了很多创新元素，采用增程式技术，加载了"车载互联网络"，打造了轻量化、零排放的电动车平台。绿色环保还节能，在"绿色"已成全球汽车产业发展对表的新要求，而英国政府对节能减排高度重视，伦敦还制定了严格的出租车减排方案的背景下，受到欢迎也是必然。在"绿色制造"的牵引力下，早在2008年左右，约翰逊就与吉利董事长李书福见面讨论了收购、建厂，还有新车型零排放等问题。正因他的积极促动，LEVC绿色工厂落地，这是英国首个电动汽车生产基地，也是迄今为止中企在英国规模最大的绿地投资。故约翰逊称自己是TX的"助产士"，也算是其来有自。到头来，LEVC持续向市场投放的清洁能源电动车型，跟英国"绿色出行"的交通政策设计颇为吻合，为英国环保做出了不容小觑的贡献。其TX车型成为全球城市交通领域零排放的领先者之余，口碑也从伦敦延展到很多欧洲国家，引领欧洲出租车行业走上科技环保之路。

绿色制造发挥优势　推动全球融合发展

在吉利从研发设计、生产制造到营销服务的全产业链布局"赋能"之下，英国汽车工业也迎来了难得的发展机遇。英国电动汽车发展的齿轮转动，也会带动与之协同的上游产业发展，其社会效益最终亦会在产业发展与民生维度上得以体现。这反映了吉利高质量全球化融合发展之路的共生共赢价值，也折射出了"绿色制造"在可持续发展和优化供应链层面的多重价值。在发展绿色经济已成世界主要经济体共同选择，资源能源利用效率成为国家产业竞争力重要评判指标的背景下，"绿色制造"理应成为经济高质量发展的助推力，也成为中企"走出去"的新动能。在许多国家，依靠追求数量扩张、增加要素投入实现增长的传统发展模式，当下已被生态环境承压能力设定了"天花板"。在此情形下，很多国家实施"再工业化"时，也是将清洁、高效、低碳、循环等绿色发展理念作为重塑制造业竞争新优势的基点。

此前我国工信部也制定了《工业绿色发展"十三五"规划》和《绿色制造工程实施指南》，明确提出全面推行绿色制造、加快工业绿色发展的总体思路、重点任务和保障措施。这也要求，通过技术创新支撑的产品设计生态化、生产过程清洁化、能源利用高效化、产业耦合一体化等，将绿色发展理念贯穿制造业全产业链和产品全生命周期，也拉动制造业在价值链与生态链上的"双重进阶"。对中国企业而言，要想抓住开放型经济新体制红利"走出去"，也得在"绿色"上狠下功夫。在这方面，吉利就是个范本：在吉利"走出去"的大棋盘中，"绿色制造"是其重要落子。也正因"绿色制造"奠定了其核心竞争力，所以吉利的全球化融合发展模式能突破某些现实壁垒，成了中国与其他国家产业交互的"路由器"、绿色发展国际合作的"助推器"。很多汽车业内人士都知道，乘着"一带一路"倡议的东风，吉利近些年来不断强化海外拓市、深化全球化战略布局：南邻马来西亚，助力宝腾重振雄风；西到大不列颠，重塑英伦百年经典出租车；西北达瑞典和比利时，振兴北欧荣耀品牌，协同发展；北抵白俄罗斯，助力其实现"汽车梦"……从沃尔沃、宝腾、路特斯汽车，到伦敦电动汽车、德国飞出租车公司，吉利都成功践行了全球资源整合创造协同效应与共赢效果的"全球化"融合发展模式。

吉利能在海外行稳致远，跟创新式发展路径休戚相关，而"绿色制造"正是吉利创新发展的重要发力方向，是吉利"全球化"融合发展的技术优势。在节能担当与绿色效益的牵引下，吉利在"绿色制造"上花了不少力气：2018年是吉利全面迈入新能源汽车时代的元年，取得了300多项核心专利，实现了真正100%自主研发的中国新能源技术体系和解决方案。在技术上，吉利正式发布了新能源动力系统——智擎，涵盖了纯电技术、混动技术、氢燃料电池技术、替代燃料四大技术路径，致力于成为全球新能源节能技术引领者和普及者。2018年，吉利商用车打造全新的e-gapf动力系统、清洁能源甲醇动力、智能互联和主动安全、轻量化车身以及分布式电驱动五方面的核心技术，这也在做节能"加法"。

除此之外，吉利积极建设国家级绿色工厂，践行"建无害于环境的绿色工厂，造有益于人类的环保汽车"的环保方针，工厂内运输车辆全电动化替换，包装循环利用环保材料，将"绿色制造"嵌入自身发展基因。许多严格的环保标准在海外工厂也一体适用。说到底，"绿色制造"自带的节能优势跟圈粉体质，有助于企业以低门槛获取跨国协同创新和共谋发展机会，赢得更多合作共赢的发展机遇。吉利"绿色制造"成为全球化融合发展"新动能"的经验，就印证了这点，也给更多企业提供了"出海指南"：中国制造业企业可以将"绿色制造"作为更好地"走出去"的突破口或切入点，毕竟"绿色发展"是很多企业和很多国家、地方的共同利益诉求点，也是带动共融性高质量发展的"新动能支点"。

资料来源：佚名：《绿色生态化，吉利汽车戴上了环保的"绿帽子"》2017年6月29日，搜狐网，www.sohu.com；麦徒：《吉利启示："绿色制造"是中企"走出去"的新动能》2019年11月19日，中国网科学频道，http://science.china.com.cn/2019-11/19/content_40964458.htm。

经验借鉴

吉利集团从用户的实际需求和价值追求出发，转变发展理念，从"造老百姓买得起的车"转向"造最安全、最环保、最节能的好车"，走在了绿色汽车领域发展的前端。概括而言，吉利集团的绿色发展经验有如下几条：①基于绿色发展理念的产品设计。吉利汽车从绿色发展的角度提出最新的"生态净化舱"发展理念，吉利汽车研究院副院长、帝豪产品线项目组长严永贵则用"7立方米生态空间"来更确切地描述帝豪GL在研发过程中对绿色、健康、环保价值的追求。②打造绿色全产业链。吉利集团设计生产的吉利3.0时代产品，从设计、研发、配套、生产到销售、售后和回收阶段，在全产业链和全周期内注入健康、节能、环保的基因。例如，帝豪GL这款车从设计研发到工艺配套，再到市场竞争都全面对标同级别合资品牌产品的车型，可实现整车再利用率达到93%，整车可回收利用率97%。③研发团队有实力，更有眼光和担当。吉利集团将把新能源、轻量化和生态净化舱三大核心技术，汇集为"G-Blue健康生态技术"。研发团队为了保证最大程度上减少车内空气中有害物质的产生，决定采用只有在更高级别车型上才采用的INS工艺，真正确保了不用一滴胶水。④高质量全球化绿色融合发展。吉利集团与英国展开绿色合作，吉利旗下LEVC持续向市场投放的清洁能源电动车型，跟英国"绿色出行"的交通政策设计颇为吻合，为英国环保做出了不容小觑的贡献。其TX车型成为全球城市交通领域零排放的领先者之余，口碑也从伦敦延展到很多欧洲国家，引领欧洲出租车行业走上科技环保之路。吉利集团的绿色崛起之路说明，积极把握行业机遇，自主创新建立绿色发展优势，引领绿色发展潮流，使企业在绿色发展中立于不败之地。

本篇启发思考题

1. 企业绿色技术创新何以可能？

2. 企业实施绿色创新技术能够创造哪些新价值？

3. 如何理解人才是企业绿色技术创新的关键？

4. 企业在绿色技术攻关中如何突破难点？

5. 企业在推广节能环保技术过程中如何体现"两山"发展理念？

6. 企业如何顺应"绿色 + 智能"的趋势开展绿色技术创新？

7. 环保科技企业如何以技术引领市场？

8. 企业的绿色技术创新中，"绿色"体现在哪些方面？

9. 相较于非绿色产品，绿色产品有哪些优势？

10. 企业进行绿色产品开发的动力是什么？

11. 绿色产品开发应从哪些方面着手？

12. 企业在绿色产品开发中如何兼顾投资与收益？

13. 企业在绿色产品开发中如何展现社会担当？

14. 企业如何用绿色产品助推城市垃圾分类？

第三篇

绿色生产和绿色运营

一、杭联热电：集中供热降低排放　收尾烟气深度治理

 案例梗概

1. 杭联热电对二氧化硫、氮氧化物以及烟尘三大主要污染物开展一系列治理。
2. 全面完成脱硫、脱硝、除尘的升级技术改造工作，实现节能降耗减排目标。
3. 启动烟气深度治理工程，对二氧化硫、氮氧化物以及烟尘综合实施治理。
4. 接受环保部门的烟气排放现场监测，通过废气采样，与在线监测系统进行比对。
5. 集中供热给百余家单位，减少开发区内100多个燃煤小锅炉和100多根烟囱。
6. 一众企业调整产业结构，转型升级或实施节能减排工程，降低杭联热电供热压力。
7. 提供区域综合能源供应服务，推进冷热联供，谋划电能输送业务，提高企业效率。

关键词：热电企业；烟气深度治理；节能减排工程；产业结构调整；综合治理

 案例全文

杭州杭联热电有限公司（以下简称"杭联热电企业"）厂区显得有些拥挤：锅炉边堆着大大小小、形状各异的钢铁，空地上立起用纱布围住的高钢架，锅炉运行的隆隆声依旧在响着……正在进行的是锅炉的烟气深度治理工程。这些待安装的钢铁，则是让燃煤锅炉的废气达到燃气机组排放标准的"法宝"。2015年下半年，杭联热电企业首台试点的3号锅炉通过市环保局的阶段性验收，实现了废气达燃气机组排放标准的目标。2016年5月，其余几

台锅炉的烟气深度治理工程也已进入最后阶段。

实施"吃煤"锅炉改造　废气达到排放标准

对于一家年燃煤量达 40 万吨的企业，很多人都会关心，它如何对待节能、环保工作，废气排放有没有符合标准。企业负责人闵伟说，企业建厂初期就选用了当时最环保的 6 台循环流化床锅炉，在之后的发展中，企业根据要求对二氧化硫、氮氧化物以及烟尘三大主要污染物开展了一系列治理，全面完成了脱硫、脱硝、除尘的升级技术改造工作，实现了节能降耗减排的目标。闵伟说："从建厂到现在，企业废气中各项污染物的排放浓度，都是符合排放标准的。"2013 年，开发区对热电企业废气的主要污染物排放浓度提出了更高要求。为此，杭联热电企业启动了烟气深度治理工程，对二氧化硫、氮氧化物以及烟尘综合实施治理。2015 年下半年，首台试点的 3 号锅炉通过市环保局的阶段性验收——经过深度治理的废气，二氧化硫、氮氧化物以及烟尘的排放浓度分别降至每立方米 35 毫克、每立方米 50 毫克、每立方米 5 毫克。这意味着，这台吃煤的锅炉，废气排放达到了燃气机组的标准。3 号炉的成功改造，给企业的烟气深度治理工程很大的推力，随后其他几台锅炉也陆续展开治理。

烟气深度治理提速　顺利进入收尾阶段

在改造完成之前，如果按一般进度，完成厂区 6 台锅炉的超低排放改造至少要到 2017 年底。为了推进全市热电行业的环保改造、保障 G20 国际峰会的顺利召开，项目完成时间被要求提前到 2016 年 6 月底。"原想一台台逐步实施，现在是三台炉同步进行；原本需要 150 天工期，现在压缩到 100 天内。难度大了。"闵伟说。更难的是，在推进烟气深度治理工程的同时，要保障 100 多家热用户的正常用热。正常的改造流程，是先拆掉原有设施，再建造新设施。为了不影响供热，在对 6 号锅炉实施改造时，企业不得不先在旁边空地上安装环保设施，等完工后通过管道把烟气导入新装置。

2016 年 5 月，整个工程进入最后阶段：1 号、2 号锅炉共用的设备以及 5 号锅炉的设备，都已进入调试阶段；4 号、6 号的设备正在安装中。据了解，每套处理设施的投入约 1800 万元。全部投入使用后，每年运行费用将增加2000 万元。市环保局工作人员对烟气排放实施现场检测，他们爬上烟囱和锅炉，对废气进行采样，与在线监测系统进行比对。闵伟指了指烟囱上的围栏说，"早在 2002 年，杭联热电企业的烟囱上就安装了在线监测系统，实时监测废气中主要污染物的浓度和排放量。"

担起集中供热大任　助力区内企业转型

开发区一号大街杭州杭联热电有限公司里，几台锅炉依旧没日没夜地连续工作着，把煤炭的能量转换成热与电。有人好奇，地处南方且没有冬季集中供暖的下沙，为什么要跟北方城市那样需要一个热电厂呢？热能，是开发区不可缺少的能源。蒸汽热能是仅位于电能之后第二位重要的二次能源，比如食品生产企业制作方便面时，加热环节得用到由它提供的蒸汽；一些医院的消毒工作、食堂烹饪，也离不开它。

1997 年，杭州杭联热电有限公司正式成立，成为区内基础配套设施之一。近 20 年中，这家热电联产企业一直承担着向 100 多家企事业单位集中供热的重任，以此支撑开发区的发展。当前，企业的供热能力达到了每小时 550吨。60 多公里长的供热管道，把蒸汽运送到工厂、医院、旅馆以及学校等百余家单位，用于生产工艺的加热环节、消毒、热水供应、食堂烹饪等。假如没有杭联热电企业，那么这些单位都得自行燃煤以解决供热需求。而这种模式，既耽误生产与发展，又无法实现节能、环保的目标。"不采用集中供热的话，开发区内会增加 100 多个燃煤小锅炉、100 多根烟囱。"杭联热电企业负责人闵伟说。杭联热电企业的作用，可以理解为把这些小锅炉全部集中了起来。2016 年一季度，杭联热电企业的供热量较 2015 年上升约 8%。这是自2010 年以来，首次出现一季度供热量不减反增的现象。这个增长数据放在当下，更像是一个惊喜。因为自开发区调整产业结构、众多企业开始转型升级或实施节能减排工程以来，杭联热电企业的年度供热总量其实是有所下降的。从另一个角度来看，供热量在一年中也有规律——在每年下半年上升，等到 1月过后出现回落。"其实不单单是一季度，2016 年 4 月以来的供热量也呈增长趋势。在企业节能减排工程接近尾声的当下出现一季度供热量增长，说明了区内企业转型已趋于平稳状态，且呈现出发展良好的态势。"闵伟说。杭联热电企业对未来发展充满了信心，并已着手具体谋划。

谋划能源综合供应　提供多种形式服务

　　成为区域综合能源供应商，就是杭联热电企业日后发展的定位。对其中的"综合"二字，闵伟是这样解释的："供能模式从当前较单一的蒸汽，不断延展到供应压缩空气、冷热联供甚至供电等多种形式。热用户也要向民用、商用、城市综合体等领域拓展。"2016年春节后，杭联热电企业与其他公司合作的压缩空气供应业务启动。企业以每分钟500立方米的量，为首批三家企业提供压缩空气，用于生产工艺环节。闵伟表示："当前设备的实际供应能力，可以达到每分钟2000立方米。"

　　冷热联供，是杭联热电企业正在推进的用能形式。简单来说，就是通过安装冷热转换器，同时满足用户供热、供冷两种需求。据介绍，企业正在与高校、写字楼洽谈相关合作，学生宿舍用上杭联热电提供的热水、公司用上非用电空调都将成为可能。生产至今，杭联热电企业所生产的电能是按要求并入杭州市电网的。闵伟说，按行业发展趋势来看，热电厂自主发电用于附近企业将成为可能。因此，谋划电能输送业务，也是企业正要着手研究的课题。"蒸汽、电能、压缩空气、热水、空调……未来，杭联热电企业与大家的联系会更紧密。"闵伟说。

　　资料来源: 蔡杨洋:《杭联热电企业　烟气深度治理进入收尾阶段》，《钱江晚报》2016年5月13日，第Q0004版。

 经验借鉴

　　近年来，杭联热电企业通过改造，让吃煤的锅炉废气排放达到燃气机组排放标准。简单来说，杭联热电企业对烟气的治理的主要经验有如下几条：①先试点，后推行。例如，2015年下半年，杭联热电企业首台试点的3号锅炉通过市环保局的阶段性验收，实现了废气达燃气机组排放标准的目标。之后，其余几台锅炉的烟气深度治理工程也已进入最后阶段。②在节能减排上提高站位，注重环保。企业建厂初期就选用了当时最环保的6台循环流化床锅炉，在之后的发展中，企业根据要求对二氧化硫、氮氧化物以及烟尘三大主要污染物开展了一系列治理，全面完成了脱硫、脱硝、除尘的升级技术改造工作，实现了节能降耗减排的目标。③在节能减排上敢于投入，勇为人先。比如，每套处理设施的投入约 1800 万元。全部投入使用后，每年运行费用将增加 2000 万元。当然，这些投入也收到了实效。④企业高瞻远瞩，有长远的战略布局和谋划。例如，谋划能源综合供应，提供多种形式服务。供能模式从当前较单一的蒸汽，不断延展到供应压缩空气、冷热联供甚至供电等多种形式。热用户也要向民用、商用、城市综合体等领域拓展。⑤具有创新意识，推行新颖的用能模式。杭联热电企业正在推进冷热联供的用能形式。简单来说，就是通过安装冷热转换器，同时满足用户供热、供冷两种需求。

二、浙铁大风：追寻绿色化工高地 "高大上"塑料浙江产

 案例梗概

1. 浙铁大风探索"中外联合设计、系统集成，逐步提升设备国产化率"的发展模式。
2. 在宁波发展聚碳酸酯项目，利用当地便利条件和政策优势，以实现浙铁目标。
3. 锁定世界最先进、绿色、环保的非光气酯交换法工艺路线，实现废水零排放。
4. 同步实施智能化工厂建设，为先进的绿色环保生产装置匹配智能的管理体系。
5. 投产 10 万吨级非光气法聚碳酸酯生产装置，可实现原料全过程循环利用。
6. 组建国家级工程中心，与国内知名院校合作开发高经济附加值的应用领域。

关键词：绿色环保；智能管理体系；零排放；循环经济

 案例全文

　　每年"吃掉"3.6 万吨二氧化碳，再辅以周边石油化工企业的副产原料，生产出 10 万吨聚碳酸酯——一种国内市场急需却大量依赖进口的树脂，如百姓家中的电脑、手机外壳、光碟、纯净水桶都是用这种树脂做成的。在甬江

入海口不远的镇海国家级石化工业园区里的宁波浙铁大风化工有限公司（以下简称"浙铁大风"）就有这套神奇的装置。林立塔罐和纵横管道这些常见的化工企业场景，在同行专家眼中却意义非凡——这是第一套国产的大型聚碳酸酯装置，它的成功标志着我国聚碳酸酯工艺技术取得了重大突破，改写了国内无万吨级以上自主工业化此类装置的历史。

打破国外行业垄断

聚碳酸酯是化工新材料五大特种树脂中市场增长量最大的材料，因具有优良的电绝缘性、稳定性、耐腐蚀、耐热耐寒等性能，被广泛应用于汽车制造、医疗器械、建筑建材、航天飞机等领域，比如防弹玻璃、宇航员头盔面罩等的应用。中国是聚碳酸酯需求增长最快的国家，需求以每年 8%~12% 的速度增长。截至 2015 年 4 月，我国对聚碳酸酯产品的年消费量大约 180 万吨，占全球消费总量的 30% 以上。但此前，国际聚碳酸酯技术主要集中在跨国化工企业，由于生产技术门槛较高，外国企业对技术又严格控制，因此国内聚碳酸酯装置生产多由外企投资或中外合资，年产能仅为进口量的 30% 左右。2014 年国内跨国公司分支企业实际产能仅 49.5 万吨，进口达到 150 万吨。

浙江"十二五"规划把聚碳酸酯定为石化行业重点培育的七大产业链之一，基于这样的基础，浙江省铁路投资集团着手该项目的研发。"华东地区聚碳酸酯的需求占全国销量的 40% 以上。在宁波发展聚碳酸酯项目，能利用当地便利的石化、港口配套项目和政策优势，以实现浙铁快速做大做强化工新材料板块的目标，推动国内聚碳酸酯行业发展。"浙江省铁路投资集团董事长余健尔说。专家介绍，近几年，也有一些国内企业曾上马过聚碳酸酯项目，但由于装置规模小、技术水平落后、产品质量差、生产成本高，无法与国外产品抗衡。而刚刚建成达产的浙铁大风年产 10 万吨聚碳酸酯项目，在实施中探索了一条"中外联合设计、系统集成，关键设备国际采购，逐步提升设备国产化率"的发展模式，即在优化组合国内外先进工艺技术的基础上，自制工艺路线，实现集成创新。不但产品质量达到了世界行业龙头企业水平，而且装置和工艺拥有自主知识产权，打破了国外行业巨头的垄断。截至 2015 年 4 月，该项目已经申报 12 项专利，其中 7 项实用新型专利已授权，5 项发明专利进入实质审查阶段。同时获得政府各级奖励 6165 万元，包括国家发改委产业振兴专项扶持资金 5597 万元。市场的反应也耐人寻味。就在该项目投产前后，被国外化工巨头垄断、价格一向坚挺的聚碳酸酯市场，价格出现了较大幅度波动。从 2 万多元一吨，下调至 1.8 万元一吨。

废水排放基本为"零"

浙铁大风厂区的一角，3 台蒸汽余热发电机正低沉轰鸣，在宁波浙铁大风化工有限公司董事长傅建永听来，这略显嘈杂的发电机声是最美妙的绿色循环化工背景音乐。原来，装置运转需要的供热蒸汽到这里只有不到 2 千克的压力，以往这样的蒸汽只有放空了事，浙铁大风却在装置设计时巧妙布置了 3 台蒸汽余热发电机，每年可以利用 28 万吨装置副产低压蒸汽余热发电，年发电量可以达到 1200 万度，减少电费 800 多万元。

余热发电只是浙铁大风探索绿色循环化工的小插曲。作为国内首套万吨级以上自主工业化聚碳酸酯装置，浙铁大风从一开始就将发展的起点定在赶超世界水平。从国际上看，聚碳酸酯生产工艺主要有光气界面缩聚法、传统酯交换法、完全非光气酯交换法三种，外企在国内投资建设的装置均采用前面两种工艺，在"三废"排放和残留危害等方面还无法做到"零污染"。"采用光气法和传统酯交换法生产工艺，面临着处理大量工艺废水的困扰。"余健尔说。因此，浙铁集团在项目规划时就锁定了当时世界上最先进、绿色、环保的非光气酯交换法工艺路线。这一工艺的先进性在于，三套联合装置组成的整个装置通过"碳酸二甲酯—碳酸二苯酯—聚碳酸酯"的生产路线，可以实现物料全过程的循环利用，废水排放基本为"零"，每年还可以消耗 3.6 万吨的二氧化碳，按常规 1 公顷阔叶林每天消耗 1 吨二氧化碳计算，整个装置每年"吃掉"的二氧化碳相当于 100 公顷（即 1 平方公里）阔叶森林，其面积是现有厂区面积的 11 倍多。余健尔表示，浙江是精细化工产品的生产大省，解决化工污染的上上之法是从源头入手，依托创新实现产业的转型升级，从有毒有害物质的替代、先进工艺的研发、装备的升级等方面攻关，让化工产业和青山绿水共存。

先进的生产装置需要匹配智能的管理体系，浙铁大风在装置建设时同步实施了智能化工厂建设，涉及巡回检查、能源计量、信息发布、人员定位、环境监测、"三废"排放、安全帽识别等 13 个模块。公司技术、中控、巡检、化验等生产运营岗位员工仅 115 人，研发团队平均年龄 30 岁左右，连主抓技术的总工也是年仅 31 岁的"80 后"。"我们这里每班生产只要 20 来个人，达产后，平均每个员工的年产值可以达到 1500 万元。"浙铁大风总经理于海洋说。

打造绿色化工高地

在搞了 20 多年化工的傅建永看来，聚碳酸酯的生产原理并不复杂，教科书上就有，难就难在如何用经济、高效、绿色的方法将聚碳酸酯规模化生产出来。"从实验室到大工业，这期间有许多环节需要我们去创新、去开拓。"傅建永说。我国从"八五"计划就开始立项研发聚碳酸酯产业，投入众多资金、人力、物力进行技术攻关。时至 2015 年，未见有建设万吨工业化装置、非光气法路线完成了 1000 吨中试验证、半光气法生产的报道，截至 2015 年 4 月国内唯一称得上的工业化装置也仅 5000 吨规模。可以说，此前完全自主研发的工业化聚碳酸酯工艺技术国内依然未见突破。浙铁大风投产的 10 万吨级非光气法聚碳酸酯生产装置，可实现原料全过程循环利用。相对于过去的光气法，不会产生大量含酚废水，不使用剧毒的光气，而且每年能够消耗 3.6 万吨二氧化碳，真正实现了绿色化工的目标。该装置一举提升了我国在这一领域的工业化生产水准，不但规模化、工业化达标了，而且产品关键指标均达到行业龙头企业同类产品水平。但成绩只代表过去，"聚碳酸酯产品向高增值领域发展前景比较广阔，我们下一步要向高功能化、专业化应用方向发展，提高产品档次及附加值，在产品的应用领域同国外竞争。"余健尔说。

业内人士介绍，在国内外资本技术的推动下，当时一批合资、合作的聚碳酸酯项目正在国内密集开工，上海拜尔、福建环球、烟台万华等多个项目在 2013~2015 年内投产。我国聚碳酸酯产能的投放，在缓解产品依赖进口的同时，有可能带来供应过剩的难局，亟待突破技术"瓶颈"、扩大市场应用。有鉴于此，浙铁集团正依托聚碳酸酯（PC）项目着手组建国家级的工程中心，与国内知名院校合作开发高经济附加值的应用领域，比如为高性能 PC 基改性塑料提供特种高端原材料，开发 PC 合金及改性 PC 产品，通过高端化发展谋求市场。

资料来源：周钰慧：《"高大上"塑料浙江产》，《浙江日报》2015 年 4 月 27 日，第 9 版。

经验借鉴

　　宁波浙铁大风化工有限公司拥有第一套国产的大型聚碳酸酯装置，它的成功标志着我国聚碳酸酯工艺技术取得了重大突破，改写了国内无万吨级以上自主工业化此类装置的历史，同时浙铁大风也走上了一条绿色发展道路。简单来说，浙铁大风的绿色发展的经验主要有如下几条：①创新绿色发展模式。例如，浙铁大风在实施中探索了一条"中外联合设计、系统集成，关键设备国际采购，逐步提升设备国产化率"的发展模式，即在优化组合国内外先进工艺技术的基础上，自制工艺路线，实现集成创新。显然这个做法带来了很大的益处。不但产品质量达到了世界行业龙头企业水平，而且装置和工艺拥有自主知识产权，打破了国外行业巨头的垄断，开辟了绿色循环化工发展的新模式。②打造循环经济。循环经济是对传统线性经济模式的根本变革，它以资源的高效利用和循环利用为目标，以"减量化、再利用、资源化"为原则，实现以尽可能小的资源消耗和环境成本获得尽可能大的经济和社会效益。例如，余热发电是浙铁大风探索绿色循环化工的小插曲。③研发新的工艺，在减排上提高站位。浙铁集团在项目规划时就锁定了当时世界上最先进、绿色、环保的非光气酯交换法工艺路线。不仅可以实现物料全过程的循环利用，而且废水排放基本为"零"。④建立绿色管理体制。先进的生产装置需要匹配智能的管理体系，浙铁大风在装置建设时同步实施了智能化工厂建设，涉及巡回检查、能源计量、信息发布、人员定位、环境监测、"三废"排放、安全帽识别等13个模块。

三、浙江尤夫：提升环保创新发展理念　建设绿色生态企业

案例梗概

1. 浙江尤夫聘用国内外行业专家，创立新产品研发中心，引进世界先进设备工艺。

2. 应用完全自主知识产权、全套引进世界一流的先进纺丝设备和高技术含量设计工艺。

3. 提出"节能降耗，消除环境风险；低碳环保，创拓持续发展"的环境保护方针。

4. 实施环境规范化目标管理和三级环保网络管理，确保环保管理方针与目标付诸实施。

5. 建立健全环保制度，落实各级环保责任，开展环保宣传培训，提升员工环境意识。

6. 强化识别检查管理，抓好环境风险防控，推进"三废"管理，确保环境安全达标。

7. 不断加大环保投入，提升设施运行效率，节能减排低碳环保，争创绿色生态企业。

8. 注重周边环境影响，热衷生态文明建设，走绿色可持续发展道路，回馈社会。

关键词：健全环保制度；环境意识提升；环境风险防控；"三废"管理

 案例全文

浙江尤夫高新纤维股份有限公司（以下简称"浙江尤夫"）始创于 2003 年，2010 年 6 月成功上市。公司位于浙江省湖州市和孚镇工业园区，占地面积 700 亩，厂区依山傍水，绿化面积达到 50% 以上，是一个现代化花园式的工厂。在企业十多年发展历程中，浙江尤夫通过聘用国内外行业专家、创立新产品研发中心，不断开发新产品、新工艺，应用完全自主知识产权、全套引进世界一流的先进纺丝设备和高技术含量的设计工艺，取得了工艺参数、技术指标和产品标准均领先于国内外同行水平的佳绩，形成以差别化涤纶工业丝为龙头，延续发展浸胶轮胎帘子布、浸胶输送带帆布、浸胶线绳等产业用纺织品产业链，吸引了众多国内外知名客户与浙江尤夫建立稳定的供销关系，进而成功跻身国内外产业用纺织品生产与使用厂商首选供应商行列。在业绩与成就面前，浙江尤夫始终如一地注重环境保护工作。提出了"节能降耗，消除环境风险；低碳环保，创拓持续发展"的环境保护方针，制定了一系列严格的环境管理目标。为此，浙江尤夫通过实施环境规范化目标管理和公司、部门、班组三级环保网络管理，确保环保管理方针与目标的付诸实施。

建立健全环保制度　落实各级环保责任

浙江尤夫将环保工作纳入日常企业管理工作中，通过与产、排、治部门签订责任状，执行考核问责制，依据国家、省现行环保法律法规，修订完善了公司《环境保护管理制度》《环境保护管理职责》《清洁生产管理制度》指导性文件，编制了《突发环境污染事件（事故）应急预案》和一系列环保操控标准，保证了环保设施与主体生产设施正常运行，各项污染物稳定达标排放，形成了符合国家环保法律法规并为社会所认同的环境管理模式。公司2006 年通过 ISO14001 环境管理体系认证。

开展环保宣传培训　提升员工环境意识

浙江尤夫将环保培训纳入年度教育培训计划大纲，通过宣传橱窗、网络OA 平台、合理化建议征集、知识讲座和答题竞赛等多种载体，宣传环保法律法规、环保行为规范。员工培训覆盖率为 100%。通过培训提升了全员对环境保护法律法规、排放标准、达标排放必要性和失控污染危害性的认识度，增强了员工责任感和使命感，如今"影响环境就是犯罪，呵护环境就是保护家园"已经成为尤夫人的共识。

强化识别检查管理　抓好环境风险防控

浙江尤夫认为有效识别是防范风险的最有效手段，一是每月组织开展环境风险识别与评价活动。二是按环保工作职责要求，每天对各环保节点、环保设施进行检查，及时进行隐患排查整改。三是定期评估完善应急预案，将应急预案报当地环保部门备案，成立应急队，每年定期举行突发环境事故应急预案的演练，检验应急队伍应对突发事故的反应处置能力。

有序推进"三废"管理　确保环境安全达标

浙江尤夫不惜花大力气进行环境全面整治，将达标排放视作环保工作的底线、法律法规的红线。在废水治理方面，从源头抓起，对每一个产污环节查明产生数量、浓度，使其处于受控状态。污水处理站经采用先进的治污工艺技术后，治污效果好。在废气治理方面，针对生产过程中工业废气、燃煤烟气等，分别采取催化焚烧、静电除油、镁法脱硫等处理方法，达标后高空排放，各项指标远低于国家标准。在噪声治理方面，针对风机、空压机、卷绕机、捻织机等，采取建筑隔音、距离隔音法进行治理，采用安装消声罩、减震器等举措实现了厂界噪声达标。在固废管理方面，实施分类管理与处置，纺丝废油剂、煅烧残渣、清洗废渣、废胶液、废包装物等，委托有资质单位合法处置。每年向当地环保局申报年度危废管理计划和委托资质单位进行一次固废核查，实行危废转移联单制度，使危险废物贮存、转移、处置等各个环节符合环保法规要求。2012 年浙江尤夫荣获"浙江省危废'双达标'企业"称号。

不断加大环保投入　提升设施运行效率

为了实现企业与生态环境的和谐发展，浙江尤夫在严格执行项目建设三同时的基础上，不断加大环保投资力度，通过技术创新等各种方式完善与提高环保设施的运行效率。一是设立年度环境保护专项基金。二是设备保障责任到人，加大环保设施维护与保养，确保污染物处理正常稳定。三是投资采用环保新技术改善环保设施运行效果，期间投资改建污水处理站，采用"厌氧（EGSB，第三代厌氧反应器）＋好氧＋二沉＋MBR（膜生物反应器）＋反渗透"的生化处理及中水回用工艺，安装废水在线监测设施和烟尘在线监测设施、新一代静电除油装置和催化焚烧装置。四是成立环保部门，配备环保专职管理和操控人员，履行日常环保管理事务，对所有治污设施的运行控制实行常态化管理和运行记录台账规范化管理，对 CODcr、NH3-N 等特征污染因子进行实时检测，保证污染物 100% 达标排放。

节能减排低碳环保　争创绿色生态企业

浙江尤夫为从源头上削减污染物的产生，主动吸纳先进生产设备和治污技术，从电、煤、水、气和原材料消耗等方面入手，优化设备节能措施。规定额定功率 10kW 以上的电气动力设备安装变频器，制定设备设施开停标准并严格执行，制定了用水考核标准，每天对各用水部位进行监控考核，既减少用水浪费，又减少了废水的产生。做好废水处理与回用工作，对污水进行深化处理后，采用 2 级反渗透处理，回用清水用于自备水再生产，浓水用于脱硫除尘喷淋循环池补水，实现了工业废水的循环使用，废水回用率达到 85% 以上，每年可回收废水 8 万吨，在区域废水纳管 CODcr 排放标准从 500mg/L 降至 200mg/L 的情况下，超额完成 CODcr 总量控制和减排任务。将热煤锅炉改进为镁法脱硫，虽增加了运行成本，但二氧化硫的去除效率提高，有效地减少了二氧化硫的排放。积极推进环保设施的优化升级改造，在纺丝油烟治理上采用第三代静电除油装置淘汰老旧的静电除油装置，大幅削减生产性挥发性有机物的排放。2016年10月前后，正计划在VOC治理上采用先进的等离子技术，淘汰水喷淋和活性炭吸附的老方法。公司2016年推行了温室气体排放报告制度，定期登录"浙江省气候变化研究交流平台"，向省、市、区环保部门提报企业低碳排放和统计分析信息。公司同时大力推行持续清洁生产，从生产源头上降低消耗，削减废弃物的产生，并定期申请清洁审核，不断提升清洁生产发展理念和创新清洁生产工艺。2013年公司被授予"浙江省清洁生产先进企业""浙江省绿色企业"等荣誉称号。

注重周边环境影响　热衷生态文明建设

多年来浙江尤夫持续在社会责任贡献、可持续发展等方面回馈社会，怀着感恩社会、关乎民生的虔诚之心，年年参与、出资地方性公益事业建设、周边环境建设，对扶贫工程、慈善基金会尽心尽责。2016年是国家"十三五"规划的开局之年，在此机遇和挑战并存的时刻，作为一家上市企业将本着高度的责任感、强烈的忧患意识和长远的发展理念，以"美丽心灵，魅力尤夫"为指针，倡导每一个员工从自我做起，承诺将义不容辞地对社会公众和保护环境负责，竭力创建与巩固绿色企业成果，努力实现绿色发展，我们既要金山银山，也要绿水青山。浙江尤夫有信心、有能力、有实力提升绿色技术创新，强化绿色化管理，责无旁贷地牢牢把握"总量控制，逐年降低、达标排放、节能降耗"这一环保工作的根本点，一如既往地走绿色发展之路、人与自然的和谐之路，全力以赴构建资源节约型和环境友好型的绿色生态企业，争做创建生态文明园区的领军企业。

资料来源: 佚名:《提升环保创新发展理念　建设绿色生态企业》,《中国环境报》2016年10月10日，第7版。

 经验借鉴

浙江尤夫高新纤维股份有限公司在十多年发展历程中，成功跻身国内外产业用纺织品生产与使用厂商首选供应商行列。然而，在业绩与成就面前，尤夫人始终如一地注重环境保护工作。简单来说，浙江尤夫推行的绿色环保发展的主要经验有如下几条：①建立健全环保制度，落实各级环保责任。例如，浙江尤夫将环保工作纳入日常企业管理工作中，通过与产、排、治部门签订责任状，修订完善了公司一系列环境保护有关的指导性文件，保证了环保设施与主体生产设施正常运行，各项污染物稳定达标排放，形成符合国家环保法律法规且为社会所认同的环境管理模式。②开展环保宣传培训，提升员工环境意识。浙江尤夫将环保培训纳入年度教育培训计划大纲，通过宣传橱窗、网络 OA 平台、合理化建议征集、知识讲座和答题竞赛等多种载体，宣传环保法律法规、环保行为规范。员工培训覆盖率为 100%。显然也取得了很大的成效。通过培训提升了全员对环境保护法律法规、排放标准、达标排放必要性和失控污染危害性的认识度，增强了员工责任感和使命感。③有序推进"三废"管理，确保环境安全达标。例如，在废水治理方面，从源头抓起，对每一个产污环节查明产生数量、浓度，使其处于受控状态。在废气治理方面，针对生产过程中工业废气、燃煤烟气等，分别采取催化焚烧、静电除油、镁法脱硫等处理方法，达标后高空排放，各项指标远低于国家标准。在固废管理方面，实施分类管理与处置，纺丝废油剂、煅烧残渣、清洗废渣、废胶液、废包装物等，委托有资质单位合法处置。④在环保上加大投入，以实现企业与生态环境的和谐发展。例如，浙江尤夫在严格执行项目建设三同时的基础上，不断加大环保投资力度，通过技术创新等各种方式完善与提高环保设施的运行效率。

四、柯桥水务："一招"锁定，"多招"跟进

📋 案例梗概

1. 柯桥水务集团统一运维，确保污水处理设施正常运作，开展城乡生活污水治理。

2. 持续进行模式创新、管理创新和机制创新，使"三维一体"运维管理模式顺利实施。

3. 推出城镇生活污水治理"统一规划、统一建设、统一运营、统一管理"四统一模式。

4.运用科技手段，对全区集团运维的生活污水收集处理设施实施智能化运维模式。

5.引进先进的管道探测设备，率先实行对生活污水管网无差别、全覆盖探测工程。

6.实施《绍兴工业废水和生活污水管网收集输送服务标准化》国家级试点项目。

7.开发"智慧水务"App，建立实行信息化管理的云平台，实行"智慧管理"。

8.实行"三定四化"管理，实现对生活污水的收集、输送和处理的全过程监管。

关键词：污水治理；"柯桥"模式；智慧管理；"三定四化"管理；智能化运维模式

 案例全文

2016年以来，绍兴市柯桥区城乡生活污水治理和运维工作，陆续引起了专家和各大媒体的关注。柯桥区按照"部门牵头、镇街主体、村级实施、水务运维、社会监督"五位一体运维机制的要求，下了一盘特殊的"大棋"——在建成的基础上，由绍兴柯桥水务集团有限公司（以下简称"柯桥水务集团"）统一运行维护和管理，开创了浙江省内首家由国有公司专业团队进行运维的"柯桥模式"。城乡生活污水治理，基础在"建"，关键却在"管"。要对连接"百村万户"的生活污水处理设施实行管理，使其正常运作，绝非易事，是一个全省性的"大考题"。重任在肩的柯桥水务集团更是不遑多让，其不负众望，持续进行模式创新、管理创新和机制创新，一套全省领先的"智慧管理"模式和一个行之有效的"四全管理"机制，使从城区、集镇到农村的"三维一体"运维管理模式顺利实施。2016年以来，城乡生活污水治理设施运行维护的"柯桥模式"，因其稳定、可靠、专业、高效的特性，再次获得社会各界，尤其是专家的好评。同时，也受到各级媒体的关注。

建设"终端设施" 兜住村居污水乱排底线

生活污水，看似没有工业污水危害大，但千家万户都随意排放，总量也是非常惊人的。在过去，因为设施的不完善，有部分城镇居民家庭每天产生的废水、污水、厕水，只能任其渗入地下或流入河道。而现在，只要走进柯桥区的每一个村居，再也见不到"污水横流"的画面了，取而代之的是每家每户的洗漱用水、洗涤用水和厕所用水通过三根管道，统一纳入一个"污水终端处理池"，经"调节池""厌氧池""沉淀池""格栅井"等一系列的过滤、净化，最终得以有效排放。如柯岩街道河塔村的 1 号污水终端处理池，就连接着 100 户村民家的污水管网，日处理污水能力达到了 30 吨。同时，每个终端处理池，还配套建有一个"水质在线监测仪"，可供工作人员实时监督。截至 2017 年 8 月，这样的"污水终端处理池"在柯桥水务集团共建了 757 座，同时建有生活污水泵站约 503 座、污水管道 4100 多公里、窨井 30 多万只，涵盖了全区所有行政村居，服务农户约 12.4 万户。这样一份"卓越"的成绩单，无疑为柯桥水务集团两夺"大禹鼎"立下了汗马之功。

其实早在 2012 年，柯桥水务集团就先人一步，启动了城乡生活污水治理工程建设，并在全省率先推出了城镇生活污水治理"统一规划、统一建设、统一运营、统一管理"的四统一模式。由于污水设施建设涉及全区每一个村、每一户农户，点多面广，工程浩大。为此，柯桥区委、区政府专门出台了"分块建设、分级运维、分级负责"的建管机制，形成了区农办、区建设局、水务集团和各个镇街、开发区共同参与、分块建设的格局。从 2014 年 9 月 1 日起，全区所有新建居民小区的场外生活污水收集系统，统一由水务集团负责建设和管理，建设管理资金由开发建设业主承担，在源头上和过程监管中进一步确保小区生活污水的治理质量。与此同时，由区建设局、区农办和水务集团共同实施的 5 大工程，即城区生活污水收集系统工程、集镇生活污水收集系统工程、城乡生活污水公共收集系统工程、居民老小区污水管网改造工程、王坛和稽东两镇生活污水收集处理系统工程，也全面启动建设。到 2016 年 11 月，累计投资 17.3 亿元的 5 大工程基本完成，全区 321 个村居（拆迁村居除外）的生活污水治理设施基本完成，也做到了应纳尽纳、应接尽接、100% 村居全覆盖。

治理设施的建成投运，有效改善了河道水质，全区生活污水收集量大幅提升，2017 年 1~7 月，全区纳管生活污水收集量达 2423.3 万吨，日均 11.4 万吨，较 2013 年同比增长 133.21%，其中，城区较 2013 年同比增长 97.09%，集镇较 2013 年同比增长 587.61%。此外，采用终端处理的生活污水，据测算，年处理量也达到了约 500 万吨。

创新"智慧管理" 实现"滴滴打车"式快速抢修

2017 年 8 月 25 日早上，柯桥水务集团的巡检员沈莉琴照例走在了巡视的路上。上午 9 点 37 分，她发现兴越西区 33 幢一单元楼下的窨井盖污水满溢，就立即拿出手机，通过"智慧水务"App 发出信息，一辆"疏通车"随之赶来。工作人员搬下一台"机器人"，伸进了窨井里面进行探视，再进行修复……从发现问题到修复，总共不到 2 个小时。这令人称奇的高效反应处置，是我们在被誉为"城乡生活污水治理设施运维指挥中心"——柯桥排水公司中控室大屏幕见到的"智慧管理"治理污水的寻常一幕。柯桥水务集团负责人告诉我们，所谓智慧管理，就是运用科技手段，对全区纳入集团运维范畴的生活污水收集处理设施实施的一项智能化运维模式。这是开展运维"智慧+"工作带来的新气象。

自 2014 年 9 月起，柯桥全区的污水处理设施统一由水务集团"总负责"。这是基于设施建设过程中发现的一些问题而专门做出的一种应对措施。2014 年"五水共治"三年计划实施以来，区建设局、农办、柯桥水务集团三方联动，对全区所有管道进行了全方位检测，对查出的所有问题全部进行了整改，从源头上控制了施工质量。整改后，再移交柯桥水务集团实行专业运行管理。事实证明，由一家国有全资企业来承担运营和维护管理之责，是一个明智之举，一方面，它代表的是政府的公信力，可以确保运维工作的公开、公平与公正；另一方面，它也确实有这个实力与能力。

为确保运维系统的质量与效率，柯桥水务集团在第一时间就引进了先进的管道探测设施——"CCTV 管道内窥系统和杆式潜望镜"，在国内率先对生活污水管网进行无差别、全覆盖的"机器人"做"肠镜"工程。"我们对直径 160 毫米以上的管网，采用'智能机器人'检测，它可以探测到更深的地方。对直径 160 毫米以下的细管，则采用'管道潜望镜'检测，它可以根据需要及时掉头、伸缩，只要管道不堵，可见度在 20 米以上，成像精确，相当于做肠镜检查"。有了这一"秘密武器"，管网内部的标高、变形、堵塞、渗漏、旁通、断头等管网建设中最易出现的问题，几乎无一遁形，真正确保了管网"一次建设、长久使用、持续发挥作用"。

据了解，柯桥水务集团智能化运维模式的核心在于建立了"五套智能系统"，即自动化控制系统、远程监控系统、智能巡检系统、在线监测系统和窨井防坠系统，依托智慧水务和云平台等技术进行信息化管理。对巡检人员和养护车辆实行"双 G"实时定位管理，通过移动 GIS 技术和 GPS 定位信息实时传送，实现系统对巡检人员、巡检路线、养护状态、在线情况、巡检记录、图片上报和作业的视频监控，做到就近处置服务，实现应急响应快速。只要市民或者巡视员提供生活污水问题设施的相关信息，中控室就会立即打开"抢危"系统，发令给最近的车子。由于所有"疏通车"均安装有 GPS 定位系统，就像"滴滴打车"软件一样，抢救人员马上赶来处理，缩短了抢修时间，提高了抢修效率。

实行"四全管理" 确保不漏一村不漏一点

高科技的设施、设备最终还是要落实到"人"。承担着全区城乡生活污水系统运维重任的柯桥水务集团，以一种对政府、对市民高度负责的责任感，立足"百村万户"贴心运维，以"大水务"的视野，不断进行模式创新、管理创新和机制创新。最引人注目的，是创新推出的"四全管理"服务保障机制，即"村居全覆盖、管网全检测、监管全过程、处理全达标"。为保证"四全管理"的顺利实施，一连串的配套措施随之建立，一个"大水务"的格局开始成功架构。

柯桥水务集团实施了《绍兴工业废水和生活污水管网收集输送服务标准化》国家级试点项目；主编或参与主编了《污水泵站运行质量评价标准》《农村生活污水治理设施运行与维护技术规程》和《城镇供排水有限空间作业及安全评价技术规程》等多个工作标准和运维细则，覆盖了终端、泵站、管道、巡检、检测、回访等各个环节，为"服务专人化、养护专职化"提供了制度保障；开发了"智慧水务"App，建立了实行信息化管理的云平台，实行"智慧管理"。建立运维中心和 5 个分中心，实行对原有污水收集处理系统和农村生活污水治理设施运维的"双轨运行，统一管理"；组建了 140 名职工组成的运维服务团队，明确每个人负责 3 个村居的巡检，每组养护人员负责 20 个村居设施的维修和疏通，确保不漏一村、不漏一点。同时，实行干部负责制，对已接收的所有村居，以泵站、村居、管网为界进行区域划分，分片联系联责，并将其联系区域工作的好坏作为干部提拔的重要依据。用"河长制""路长制"的管理方式来管理治污设施，做到精准管理、精准运行；制定了日常巡检、设备维修、应急抢修、水质取样、化验分析、处理工艺控制等岗位人员的职责，做到"一周一巡检""一月一检测""一季一回访""一年一清通"，确保所有生活污水系统持续达标排放。

为保证运维的高质、高效，柯桥水务集团仅在养护装备的投入上，就累计超过了 1200 万元，共配备了进口 CCTV 管道检测仪 3 台、杆式潜望镜 11 台、疏通车 7 辆、吸污车 3 辆、应急抢修车 44 辆、移动发电机 6 台等，并实行队伍装备专业化，巡检员每人配备统一巡检车、统一服装、统一工具，工具包括 pH 试纸、采样瓶、手套、毛巾、启盖器、电筒、巡检器、电工常用工具等。由于实行了"三定四化"管理，即"定人、定责、定标准"和"制度化、智能化、精细化、实效化"管理，2017 年水务集团已实现了对收集、输送和处理的全过程监管。同时，因为大量应用了集团自主研发的具有国家专利的技术，预计可节约费用 1.2 亿元以上。同样值得称道的是，在主要道路上的窨井全部安装了"四道安全防坠装置"，即一张标识牌、一套防盗铸铁窨井盖、一块防坠板和一张防坠网的"一牌、一盖、一板、一网"管理模式，目的只有一个：杜绝"窨井吃人"这个潜在隐患。

资料来源：陈全苗、陈烨：《"一招"锁定，"多招"跟进 柯桥再创生活污水治理运维新模式》，《中国环境报》2017 年 8 月 30 日，第 12 版。

经验借鉴

柯桥区在"部门牵头、镇街主体、村级实施、水务运维、社会监督"五位一体运维机制的推动下，开创了浙江省内首家由国有公司专业团队进行运维的"柯桥模式"，开启了生活污水治理运维新篇章。污水治理的"柯桥模式"主要经验总结为以下几点：①生活污水治理基础在"建"。在柯桥区政府、住建局、区农办和水务集团的大力支持和推动下，建立了一系列的污水设施，建成了一系列污水收集、处理工程，以及一系列场外生活污水收集系统，兜住村居污水乱排底线。②生活污水治理模式在"新"。柯桥水务集团持续进行模式创新、管理创新和机制创新，建立了一套全省领先的"智慧管理"模式和一个行之有效的"四全管理"机制，使从城区、集镇到农村的"三维一体"运维管理模式顺利实施。③生活污水治理核心在"管"。柯桥水务公司在管理上实现了"村居全覆盖、管网全检测、监管全过程、处理全达标"的"四全管理"服务保障机制；开发了"智慧水务"App，建立了实行信息化管理的云平台，实行"智慧管理"；建立运维中心和5个分中心，实行对原有污水收集处理系统和农村生活污水治理设施运维的"双轨运行，统一管理"。④生活污水治理关键要"全"。人员全参与，柯桥区生活污水治理政府、社会、企业全部都参与进来，作为主人翁贡献自己的智慧；治理全覆盖，柯桥区污水治理包括生活废水、污水、厕水等各个方位覆盖，并且治理涉及每一村、每一户；管理全方位，区建设局、农办、水务集团三方联动，对全区所有管道进行了全方位检测，对查出的所有问题全部进行了整改，从源头上控制施工质量。⑤生活污水治理设施维修在"快"。运用科技手段，对全区纳入集团运维范畴的生活污水收集处理设施实施智能化运维模式，充分发挥人民的监管作用，一旦发现问题，即可扫描二维码，通过"智慧水务"App发出信息，相关人员即可收到相关信息，实现"滴滴打车"式快速抢修。柯桥水务公司的生活污水治理经验告诉我们：生活污水治理，基础在"建"，模式要"新"，核心在"管"，关键在"全"，维修在"快"。

五、建设集团：聚焦"五水共治" 造福一方民生

 案例梗概

1. 千岛湖建设集团推进城市水务设施配套建设，保障"五水共治"工作顺利推进。

2. 全面实施千岛湖镇污水处理设施运行维护等10余个城市水务设施项目。

3. 稳步推进自来水扩建项目建设，加强对工程质量、项目进度、文明施工的管理。

4. 利用坪山预留用地实施坪山污水处理厂扩建工程，对南山污水厂部分污水进行分流。

5. 将次氯酸钠投加系统列入重点技改项目，用次氯酸钠替代传统的液氯消毒。

6. 投资约3000万元，启动污水厂深化提标改造工程，打造污水处理千岛湖地方标准。

关键词：五水共治；水务设施建设；项目建设管理；改造污水处理工艺

 **案例全文**

　　千岛湖是全国著名的风景旅游区，是国家长三角地域战略水源保护地，是浙江母亲河钱塘江、富春江、新安江的源头，也是杭州的生活供水水源地，保护千岛湖是淳安人义不容辞的责任。近年来，千岛湖建设集团（以下简称"建设集团"）不断优化城市水务，全力推进城市水务设施配套建设，保障"五水共治"工作顺利推进。在2014~2015年城区截污纳管全面深入实施、南山污水厂污水分流和78家工业企业排放废水完成纳管的基础上，2016年建设集团又迈出一步——全面实施千岛湖自来水厂扩建、坪山污水处理厂扩建、自来水厂设备设施升级改造、污水厂深化提标改造、城区污水处理数据监控中心建设、千岛湖镇污水处理设施运行维护等10余个城市水务设施项目。

自来水厂大升级　日供水规模提高到 10 万吨

　　千岛湖自来水厂一期工程于2005年7月建成投产，日供水规模为5万吨。近几年来，千岛湖自来水厂运行基本处于满负荷运行状态，最高日供水量达到了7.05万吨，已经远远超过日供水5万吨的设计规模。据统计，2014年自来水厂有183天超负荷运行，夏季高峰时接近整月超负荷运行。长期超负荷运行将会对水质及运行设备带来不利影响。此时，随着高铁新区、文昌园区、珍珠半岛的建设力度不断加大，再加上淳安县10多处房产项目的开发建成，用水量必将出现暴增期。因此，实施千岛湖自来水厂扩建工程是淳安县城市供水的现实需要，更是经济社会发展的必然需求。

　　2016年1月4日，千岛湖自来水厂扩建工程正式开工建设，为淳安县重点建设项目之一。据悉，千岛湖自来水厂扩建工程总投资7030.84万元，将新建综合池、V形滤池、清水池、次氯酸钠加药房、配电房、附属用房等模块，同时还将对取水泵房、送水泵房进行改造和提升。扩建后的千岛湖自来水厂，日供水规模将从5万吨提升到10万吨，供水范围包括千岛湖主城区、排岭半岛、鼓山区块、珍珠半岛、文昌园区、高铁新区及部分千岛湖镇周边农村地区。出水水质除了达到《生活饮用水卫生标准》外，还将达到《浙江省城市供水现代化水厂评价标准实施细则》的水质标准。自来水扩建事关民生福祉，建设集团稳步推进项目建设，加强对工程质量、项目进度、文明施工的管理。升级后的千岛湖自来水厂将更好地保障市民生活、生产用水，实现清泉甘露送万家。

坪山污水处理厂大扩容　日污水处理能力增加到 3 万吨

2016 年是开展"五水共治"的第三年，治理污水一直是淳安治水工作的重要部分。近年来，城区的南山污水厂日趋饱和，同时，千岛湖啤酒有限公司等一众企业需要纳管处理。因此，进一步加大城镇污水处理设施建设是十分必要的。建设集团利用坪山预留用地实施坪山污水处理厂扩建工程，对南山污水厂部分污水进行分流，共同处理城区污水。坪山污水处理厂位于青溪新城坪山区块，占地 51 亩，配套污水管网 30 余公里，主要收集坪山、鼓山、珍珠半岛区块工业废水和周边居民的生活污水，服务面积达 10 余平方公里。坪山污水处理厂一期工程于 2007 年 12 月建成投入运行，规模为 1 万吨 / 日，总投资约 5464 万元，运行至今整体良好，出水水质优良。据了解，2015 年 1~10 月，坪山污水处理厂日均处理污水量约 7200 吨。2015 年 10 月底之前坪山、鼓山、珍珠半岛区块 78 家工业企业全面完成截污纳管，尤其是千岛湖啤酒有限公司日均 3000~4000 吨的废水排放量将逐步纳入坪山污水厂集中处理。为此，坪山污水厂扩建是势在必行的。

据悉，坪山污水处理厂扩建规模为 2 万吨 / 日，概算投资 8126.71 万元，厂区扩建总用地面积 16824.6 平方米（约 25.24 亩），总建筑面积 6238.8 平方米。主要建设内容为土建、设备安装、室外配套设施及景观工程等。截至 2016 年 5 月，该工程打桩施工已基本完成，进水调节池、提升泵房底板混泥土和脱泥机房、新建变配电所基础混泥土浇捣已完成；V 形滤池、细格栅、旋流沉砂池、反冲洗废水池、反冲洗机房、浓缩池、生物池等工作面基础陆续开始施工，已完成项目形象进度 30%。

自来水消毒系统除隐患　次氯酸钠消毒系统投入试运行

坪山水厂设备更新改造于 2016 年 1 月 12 日正式进场施工，3 月 11 日完工，总投资约 31 万元。3 月 14 日，坪山水厂的次氯酸钠消毒系统正式投入试运行。2016 年，建设集团将次氯酸钠投加系统列入重点技改项目，先在坪山水厂开展试点，用次氯酸钠替代传统的液氯消毒。次氯酸钠消毒系统主要是通过水解形成次氯酸，次氯酸呈电中性特点，易接近带负电的菌体，并透过细胞壁进入菌体，次氯酸进一步分解形成新生态氧，极强氧化性破坏细菌的酶系统而使细菌死亡，从而达到消毒的效果，消毒反应快。投加次氯酸钠后的出厂水余氯符合《生活应用水卫生标准》（GB 5749-2006）和更高的内控标准要求。从试运行的情况看，自来水的口感和 pH 值有所改善。次氯酸钠消毒系统的投入使用，告别了长期以来居民饮用水出厂水靠氯气消毒的传统方式，彻底消除了氯气泄漏等安全隐患，对水厂的安全生产具有重大意义。

据了解，2016 年建设集团还启动污水厂深化提标改造工程，总投资约 3000 万元，2016 年原计划投资 500 万元，主要对南山、城西污水处理厂工艺管道和设备进行改造，同时对南山、城西、坪山污水处理厂深化提标改造，致力于打造污水处理千岛湖地方标准。

资料来源：洪彩霞、王莺：《十余个"五水共治"项目造福民生》，《钱江晚报》2016 年 5 月 6 日，第 G0004 版。

 经验借鉴

千岛湖是国家长三角地域战略水源保护地，是浙江母亲河钱塘江、富春江、新安江的源头，也是大杭州生活供水水源地，保护千岛湖是淳安人义不容辞的责任。为了保障"五水共治"工作顺利推进，近年来，千岛湖建设集团不断优化城市水务，全力推进城市水务设施配套建设，城市水务设施项目有了巨大的进展。千岛湖建设集团十余个造福民生的"五水共治"项目中值得借鉴的经验主要有以下几条：①升级扩建自来水厂，提升日供水规模及水质。随着千岛湖周边的建设力度加大和房产项目的开发建成，用水量必将出现暴增期。因此，实施千岛湖自来水厂扩建工程是现实需要，也是经济社会发展的必然需求。②对污水处理厂大扩容。在原有的污水处理厂日趋饱和，同时新增众多企业需要纳管处理的现状下，进一步增加污水处理设施，扩建污水厂势在必行。③建立更加安全的自来水消毒系统。例如，千岛湖建设集团将次氯酸钠投加系统列入重点技改项目，在坪山水厂开展试点，用次氯酸钠替代传统的液氯，彻底消除了氯气泄漏等安全隐患，对水厂的安全生产具有重大意义。④对污水处理厂深化提标改造，打造污水处理千岛湖地方标准。千岛湖加大对污水处理厂工艺管道和设备的深化改造，以降低污水排放量，满足更高的污水处理标准。总的来说，千岛湖建设集团在近几年来不断推进"五水共治"落实进程，对城区截污纳管全面深入实施，在更多工业企业排放废水实现纳管的基础上，进一步推进升级扩建自来水厂，扩建污水处理厂，升级改造设备等项目的实施，使得千岛湖地区的供水质量和供水安全得到了充分的保障，为民生做出了巨大的贡献。这一系列举措值得更多的水源地区学习借鉴，以实现当地生产生活的绿色可持续发展。

六、湖州开发区：布局环保制造　引领绿色升级

 案例梗概

1. 微宏动力系统（湖州）有限公司积极策划和布局锂离子电池的绿色循环利用。

2. 浙江格尔泰斯有限公司将环保技术运用于有大量粉尘污染的领域，为企业除尘降污。

3. 日日清生物科技有限公司生产全国首台餐厨垃圾微生物处理机，解决二次污染问题。

4. 久盛电气股份有限公司实施节能改造项目，采用轧制工艺替代原先的冷拔工艺。

5. 浙江欧美环境工程有限公司为电镀企业量身定做超滤组件，使排放的污水循环利用。

6. 湖州上辐电线电缆有限公司配备独立实验室测量产品重金属，使产品达到环境要求。

关键词：绿色集聚；绿色循环利用；绿色制造；节能改造；环保标准

 案例全文

青山含笑，绿水长流，总面积135.68平方公里的土地上，湖州经济技术开发区（以下简称"湖州开发区"）绿色经济发展方兴未艾。企业发展更加绿

色，项目技改接踵而至，绿色工厂不断涌现，循环经济成为主角，绿色园区加快培育；生态环境更加美颜。PM2.5浓度下降幅度居全市第一，全区高污染燃料小锅炉全部完成淘汰，成为浙江省内首个实现高污染燃料小锅炉禁燃区的国家级开发区；区域布局更加生态。重点控制高能耗、高污染项目进入园区，加大新能源、生物医药、电子信息等主导产业项目的引进，同时利用"四破"淘汰低小散企业，能源结构进一步优化，能评改革加力推进……伴随满眼绿色，湖州开发区产业结构优化、经济转型加快、可持续发展能力增强。"绿水青山就是金山银山，开发区将坚持绿色发展引领转型升级，实现全区经济又好又快发展。"湖州开发区管委会相关负责人说。

产业呈现绿色集聚

微宏动力系统（湖州）有限公司总投资超过50亿元的年产11GWh锂离子动力电池及系统数字化车间项目正在建设中，该项目以高安全、快充、长寿命车用动力电池"智能化生产线""数字化车间"为目标，建成后有望在3年内助企业突破百亿元销售额。企业分管市场的副总裁宋寒说："实现锂离子电池的绿色循环利用是我们追求的目标，企业为此正在做积极的策划和布局。"微宏动力是湖州开发区高新技术企业的代表，也是开发区三大主导产业的领军企业。一直以来，湖州开发区将发展绿色制造作为区域的重中之重，重点发展新能源及新能源汽车、生物医药、电子信息三大产业为主体的绿色制造产业，从招商引资、政策支持、用地指标等方面对绿色制造予以倾斜。

为大力发展绿色制造，湖州开发区不遗余力地建设绿色制造园区，吸引更多的绿色制造企业入驻。2018年，南太湖生物医药产业园迎来一批生物医药企业，其中有美欣达大健康管理有限公司、海王集团生物医药产业园等大项目。南太湖生物医药产业园是当时浙江省内唯一专注发展生物医药的产业平台，产业园从招商之初就实施严格的项目准入，严格禁止医药化工、化学药中间体、化学原料药等化药项目入驻，经过多年的建设，截至2018年5月已初步建成生态化、园林式、专业型的生物医药研发制造平台。

据悉，湖州开发区还围绕新能源汽车与生物医药产业，着手规划湖州智能电动汽车小镇、康山电子产业园、南太湖创意产业园等，为绿色制造打造新平台。"湖州开发区将以安全环保为底线，以绿色科技创新为支撑，把相关产业打造成为具有特色鲜明、链条完整、行业领先的新型绿色产业基地。"湖州开发区发改经贸局相关负责人说。同时，湖州开发区制定标准，激励和倒逼企业向绿色制造转型。2018年上半年，湖州开发区根据企业亩产税收、单位工业增加值能耗等指标制定了一张企业成绩单，按照企业7大指标排定序位，科学制订"湖州经济技术开发区有序用电方案"，重点鼓励高新技术、产出高的企业用电，重点限制高耗能行业以及能耗高税收贡献低的企业用电，将有序用电方案发放到企业，对区内企业规范能源管理、转型升级形成倒逼机制。

企业释放绿色能量

2018年，湖州开发区有两家环保企业成绩喜人：浙江格尔泰斯环保特材科技股份有限公司的"垃圾焚烧烟气处理过滤袋和高模量含氟纤维制备关键技术"获得国家科学技术进步二等奖，该技术运用于燃煤发电、垃圾焚烧、水泥、冶金等排放的烟气含有大量粉尘的工业生产领域，为企业除尘和催化分解气态二噁英；湖州市日日清生物科技有限公司诞生了全国首台餐厨垃圾微生物处理机，实现餐厨垃圾95%成为气体排放出来，5%成为有机肥料，解决了以往处理在运输、降解过程中产生二次污染的问题。格尔泰斯和日日清是湖州开发区众多节能环保企业中的两家。2018年一季度，湖州开发区节能环保产业实现主营收入7.4亿元，同比增长40.5%。

在久盛电气股份有限公司，轧制工艺正在替代原先的冷拔工艺，为企业减少了20多道工序，节省60%的能耗。这只是企业2017年节能改造项目中的一个，2017年企业在保温材料、炉子改造等节能改造项目上共投入800万元，极大节省了能耗。除了节能外，企业在产品环保上也不遗余力。据悉，2018年建筑行业使用的电线绝缘和护层大量使用聚氯乙烯材料，在制造、燃烧、使用及废气处理时会产生大量的二噁英、铅、烟雾等公害，久盛电气的矿物绝缘电线电缆燃烧时烟密度低且不含卤素，可以提高建筑用线的防火、耐火等级，不会产生污染。"我们用一块超滤膜，救活了100多家电镀企业。"浙江欧美环境工程有限公司副总何斌曾半开玩笑地说道。为什么这么说？原来，国内一家电镀城内的百余家电镀企业因为限排而难以为继，按照最新颁布的《电镀污染物排放标准》，电镀企业水和大气污染物的排放有限值。欧美环境为电镀企业量身定做了超滤组件，使企业排放的污水循环利用，解决了环保"瓶颈"。"这样一来，企业不用偷排，经济效益也上去了，污水也得到了净化，一举三得。"何斌说。

2018 年初，湖州上辐电线电缆高技术有限公司接到了日本家装光伏行业一家前三强企业的订单，铺设当地 360 公里的光伏电缆。"日本对于光伏电缆的环保要求很高，这也促使我们不断提升环保标准。"企业技术质量部门经理张会强说，上辐电线电缆是国内第一批拿到欧盟市场准入证的企业，企业专门配备独立实验室测量产品重金属，以使产品达到欧盟的环境要求。

环境绘出绿色新景

晚饭过后，湖州开发区康山街道沙家浜村村民吕发英在家附近的河边散步，看着清澈的河水、整洁的绿化，她不由地停下了脚步，驻足欣赏。"只要天气好，我都会出来走走，风景太好了。"她说，这两年区里花大力气治理河道，河道变成了景观河，村民们都为治水点赞。吕发英家门口的妙西港沙家浜段，是湖州开发区 125 条"生态样板河"中的一条。近年来，湖州开发区对照"岸美、水清、有鱼、无臭味"标准，重新打造全区所有河道，通过种植绿化、修筑护岸、截污纳管、河道管护等办法，实现了全区河道换新颜。截至 2018 年 5 月，辖区内 125 条河道全部建成"生态样板河"。

2017 年以来，湖州开发区天蓝气清取得了显著成绩。2017 年区域 PM2.5 浓度为 40 微克 / 立方米，同比下降 17%，下降幅度居市区第一；空气质量优良率 74.4%，居市区第一。同时，全区高污染燃料小锅炉全部完成淘汰，成为浙江省内首个实现高污染燃料小锅炉禁燃区的国家级开发区。同时，阶段性剿灭"劣 V 类"水体，Ⅲ类水河道占比从 2014 年的不到 30% 提升到了 70%；城西大桥、铁路桥等 6 个国、省、市控断面全部符合功能区考核要求。2017 年以来，湖州开发区围绕 PM2.5 浓度持续下降，空气优良率、污染治理能力等"一降三提"目标，推进大气污染防治工作。开发区共有 42 家企业安装了装机容量为 56.31 兆瓦的屋顶光伏，总投资 4.5 亿元，年均发电量约 3750 万 kWh，年可节能折合标煤约 1.1 万吨；长兴华能电厂总投资 7000 万元的向开发区杨家埠工业园区域和生物医药产业园区域集中供热项目正在加快建设，建成后年供气量可达 56.94 万吨。

资料来源：佚名：《湖州开发区：绿色发展引领转型升级》，《湖州日报》

2018 年 5 月 22 日，T07 版。

 经验借鉴

　　近年来，在国家政策的大力支持和引导下，湖州经济技术开发区积极构建企业绿色发展平台，打造绿色产业集聚优势，园区内的企业发展更加绿色，区域布局更加生态，园区环境更加优美。全区高污染燃料小锅炉全部完成淘汰，成为浙江省内首个实现高污染燃料小锅炉禁燃区的国家级开发区，也成为产业结构优化、经济转型加快、可持续发展能力增强的典范。湖州经开区企业的绿色发展经验可以概括如下：①智能化绿色制造。微宏动力系统（湖州）有限公司投入大量资金建设年产 11GWh 的锂离子动力电池及系统数字化车间项目，该项目以高安全、快充、长寿命车用动力电池"智能化生产线""数字化车间"为目标，建成后有望在 3 年内助企业突破百亿元销售额。②科技资金投入大。2007 年，久盛电气股份有限公司在保温材料、炉子改造等节能改造项目上共投入 800 万元，为企业极大节省了能耗。微宏动力在锂离子动力电池及系统数字化车间项目上总投资超过 50 亿元。③自主研发，技术创新。浙江格尔泰斯环保特材科技股份有限公司的"垃圾焚烧烟气处理过滤袋和高模量含氟纤维制备关键技术"获得国家科学技术进步二等奖，该技术运用于燃煤发电、垃圾焚烧、水泥、冶金等排放的烟气含有大量粉尘的工业生产领域，有效降低了企业污染。④发展绿色循环经济。微宏动力系统（湖州）有限公司以实现锂离子电池的绿色循环利用为企业追求的目标，并为此正在做积极的策划和布局。浙江欧美环境工程有限公司为电镀企业量身定做超滤组件，使企业排放的污水循环利用，解决环保瓶颈。⑤走向国际市场，提高绿色标准。例如，湖州上辐电线电缆高技术有限公司接到日本的客户订单，而日本对于光伏电缆的环保要求很高，促使自己不断提升环保标准。上辐电线电缆是国内第一批拿到欧盟市场准入证的企业，企业专门配备独立实验室测量产品重金属，以使产品达到欧盟的环境要求。湖州经开区企业的绿色探索充分说明，立足当下，着眼长远，开展清洁生产和绿色管理是企业未来可持续发展的必然选择。

七、宁波电镀：着眼全过程控污　开展全周期治理

 案例梗概

1. 宁波鄞州区电镀园区企业实施全过程控污，从根本上解决电镀业的废水废气污染问题。
2. 园区优化管理，实现最严格排放标准，封闭生产线，废水分质处理，监测重金属。
3. 镇海创业电镀改造车间，安装废水排污架空管网，杜绝污染源，增加绿化用地。
4. 镇海创业电镀淘汰 9 个质量差、档次低的车间，提高企业清洁生产水平。
5. 庆泰镀业铺设废气收集管道，设置废水导流槽，整个车间实施全封闭管理。
6. 庆泰镀业深度整治环境污染，改善车间环境，建设 8 条电镀生产线，增加产值。

关键词：清洁生产；深度整治；最严格排放标准；全面优化管理；全过程控污

 案例全文

在浙江省宁波市鄞州区电镀园区 A 区的庆泰镀业产线车间，身着整洁的工作服，在干净整洁的自动化电镀流水线上来回查看，这是工作 10 多年的陈师傅过去想都不敢想的，如今他再也不用穿着专用防腐蚀工作鞋、戴着双重口罩工作了。庆泰镀业的变化是鄞州电镀园区的一个缩影。2016 年 5 月，宁波市环保局制定了《宁波市电镀行业环境污染深度治理方案》，计划用 3 年时间对全市电镀行业 184 家企业开展深度治理，预计投入治理资金 35 亿元。一年多来，治理完成后的 36 家电镀企业实现了用水量节约 1/3，排污量减少 1/3，生产效率提高 1/3。其余 148 家企业也正在开展治理，其中 46 家企业实行异地搬迁改造。

末端治理效果有限　全程才能有效控污

工艺全自动、设施全封闭、设备全架空、废水全分流、效益全提高、管理全加强。电镀是汽车、机械、电子等行业不可或缺的基础工艺和中间工序，

电镀行业为宁波制造业发展做出了积极贡献。然而，企业粗放式发展带来的能耗高、污染大问题，对周边环境造成严重影响。宁波市此前曾开展过好几轮电镀行业整治，但都是着眼于末端治理，效果有限。"要从根本上解决电镀业的废水废气污染问题，就要从源头出发，全过程治理。"宁波市生态环境局副局长郑玉芳表示，全过程治理的标准是工艺全自动、设施全封闭、设备全架空、废水全分流、效益全提高、管理全加强。其中，工艺全自动为通过技术创新，淘汰园区内半自动和手动电镀生产线，采用全自动生产线。设施全封闭为园区内所有企业的厂房实行统一化设计，实现了生产线全封闭。设备全架空为新建企业的生产线位于2楼及以上，原有企业的生产线不能布置在2楼的，须架空50厘米以上。废水全分流为企业要根据不同的镀种，对生产线上产生的含铜、镍、铬、氰化物等废水采取分质分流收集处理。同时，企业要在生产线顶部及侧面安装吸风装置，提高废气收集率和处理率；在地面设置废水导流槽，便于企业及时发现、维修破损的涉水管线，并将渗漏废水引入废水处理系统。

鄞州区电镀集聚区监管办主任戚章华介绍说，几年前，鄞州区电镀集聚区开始进行电镀园区整治提升工程，成为浙江省最早启动也是最早基本完成整治的地区。截至2018年，园区内企业统一新建的4层楼房中，一楼为物流仓库；二楼、三楼为电镀车间，生产设备进行架空设置；四楼设置了废气处理装置及办公辅助用房。截至2017年6月，园区内原来的51家企业关停改造为现在的23家，其中电镀园区企业17家，园区占地面积由523亩缩减至97亩，电镀线从900多条减少至145条，生产废水排放量减少了一半以上。

全面优化生产管理　实现最严格排放标准

企业生产线封闭，废水实现分质处理，并监测重金属。郑玉芳介绍说，电镀园区提升生产工艺装备和清洁生产水平后，废水处理也要加强，污水管网要采用明管架空的方式接入污水处理站，并配套建设先进的污水处理设施，确保污染物稳定达标排放。同时对废水采用离子交换等多种深度处理工艺，提高中水回用率。最终，废水、废气排放要达到《电镀污染物排放标准》（GB 21900-2008）中表3和表5的最严要求，固体废物要得到安全处置。

"为达到表3排放标准，鄞州电镀园新区已经实现了不同生产废水的分质分流处理。"戚章华介绍说，17家企业根据不同的重金属电镀作业分为A、B、C三个区，针对废水不同的水质，由企业出资建设了三个污水处理站并安装重金属等污染因子的在线监测设备。同时，废气在企业车间内通过管道直接被送至厂房屋顶，由废气喷淋设施处理。在庆泰镀业二楼生产线车间内，车间两头的大门全自动控制，一关上，整个车间就变成全封闭状态；车间的上方布满了废气收集管道，下方则设置了废水导流槽。生产时，整个车间全封闭，电镀废气一出来就被吸收处理。宁波镇海创业电镀有限公司也是如此。改造后的车间内，电镀生产线都改放在二楼或三楼，车间排放的废水实行架空管网布置，治理设施根据《电镀污染物排放标准》（GB 21900-2008）表5排放标准进行设计安装，运营效果理想。"现在车间生产设备设施上楼了，车间电镀废水排污管网架空用泵提升了，较好杜绝了电镀的污染源。同时，各车间厂房面积扩大，有条件把生产车间、原辅材料仓库、员工生活设施相对分隔，原有车间前后的排污管网用地改为绿化用地，环境状况明显改观。"镇海创业电镀有限公司责任人徐岳芳表示。他认为，借电镀行业深度环境污染整治的东风，企业也可以优化管理，制定生产、生活和污染治理行为规范，将环保、安全生产压实压紧到每个车间、每个从业人员。

改善车间舍得花钱　深度整治效益显著

产品品质提升，产值增加，企业订单量供不应求。以前，庆泰镀业的一条电镀生产线需要二三十名工人，现在整条全自动化生产线由6名工作人员负责，现场干净整洁。公司负责人介绍说，进行环境污染深度治理后，整个车间的工作环境得到了全面改善。此次深度治理共投资2300多万元，建设了8条电镀生产线。其中，半导体芯片作业的生产线就投资了760万元。这位负责人表示，虽然投入不小，但据他估算，深度治理后一年的电镀加工产值可以达到6000多万元，比治理前提高了一倍。鄞州区电镀行业协会理事长周园辉也表示，生产线提升后，产品品质大幅提升，很多企业订单量供不应求。据了解，镇海创业电镀公司从2015年初开始逐步整治提升以来，淘汰了9个质量差、档次低的车间，并扩大了高端客户的加工业务，公司2017年营业收入较2016年增长了20%。"目前公司70%以上的车间已经基本完成整治任务，随着企业清洁生产水平不断提高，市场竞争力正在逐渐加强，企业发展也更为迅速。"徐岳芳说。

　　资料来源：王璐：《环境好了　产值增了　企业乐了宁波电镀园区着眼全过程控制，从生产线设计到末端进行深度治理》，《中国环境报》2018年1月9日，第7版。

经验借鉴

　　庆泰镀业是浙江省宁波市鄞州区电镀园区A区的一家企业，2016年5月原宁波市环保局制定了《宁波市电镀行业环境污染深度治理方案》，庆泰镀业积极响应环境污染治理方案，进行企业绿色治理。近年来，庆泰镀业的变化就是鄞州电镀园区的一个缩影。宁波电镀园区绿色发展的主要经验有如下几条：①实现全过程的有效控污。庆泰镀业实现了工艺全自动、设施全封闭、设备全架空、废水全分流、效益全提高、管理全加强这六项技术，在污染控制上取得成效。通过对生产线的全过程控污，宁波市鄞州区电镀园区的生产废水排放量减少了一半以上。②制定最严格排放标准，做到全面优化管理。企业将环保、安全生产压实压紧到每个车间、每个从业人员。生产产生的废水、废气排放要达到《电镀污染物排放标准》最严要求。固体废物要得到安全处置。严格的排放标准使得园区内的环境状况明显得到改善。③企业花钱深度整治生产线。质量差、档次低的生产车间被停用，企业投资打造全自动化绿色生产流水线，不仅降低了人工成本并且提高生产线产能，部分加工产量能达到一倍的增长。提高了产品市场竞争力，推动企业发展。庆泰镀业的绿色生产治理经验告诉我们，对于生产线的改良能帮助企业获得社会效益以及经济效益。绿色生产是新时代企业义不容辞的责任，也是企业未来发展的重要方向。

八、燕京仙都：清洁生产　清纯"燕京"

案例梗概

　　1. 燕京仙都公司实施大投入、大技改项目，进行技术革命，全面实施清洁生产。

2. 把环境保护、节约能源和加强循环经济建设作为企业重中之重，保护与技改同步。

3. 着重从新工艺、新材料、新技术、新设备等方面转型升级，确保啤酒产品质量。

4. 以清洁生产提高自身的品牌知名度和市场影响力，稳固周边市场，向杭州、宁波、温州拓展。

5. 加强各项能耗指标监控，保持产销量与成本的合理比例，确保企业良性循环。

6. 通过技改安装密闭式冷凝水回收装置，蒸汽冷凝水和车间蒸汽水都得到回收利用。

7. 重新回收啤酒生产中形成的废渣、废料、废物等，变废为宝，创造清洁生产环境。

关键词：清洁生产；循环经济；技术改造；转型升级；回收再利用

 案例全文

2007 年 6 月 19 日，浙江省党代会代表、燕京啤酒（浙江仙都）有限公司（以下简称"燕京仙都公司"）总经理朱仕华赴杭州参加党代会之际透露：生产车间所有的蒸汽冷却水已经实现全部回收利用；所有的啤酒生产下脚料都变废为宝。仅这两项为企业创利 500 万元。作为连续两届省党代会代表，朱仕华深感责任重大，为参加本届党代会，他特地准备了一份详细的材料。正是这份材料有力地说明了燕京仙都公司在实施清洁生产过程中取得了显著成绩。

近年来，燕京仙都公司以前所未有的大投入、大发展，率先全面实施清洁生产，迅速有效地走出了一条节能高效、循环利用的新型工业化发展之路，实现企业又好又快发展。瞄准清洁生产不动摇。"实施清洁生产，这对我们企业来说，一点都不陌生。"朱仕华说。早在 20 世纪末，世界银行专项贷款 500万元人民币签约之时，世界银行一位专家就明确地向公司提出尽快实施清洁生产，确保企业可持续发展。从那一刻起，清洁生产的发展理念就在公司生根。

认定清洁生产　实施技改项目

燕京仙都公司连年实施了大投入、大技改项目，认定清洁生产这一目标不动摇。在宏观与微观层面，从里到外进行了一番全新的技术革命。把环境保护、节约能源和加强循环经济建设作为企业的重中之重，逐步形成环境保护与连年进行的技术改造同步，与企业科技进步同步，与发展循环经济同步，从而达到了经济、社会和环境效益的协调发展。朱仕华形象地比喻说，现在，除了"啤酒"以外，全面实现了"旧酒"装"新瓶"的全新包装打造过程。而在这一过程中，这"酒"也更鲜、更清纯了。公司着重从新工艺、新材料、新技术、新设备等方面入手，在灌装、发酵等生产工艺控制上，引进德国先进的自动控制系统，实现了啤酒生产过程有效的计算机管理与控制，有效地解决了手工操作给工艺带来的误差，保证和促进了工艺稳定性。在啤酒灌装过程中，空瓶自动检测系统、灌装液位自动控制系统、商标自动检测系统、CIP自动清洗系统的应用，在保证啤酒生物稳定性的同时也保证了啤酒的新鲜、爽口、清纯风味稳定性。据统计，平均每年技改投入达500万元，而企业获得的回报率大大地超过了预期。

2006年，公司以高分获得了丽水市首批清洁生产企业认证证书，并率先获得了"绿色企业"称号。正是在清洁生产的推动下，燕京啤酒进一步提高自身的品牌知名度和市场影响力，不仅有效地稳固了丽水、金华市场，而且已逐步向杭甬温拓展。节能降耗减排一项不能少。在清洁生产的思路指导下，企业生产的节能、降耗等指标逐项发生了显著的变化，取得了明显的成效。在废水处理工程上，公司通过引进国外先进的液氧处理专利技术，确保了处理后的中水达标排放。

鼓励科技创新　超越国际标准

据统计，到2007年，公司吨酒耗水已由2002年9吨下降到2017年5月的5.04吨，而国际吨酒耗水领先标准是8吨。吨酒耗电已由2002年76千瓦时下降到57千瓦时，吨酒耗煤已由2002年90.12吨下降到65.17吨，水、电、煤三大指标下降幅度达到30％以上。特别是2007年以来，在啤酒原材料每吨平均涨幅达1000元以上的情况下，公司进一步加强各项能耗指标监控与控制，较好地保持了产销量与成本的合理比例，确保企业良性循环，实现快速稳步增长。公司还积极鼓励企业科技人员和员工一起进行小发明、小革新竞赛活动，已连续三年实行在节能、降耗和减排方面的创新、技改等奖励制度，凡是车间员工提出并革新发明项目取得增效的部分，公司将新增效益给予所在车间、部门作为奖励。职能部门提出实施的革新技改项目，各100％车间、部门配合默契、取得了成效后给予奖励40%。这样，极大地调动与激发了广大员工的积极性和创造性。截至2007年5月，通过技改安装的密闭式冷凝水回收装置，已实现了蒸汽冷凝水回收利用，不仅如此，凡是车间生产过程中的所有蒸汽水都得到了回收利用。经处理后的水主要用于公司绿化用水、厕所和马路冲洗用水等。而在啤酒生产中形成的废渣、废料、废物等都重新回收，变废为宝，为企业清洁生产创造了有利环境和条件。

公司领导重视　全员上下参与

公司全员讲卫生，清洁环境不放松。原来身处高温下作业的锅炉工，整天汗流满身，劳动强度最高。如今，只需坐在空调室内，看看指标表、按一按电钮就行了。但是，除了以上"清闲"的工作外，每天还必须把整个锅炉车间用拖把清洗干净，一尘不染，否则将受到严厉的处罚。"各个生产车间都必须如此，每天都要'清场'，这已成为全体员工的一项基本功。"公司员工田仕明介绍说，啤酒生产环境要求非常严格。尽管改进了生产设备和提升了工艺水平，但更重要的是要操作到位。由于个人的某些不良卫生习惯，往往影响到现场环境，由此就会发生生产环境重新被污染的可能。因此，操作人员必须明白卫生工作的重要性，严格按照卫生工作标准进行操作。几年来，公司在开展的一系列培训工作中，着重加强了新员工卫生课程辅导，培养员工长期保持良好的卫生观念和习惯。公司领导十分注重细节，落实到位到人。他们发现原来不少生产车间搞清洁卫生只图"一冲了之"，用自来水塑料管一接，整个车间就冲得一干二净了。但是，这一做法实际上又违反了清洁生产的本意，水本身也是一种宝贵的稀缺能源，同样应该节约。对此，不少员工也提出了合理化建议，禁止冲水这一做法。公司因势利导，把各车间的自来水塑料管全部收缴，取而代之的是发拖把，员工必须按照要求把地拖干净。

打造绿色品牌，倡导绿色消费将成为未来主导。多年来，燕京仙都公司开拓"新鲜而清纯"的绿色品牌效应早已得到了市场的认可。面对未来，朱仕华认为，为啤酒消费者提供更多的生态、健康的体验，满足消费者绿色消费的愿望，是永远的追求。

资料来源：宋挺：《清洁生产：让"燕京"更清纯》，《丽水日报》2007年6月12日，第1版。

经验借鉴

　　企业发展需要做到绿色环保早已成为一个共识，但是绿色环保一定不只是对外而言的，企业的厂区、内部设施环境等也必须要做到绿色清洁。本案例能够为企业内部绿色经营提供几点经验：①以绿色生产为重。燕京仙都公司连年实施了大投入、大技改项目，认定清洁生产这一目标不动摇。在宏观与微观层面，从里到外进行了一番全新的技术革命。把环境保护、节约能源和加强循环经济建设作为企业的重中之重，逐步形成环境保护与连年进行的技术改造同步，与企业科技进步同步，与发展循环经济同步，从而达到了经济、社会和环境效益的协调发展。②着重从新工艺、新材料、新技术、新设备等方面转型升级。燕京仙都引进德国先进的自动控制系统，实现了啤酒生产过程有效的计算机管理与控制，有效地解决了手工操作给工艺带来的误差，保证和促进了工艺稳定性。内部绿色清洁一定不是基于原有传统设备而发展的，一定要下定决心做出改革。③发挥绿色品牌效应。公司应该保持产销量与成本的合理比例，确保企业良性循环，实现快速稳步增长。改革升级需要成本，因此，转型的同时一定不能与销售脱钩。在保证一定销售量的前提下，打造绿色品牌，倡导绿色消费成为未来主导。为消费者提供更多的生态、健康的体验，满足消费者绿色消费的愿望，是永远的追求。企业应持续转型升级，才能在浪潮中保有竞争力。

九、浙江中烟：建设"智能工厂" 扛起"绿色担当"

 案例梗概

1. 杭州卷烟厂实施国内第一个烟草行业绿色工房三星级项目，推动绿色工房全面发展。

2. 开展节约能源类质量改进项目，倡导废件翻新，污染物排放控制，推进绿色环保。

3. 改善能源结构，完成易地技改搬迁，不断升级改造，全部采用天然气作为动力能源。

4. 自建污水处理站投入使用，将化学需氧量 COD 排放浓度控制在 20 毫克 / 升以内。

5. 探索合法合规的减排措施，研究切实可行的综合利用方法，努力降低污水排放总量。

6. 宁波卷烟厂依托智能工厂建设，探索设备管理与大数据等信息技术的深度融合。

7. 开展能源管理体系建设，推进企业节能信息化建设，建立能源信息系统监控网络。

8. 加强智慧动力建设，注重节能计量和统计，建立能源管理分析机制等，成效显著。

关键词：绿色工房；节能减排；智慧工厂；管理节能；智能生产

 案例全文

"上有天堂，下有苏杭"。在许多人内心深处，都有一个挥之不去的"江南情结"，即便不曾到过实地，但想象中一定有淙淙的小桥流水，以及油纸伞下的烟雨蒙蒙。然而，越是景色宜人的地方，生态保护的难度就越高，当地居民保护生态的意识也就越强烈。浙江中烟工业有限责任公司（以下简称"浙江中烟"）作为当地的卷烟制造企业，在发展的洪流中，仍不忘自身的社会责任，着力打造"智能工厂"，扛起"绿色担当"。

"绿色工房"登上新台阶

时光回溯到 2005 年，当时烟草行业整体处于高速增长期，新技术、新工艺、新设备、新材料层出不穷，培育出一批高技术含量、高加工水平、高市场占有率的名优品牌。高质量、高水平的技术改造，造就出一批技术先进、设备精良、产品升级、环境优美、效益突出的现代化卷烟工业企业。当时的浙江中烟杭州卷烟厂尽管处在行业发展前列，但由于企业主体部分位于西湖风景保护区外围和南宋遗址边缘，随着形势发展变化，无论从加工技术、品牌发展还是从市场竞争来看，易地技改都显得十分必要。

2007 年，烟草行业在国内工业领域最先尝试引入"绿色建筑"标准，"绿色工房"发展理念应运而生，并在行业深入践行。杭州卷烟厂抓住这个契机，推进实施国内第一个烟草行业绿色工房三星级项目。并为深化绿色工房关键技术的开发和应用、《烟草行业绿色工房评价标准》编制，以及推动绿色工房的全面发展做出了开拓性的贡献。2007 年 8 月 13 日，国家出台《关于烟草行业加强节能减排工作的实施意见》，提出了"到 2010 年，行业万元产值能耗比 2005 年降低 20%，达到 43.9 千克标准煤"的目标，行业节能减排工作全面启动。如果按照二星级标准，可以比原来降低能耗 65% 左右，而三星级在二星基础上能再降低 10% ~ 15%，建设标准越高，节能减排的成效就越大。杭州卷烟厂在新厂设计之初就调高了标准和要求，为今后发展注入了"绿色基因"。新厂项目先后采用了 70 多项节能、环保技术及措施。其中在自然光引入技术、制丝车间粉尘控制、卷包车间噪声控制等方面进行了有益尝试。杭州卷烟厂绿色工房建设受到了行业内的普遍关注，该项目还获得住房和城乡建设部批准，列入了 2009 年度国家绿色建筑与低能耗建筑"双百"示范工程。

2011 年第 14 期《中国烟草》专题报道了行业多个绿色工房项目，杭州卷烟厂的各项节能措施与效益也充分展现在读者面前。而杭州卷烟厂一直立足节能降耗，低碳发展，积极推进科技创新活动，丝毫没有停歇他们探索的步伐。2016~2018 年，杭州卷烟厂共开展节约能源类质量改进项目 26 项，节约原辅材料消耗类项目 55 项，同时倡导废弃备件翻新，污染物排放控制，以达到低碳低耗、绿色环保的目的。原西湖区环保局对杭州卷烟厂新厂有过这样的评价："提起杭州卷烟厂，很多人会认为这是一个'轰隆隆'，高污染、高噪声的传统工厂，但从实际运行情况来看，让人感觉'丝毫没有传统工厂的痕迹'，而是一个现代化工业样板间，在度假区有这么一个工厂，也是一道风景线，我们把杭州卷烟厂纳入西湖区的整体规划，杭州卷烟厂也积极履行社会责任，将自身建设与环境建设融为一体。"

"高质量发展"催生新意识

"不积跬步无以至千里，不积小流无以成江海"。正是对生产生活中一点一滴的关注和提升，才让杭州卷烟厂丝毫不觉突兀地嵌入了西湖景区。"我们的新厂处在之江国家旅游度假区，旁边是主打舒适宜居的养老院和主打生态的云栖小镇……这样的区位直接决定了我们对环境的要求丝毫马虎不得。"杭州卷烟厂安全管理科环境管理员朱启帆谈道。这些点滴是有迹可循的，比如能源结构的变化，2011 年以前，杭州卷烟厂的燃烧能源全部为柴油，2011 年完成易地技改搬迁之后，采用油气两用的燃烧方式，而从 2018 年起，杭州卷烟厂再次升级，全部采用天然气作为动力能源。城因水而活，西湖景区更是杭州具有灵性的点睛之笔，杭州卷烟厂在污水的排放标准上也做足了文章。2011年完成易地技改搬迁之后，杭州卷烟厂自建污水处理站投入使用，连续几年化学需氧量COD排放浓度控制在30毫克/升以内，2018年控制在20毫克/升以内，远低于国家标准规定的500毫克/升的排放限值。

本着对社会负责、对企业负责的态度，心怀对钱塘江水源地保护的使命感，杭州卷烟厂并不满足这样的成绩，他们自我加压，积极探索合法合规的减排措施，研究切实可行的综合利用方法，开源节流、多措并举，努力降低污水排放总量，力争将化学需氧量COD单箱排放量从2.5克降低到0.5克。杭州卷烟厂动力车间能源管理员王荣文将这些年的变化仔细梳理了一下，认为取得如今的成绩原因主要有四个：发现意识、创新意识、责任意识和参与意识，这些都是随着时间的推移而逐渐加强的。"可以说这些年车间的工作生活改变了我，抽丝剥茧不难看到，这些变化的背后是制度规范、宣传熏陶以及老师傅们以身作则的行为等"。

对于节能降耗，杭州卷烟厂倡导"八仙过海，各显其能"，比如在生产环节，截至2018年，进口超高速设备M8-H/S1000生产线的整体运行效率为88%，达到了85%的预期目标，并于2018年9月达到了92.08%的历史新高。这是杭州卷烟厂以问题为导向，基于"精益六西格玛"管理发展理念提升超高速生产线运行效率的显著成果。有人着眼"效率提升"，还有人关注"节能降耗"，比如卷包烟丝损耗模型运用以来，对企业卷包烟丝损耗控制起到了显著的效果，预计2019年单箱卷烟的烟叶单耗可以继续降低1.5千克左右，如果以"利群（新版）"的烟叶价格为准计算，年产100万箱可直接节约资金近2亿元。杭州卷烟厂工程装备科能源管理员俞晓春坦言，"如今节能降耗增效工作已经形成了全员参与的局面，新员工研究新技术，老师傅贡献好经验，大家如今拧成一股绳，都向着一个目标去努力。比如主动学习新技术，主动交流心得体会，厂里也组织了节能宣传周、节能流动红旗、节能小能手等多种活动，让全员参与的氛围更加浓郁。就拿安装在工厂各个角落的空调系统来说，在空调办公辅助用房差异化精准供能标准实施以后，杭州卷烟厂2018年供热季（2018年11月至2019年2月）蒸汽耗量为3517吨，比2017年供热季（2017年11月至2018年2月）减少1592.32吨，同比下降31.2%，这个成绩的取得就离不开全员的共同努力"。

"智慧工厂"开启新征程

在杭州卷烟厂搬迁之初，时任杭州卷烟厂厂长，现任浙江中烟副总经理的张思荣就提出"能源管理要说得清、控得住、降得下"的要求。而发展至今，随着推进工业化与信息化深度融合，"说得清、控得住、降得下"也被赋予了新的实现手段和方式。聚焦智能制造、推动"智慧工厂"建设对卷烟工厂来说是一个新课题，也是精益管理工作持续深化的新实践。同时作为浙江中烟不可分割的一部分，宁波卷烟厂因为其易地技改时间略晚于杭州卷烟厂，所以在项目实施过程中，他们吸收了杭州卷烟厂的很多经验，应用了一些新技术，在绿色发展的道路上同样干劲十足。"工欲善其事，必先利其器"，实现智能制造的利器就是数字化、网络化的工具软件和制造装备。依托智能工厂建设，宁波卷烟厂探索设备管理与大数据、工业互联网、物联网、移动应用等信息技术的深度融合，不断拓展自身的设备管理能力，锤炼提升设备管理能力的"金刚钻"。在新厂，柔性制造掀起品质革命，全规格产品可通过任意一条制丝线生产，质量控制水平三线一致；智能生产全面实施，机器人、双轨 EMS（物料搬运设备最新产品）小车系统、仓储式自动喂料机各司其职，可实现"黑灯制造"；可再生能源利用、厂区热平衡、自然采光、风环境模拟，确保新厂生产车间恒温恒湿的同时把能耗降到最低。

宁波卷烟厂动力车间能源管理员朱明山对此感触很深，他介绍说，技改以来，厂里重点开展能源管理体系建设工作，推进企业节能信息化建设工作，建立宁波卷烟厂能源信息系统监控网络，同时，大力加强智慧动力的建设，注重节能的计量和统计，建立能源管理分析机制等，节能工作成效显著。在智能工厂建设道路上，杭州卷烟厂也积极探索，以"稳质、增效、降本"等为工作重点，以"问题导向、系统思考、重点突破、智慧解决、管理升级、留有余地"为工作方针，将新一代信息技术与先进装备技术深度融合，积极建设"智慧工厂"，推动以智慧生产、智慧工艺、智慧设备、智慧安全、智慧综合管理为核心模块的智慧运行体系建设，并向着精益生产、柔性生产、智能生产的目标不断迈进。

对于中国烟草来说，经过多年的发展，已经初步实现了工厂的自动化，但按照智能化工厂的要求，还存在很多薄弱环节和亟须突破的"瓶颈"。杭州卷烟厂工程装备科副科长王新峰谈道："能源管理在建立了大数据基础后，由于基础数据过于庞大，在采集、传输等环节的维护上存在一定困难，维护难度较大。同时对庞杂数据的处理、应用还缺乏有效的手段，还需要持续探索。"的确，当前行业推进智能制造既要在改造传统制造方面"补课"，又要在绿色制造、智能升级方面"加课"。但无论这些"课程"内容如何升级换代，绿色发展的发展理念都将一以贯之落实到位。"一枝独秀不是春，百花齐放春满园"，正如浙江中烟以及其所属的杭州卷烟厂、宁波卷烟厂一样，行业内其他工业企业也在努力搭建智慧驱动、计量完整、实时响应的智慧能源管理系统，并综合运用结构节能、技术节能、管理节能的手段，推进能源管理"说得清、控得住、降得下"，为高质量发展着上绿的新色。

资料来源：张帅、喻允迅：《建设"智能工厂"扛起"绿色担当"——浙江中烟绿色发展工作纪实》，《中国烟草》2019 年 4 月 1 日，第 7 期（总第 646 期）。

 经验借鉴

随着绿色探索的不断深入，浙江中烟运用绿色环保的生产方式和管理方法赋能企业转型升级，在提高烟草行业经济效益的同时，减少了企业对环境的污染，展现了烟草企业的社会担当。浙江中烟的绿色发展经验可以概括为：①坚持绿色发展理念，大胆实践。杭州卷烟厂抓住烟草行业在国内工业领域最先尝试引入"绿色建筑"标准的契机，敢于尝试，积极推进实施国内第一个烟草行业绿色工房三星级项目。为推动绿色工房的全面发展做出了开拓性的贡献。②建立绿色发展的高起点。杭州卷烟厂按照三星级项目建设的高标准，在新厂设计之初就调高了标准和要求，为今后发展注入了"绿色基因"。新厂项目先后采用了 70 多项节能、环保技术及措施。在自然光引入技术、制丝车间粉尘控制、卷包车间噪声控制等方面进行尝试，提高节能减排成效。③以"问题"为导向的绿色管理实践。杭州卷烟厂从生产环节的能耗问题出发，基于"精益六西格玛"管理发展理念提升超高速生产线运行效率，在生产环节，截至 2018 年，进口超高速设备 M8-H/S1000 生产线的整体运行效率为 88%，达到了 85% 的预期目标，并于 2018 年 9 月达到了 92.08% 的历史新高。并获得显著的节能降耗效果。④鼓励企业全员参与绿色生产。杭州卷烟厂的节能降耗增效工作已经形成了全员参与的局面，新员工研究新技术，老师傅贡献好经验，组织节能宣传周、节能流动红旗、节能小能手等多种活动，让全员参与的氛围更加浓郁。⑤聚焦智能制造，推动"智慧工厂"建设。依托智能工厂建设，宁波卷烟厂探索设备管理与大数据、工业互联网、物联网、移动应用等信息技术的深度融合，不断拓展自身的设备管理能力，锤炼提升设备管理能力的"金刚钻"，智能生产全面实施。由此可见，浙江中烟的发展之路是高起点、高标准、高质量的绿色探索之路，绿色发展是一个过程，需要企业坚持绿色发展理念不动摇，大胆尝试，不断创新，为企业的长久发展打牢根基。

本篇启发思考题

1. 什么是绿色生产？企业绿色管理的内涵是什么？

2. 企业开展绿色管理的目的和动因是什么？

3. 企业进行绿色清洁生产的动力是什么？

4. 企业花大力气进行节能减排，对长远发展有何益处？

5. 企业在清洁生产中如何践行绿色环保发展理念？

6. 促进企业绿色管理的积极因素有哪些？

7. 传统制造与绿色制造有哪些区别？

8. 绿色生产投入与经济收益是否相悖？如何解决？

9. 高污染性企业的负外部性影响有哪些？

10. 企业生产管理中应注意哪些问题以规避环境污染风险？

11. 企业如何建立全面的绿色生产管理体系？

12. 化工类企业如何应对生产中的排污治废难点？

13. 企业如何在绿色生产中融入"智能"元素？

第四篇

绿色回收和绿色循环

一、科维节能：给能耗大户开"良方"

案例梗概

1. 科维节能找准商机，利用合同能源管理的模式给省水的循环水系统"问诊把脉"。

2. 研发设计净循环水系统，为宝钢的钢铁冷轧生产设备提高降耗节能效率。

3. 为能耗大户平均每年节电约 2.1 亿度，减少碳排放 26.5 万吨，节省标准煤 7 万多吨。

4. 提高能源利用率，技改的平均节电率达 35% 以上，为耗能企业创造可观收益。

5. 成立"过程系统工程研究所"，利用能量集成技术，为企业提供整体节能服务。

6. 实现从单一技术服务到多元化技术服务的转型，拓展中国企业的节能降耗市场。

关键词：节能省电；循环水系统；绿色发展；整体节能服务；多元化技术服务

案例全文

　　走进杭州国大雷迪森大酒店，玻璃大门开启的一瞬间，充足的冷气扫去了夏日的酷热，但通常大型中央空调也是耗电惊人的"电老虎"。不过，雷迪森的中央空调却要节能不少，秘密在于其找来了一位节能高手，为其位于地下 2 层的中央空调循环水系统做了一次"全身体检加优化"。负责给雷迪森大酒店中央空调循环水系统能耗"瘦身"的是浙江科维节能技术有限公司（以下简称"科维节能"），给这套循环水系统进行优化调整后，同时更换了 10 台高效泵，通过验收后测算一年能节省用电 68.3 万度。在现代工业中，循环水系统是一个并不陌生的名词，通过这个系统，工业冷却水得以循环使用，省下了大量的水资源。然而，这套系统省了水却不省电。科维节能正是找准了这其中的节能商机，利用合同能源管理的模式给省水的循环水系统"问诊把脉"。而且，这个"医生"不用"病人"花一分钱，只是从节约的能耗中获得利益分成。

拿下能耗大户连串订单

在科维节能的服务企业名单上，"国字头""中字头"的企业和各行业的龙头企业不在少数。在宝钢不锈钢有限公司的冷轧车间内，净循环水系统日夜不停地为正在运转的生产设备冷却降温，以保证其正常运转。体型庞大的钢铁冷轧生产设备，需要的净循环水系统自然要求很高，而且能耗极高。这套净循环水系统的节能工程，正是出自科维节能之手，这也是科维节能副总工程师陶冬生最为自豪的项目之一。"2005年与宝钢接触过，对方没有考虑。2011年4月，再度接触，节能减排的需求和公司的专业让对方信服。"陶冬生说，宝钢的这套"冷轧1#净循环水系统"属于较新的系统，且在设计时已经安装了变频器等节能设备，节能方面的表现已经不错，而且宝钢内部技术高手同样很多，对方让科维节能改造这套设备作为试点，确实是个不小的考验。不过，科维节能确实没有被难倒，通过几个月的多次"过招"，科维节能交出了节电率18%的答卷。尽管合同中预计节能改造后能省电6000多度/天，一年下来可以节电约181万度；但当时实际运转的情况显示，节电超过10000度/天。随后，宝钢不锈钢后期其他系统的节能工程也正在实施过程中。陶冬生估算了一下，后期这些节能订单完成后，一年能给宝钢节省2000多万度电。

让能源利用率越用越高

"从2004年创业以来，八年多时间我们对耗能企业从来没有失信过，技改的平均节电率达到了35%以上。"陶冬生说，按照合同能源管理模式，低风险、低投入、省大钱的实际节能效果，让许多一度抱着"试试看"心态的企业，在建设新工厂时，直接将设计院提供的设计方案交付于科维节能进行优化设计，采用其优化后的设备，不仅为企业省去了初始的设备投资，每年还能够产生可观的节能效益。"循环水系统好比人体的血液循环系统，冷却水媒介犹如血液，水泵犹如心脏，水管犹如血管，换热器犹如不同的器官，每个环节都有可以挖掘的节能空间。"陶冬生形象地打了个比方，在科维节能的团队看来，立足于成熟而先进的循环水系统节能技术，科维节能今后还可以开发出更多节能技术，为能耗企业提供全套的节能解决方案。比如，如何更有效地利用换热器和冷却塔置换的余热等。

为了给企业提供全面的整体能耗优化解决方案，科维节能已经在青岛"中国橡胶谷"专门成立了"过程系统工程研究所"，主要研究方向为大规模过程系统能量集成技术，利用该技术为企业提供整体节能服务，能够使整体能耗下降 10~15 个百分点，大幅提高企业能源利用效率。陶冬生介绍说，在经过多年的积累之后，科维节能正在实现从单一技术服务到多元化技术服务的华丽转身。"在越来越成熟的技术条件下，能源利用率肯定会越来越高的。"陶冬生说，与国外企业相比，中国 85% 的企业都有节能降耗的文章可以做。仅仅是水系统的运行效率方面，发达国家为 75% 左右，而国内仅 40% 左右，节能空间巨大。

资料来源：黄晶晶、梁津铭：《科维节能：给能耗大户开"良方"》，《钱江晚报》2012 年 7 月 19 日，第 B0012 版。

 经验借鉴

浙江科维节能技术有限公司是一家专业从事节能技术与节能产品研发、生产，并按国际合同能源管理模式提供节能服务的高新技术企业。浙江科维节能技术有限公司找准了现代工业中循环水系统省水却不省电的节能商机，利用合同能源管理的模式给省水的循环水系统进行调整，推动能耗企业的绿色发展。科维节能的绿色经营经验可以分为以下几条：①拿下能耗大户连串订单，通过高产量形成产业规模效应。科维节能为能耗大户提供定制化的相应服务，在提高能耗企业的经济效益的同时获得企业自身效益。通过科维节能的帮助，化工、钢铁冶金、生化制药、热电等行业内的能耗大户平均每年能减少碳排放26.5 万吨，节省标准煤 7 万多吨。②通过产品提高能源利用率。在合作公司建设新工厂时，直接将设计院提供的设计方案交付于科维节能进行优化设计，采用其优化后的设备，不仅为企业省去了初始的设备投资，每年还能够产生可观的节能效益。立足于成熟而先进的循环水系统节能技术，科维节能今后还可以开发出更多节能技术，为能耗企业提供全套的节能解决方案。③专注科学研究，提供全面的整体能耗优化解决方案。为此科维节能在青岛"中国橡胶谷"专门成立了"过程系统工程研究所"，主要研究大规模过程系统能量集成技术，利用该技术为企业提供整体节能服务。科维节能正在实现从单一技术服务到多元化技术服务的转变。浙江科维节能技术有限公司提供的节能循环系统，给企业发展绿色生产提供了另一种解决方案。通过外包的节能服务，降低了企业的绿色生产成本，并且获得了由环境保护带来的经济效益。

二、恒达纸业：细数一张纸背后的循环经济史

 案例梗概

1. 恒达纸业公司通过技术改造以及引进先进设备，吨纸产品水耗下降 2/3。

2. 通过不断引进行业内先进设备，造纸流送工序的用水量得到最大的控制。

3. 改造"网部成型"工序技术，过滤水从直接排放到绝大部分回用，回用率达 79%。

4. 降低装置停机次数，从每月 8 次降至 3 次，降低白水排放的同时增加回用量。

5. 明确烟用接装纸原纸、医用包装原纸、食品包装原纸以及工业配套用纸 4 个发展方向。

6. 采用先进超滤技术处理造纸废水，应用国内先进的元件，实现吨纸排水量下降。

关键词：循环经济；技术改造；吨纸产品水耗；废水回用

 案例全文

打印文件，写字画画，包扎擦拭……我们的生产生活与纸密切相关，而我们所不知道的是，一张薄纸，一路走来，也是一部循环经济史。位于龙游县湖镇镇的浙江恒达纸业有限公司（以下简称"恒达纸业"）有关负责人将带我们了解更多历史。

引进先进设备　技改节水降耗

"以前，每生产一吨产品，抄造这个环节就要消耗掉一百四五十吨的白水，也就是新鲜水。"恒达纸业分管技改、设备的副总赵新民指出，如今，通过技术改造以及引进先进设备，吨纸产品水耗下降到了不到 50 吨，整整下降了 2/3，企业一年可节水[①] 400 万吨，"这在国内同类造纸中名列前茅。"45 岁的赵新民曾在龙游造纸厂工作。1991 年毕业于郑州轻工学院机械设计制造专业的他，到 20 世纪 50 年代投产的龙游造纸厂工作时，该厂时年产量约 2 万吨，员工 2300 多人。

用天蓝色的一次性防护帽，将头发、耳朵全部罩住后，走进一间消尘小房间，呼呼作响的风将全身吹了几道……我们来到 2012 年刚刚投产的新生产车间里。在崭新的生产装置二楼，赵新民指着快速移动的机器介绍，"这是网部成型，现在我们已经将流过这里的百分之六七十的水，回收利用起来啦！"赵新民说，造纸一般要经过三大部分十几个工序，仅抄造部分的流送工序就有稀释、净化、除砂、筛选 4 个小工序，恒达纸业通过不断引进行业内先进设备，流送工序的用水量得到最大的控制；公司又对"网部成型"工序进行技术改造，滤出纸后的水从直接排放到绝大部分回用，回用率达到 79%。技改的另一个功效是，使装置停机次数从每月 8 次降低至 3 次，降低白水排放的同时，增加了回用量。

实施大小"手术"　创下"恒达纪录"

从节约用水到循环经济，其实是一个艰难的历程。早在 20 世纪 90 年代后期，当时的亚伦公司（前身为龙游造纸厂）就计划实施一个亿元级的大技改项目，最终不了了之，由于当时赵新民已经从公司设备科调回生产车间担任分

[①]　原国家经贸委发布的《工业节水"十五"规划》中表明，我国浆纸吨产品取水量1999年为200立方米（1立方米为1吨）。而我国人均水资源占有量仅2170立方米，不足世界平均水平的1/3，被联合国列为世界上最缺水的13个国家之一，全国400多个城市存在不同程度的缺水。中国造纸学会的资料表明，由于历史原因，我国传统造纸工业，既是水耗大户，又是污染大户。经技术改造、调整关停，仅2000~2004年，全国造纸工业废水总量由35.3亿立方米下降到31.9亿立方米，COD由308.6万吨下降到148.8万吨。

管设备的车间副主任，技改为何没有最终推进的原因，他猜测"主要是当时一方面投资压力过大，另一方面转型升级的要求还不是太强烈等原因"。2002年，浙江恒达纸业有限公司成立，选址湖镇镇，这里有社阳水库的优质水源源不断流经。2002年10月，第一条生产线投产，作为当时龙游县最大的招商引资项目，恒达纸业备受关注，节水、节能，以至企业工业循环经济等课题，开始提上公司决策层的议事日程。到2012年5月，公司年产能2万吨的新生产线运行后，恒达纸业的年产能已接近5万吨，而公司员工不到400人。同时，公司明确烟用接装纸原纸、医用包装原纸、食品包装原纸以及工业配套用纸4个发展方向，赵新民相告："每个产品对水的要求都很高。"

"国家级高新技术企业""浙江省绿色企业""浙江省工业循环经济示范企业"等各种荣誉奖牌，挂满了会议室的墙面。公司有关负责人坦陈，其中，2008年实施的"造纸节水改造项目"可谓十年来最大的一次"手术"，该项目被国家发改委列入"2008年新增预算内投资计划"，总投资3500万元。据悉，这一技改就是通过采用先进超滤技术处理造纸废水，应用国内先进的流浆箱、成型网、脱水元件以及国际先进的双元微粒助流系统，增加白水贮存池、沉淀池等，实现吨纸排水量从145吨下降到45吨，年减少排水400万吨，实现废水处理后回收利用率达69%，总循环回收利用率达79.8%，年节水降耗收入达1082万元，并对废浆和污泥进行综合利用。

"小循环"到"中循环" 争做示范企业

企业"小循环"，离不开园区的"中循环"。从龙游有关部门获悉，除了"恒达纸业"已经摘得省级示范企业的荣誉，该县自2010年以来，已申报3批共6家企业冲刺"浙江省循环经济示范企业"，其中造纸企业占据半壁江山。"'凯丰''维达纸业'也已进入公示阶段。"龙游县经信局能源科相关人员表示，申报省经信委"循环经济示范企业"，有两个必备条件，即企业属清洁生产审核验收优秀企业和省级绿色企业，两年前取得该荣誉的"恒达纸业"：2010年万元产值能耗较2005年下降26%，单位产品能耗下降27%，单位产品耗水量下降31%，生产废水排放量下降36%，单位产品SO$_2$、COD排放量分别下降28%、45%。中小循环并重，政府已经力推了数年。吴英俊介绍，具体载体包括"733"工程 ① 和"4121"示范工程 ②。"733"工程是"十一五"规划期间的"4121"示范工程的延续。这一轮创建示范工程行动中，"凯丰""恒达纸业"等跻身节能典型示范企业、浙江省绿色企业，为最终在"十二五"规划期间冲刺省级"循环经济企业"打下良好基础。

特种纸行业能耗高、产值贡献大。2012 年，造纸行业在衢州市五大主导产业中，保持良好的增长势头，其中龙游县特种纸在前 11 个月里，24 家规模以上特种纸企业，完成产值 59.41 亿元，占规模企业总产值的 27.57%。业内人士坦陈，取得如此成绩除了具备大批熟练产业工人的优势外，该县良好的电、蒸汽、水等要素配套功不可没。龙游现有 3 座热电站，先后建成了 4 万吨 / 日城北污水处理工程及 2 万吨 / 日城市生活污水处理工程。

发展循环经济　依靠各方合力

不论是企业个体"小循环"，还是园区级的"中循环"，其背后都离不开一方水土，即一方的"大循环"。"恒达纪录"的背后，浓缩着龙游生态县建设的种种努力与推力。2003 年龙游县实施以"发展生态经济，建设生态龙游"为主题的生态县建设，2006 年顺利通过国家级生态示范区创建验收。2012 年，该县省级生态县创建现场考核验收。

在龙游县原环保局工作多年的污防总量科科长朱志华，曾经在多个部门工作，他对于工业循环经济感受最深的是"各方合力最关键"。说到合力，朱志华这位"老环保"记忆犹新的有这样几件事：塔石溪整治中，水利部门负责河道清淤，农办部门负责沿岸农村整治，环保部门主要负责工业污水的治理，"沿岸两家造纸厂，搬迁一家整治一家"。在一份 2008 年的历史资料中，龙游在 2013 年之前的三年间：关停并拆除了浙江省最后一条草浆生产线——浙江天听亚伦 1.5 万吨 / 年草浆生产线，赵新民工作过的地方最终告别历史舞台；同时，县里关停了生产能力在 1 万吨以下，污染治理设施不全、污水严

---

① 　"733"工程：指在七个重点领域（如资源利用效率、"三废"回收利用）培育300家工业循环经济示范企业和30个示范园区，它是新形势下省委、省政府根据浙江经济发展所需做出的一项重要战略部署。

② 　"4121"示范工程：浙江省于2005年提出的选择4个市和10个县（市、区）、20个园区（工业区块）和100多家企业作试点率先开展工业循环经济工作。

重超标排放的 6 家小造纸厂；完成遍布龙南山区的所有 1048 个竹料腌塘平毁和综合利用整治……为此，该县政府在 2011 年 5 月获得了省政府颁发的"811环境保护新三年行动先进集体"称号。水是循环经济的一个重要方面。2012年，龙游县开展的六大专项整治中，四大项与"保持一江清水出龙游"密切相关，包括龙南炭化箦污染整治、废旧塑料粒子行业整治、铅酸蓄电池行业整治、电镀行业整治等专项活动。据有关部门监测结果表明：2012 年，龙游县环境质量总体稳中向好——地表水达标率达 98%，饮用水源水质达标率为100%，出境水质量达标率为 100%。

资料来源：王继红：《一张纸背后的循环经济史》，《衢州日报》2013 年1 月 18 日，第 3 版。

 经验借鉴

浙江恒达纸业有限公司是一家传统的老造纸厂，它创造了每年节水 400万吨的成绩，震惊了国内的其他造纸企业。恒达纸业在日常的生产经营构建独有的水循环经济体系。通过本文的介绍，从恒达纸业的水循环经济史中可以总结出以下几条企业绿色生产的经验：①注重传统工艺的技术改造，强力推行企业内部改革。以恒达纸业对"网部成型"工序进行技术改造为例，不仅提高了造纸用水的回用率，同时增加了设备装置的回用量。发展循环经济，在循环经济的大战中突破资金与技术的束缚，并通过取得的成效获得国家的投资补助。恒达纸业的技术改造项目还被国家发改委列入"2008 年新增预算内投资计划"，获得了政府的改造资金支持。②突破企业的限制，将水循环体系带入园区。这个外扩的过程，就是恒达纸业提倡的"小循环"转变为"中循环"的过程。不仅在单个企业内部实行循环经济体系，同时发展园区循环经济体系，实现"中循环"。因为在带动园区的发展上的突出贡献，恒达纸业获得省级示范企业的荣誉。③以多方合力推进循环经济发展。不管是企业个体"小循环"，还是园区级的"中循环"，其背后都离不开一方水土，即一方的"大循环"。恒达纸业与政府合力推动"发展生态经济，建设生态龙游"为主题的生态县建设，参与到水利部门、环保部门等各部门的工作中去，帮助企业、园区以及一方水土做好环境保护工作。总结浙江恒达纸业有限公司的循环经济的经验，企业不仅应该做好分内的"小循环"，更应该带动园区形成"中循环"，最终投入到一方水土的"大循环"中去。生态环境保护不是一个企业的责任，也不是一个园区的责任，而是这一方水土中每一个人需要承担的责任。

三、化工园区："奏出"绿色发展最强音

 案例梗概

1. 嘉兴港区充分发挥港区化工园区的品牌效应，加快各大项目建设进度。

2. 港区牢牢树立生态文明观念，追求能源和原材料消耗最小化、废物产生最小化。

3. 港区建立以嘉化能源化工为原料核心的一批重大项目，构建 4 条循环经济产业链。

4. 嘉化能源化工铺设管廊，打造封闭"循环系统"，基本满足园区其他企业生产需求。

5. 三江化工启用废气回收项目和中水回用系统项目，基本实现废水废气"零排放"。

6. 港区通过订单式招商，建立内部循环圈，形成三条"有来有回"生态产业链。

7. 港区推进基础配套设施建设，逐步完善循环经济产业体系，努力打造"生态园"。

关键词：生态文明观念；基础配套设施建设；循环经济产业链；中水回用系统

 案例全文

实施"三大倍增计划"，是嘉兴市"十二五"规划时期的一项重大战略举措，也是推动经济转型升级的重要载体和抓手。作为嘉兴"大企业倍增"计划的主战场，嘉兴港区是如何突出产业优势，加快推进"千亿产业带、百亿企业群"的战略实施呢？此外，建设生态文明，是党的十七大提出的实现全面建设小康社会奋斗目标的要求之一。而推进循环经济形成较大规模，又是建设生态文明的一项重要战略举措。循环经济怎样才能形成较大规模，充分发挥规模效益呢？

面对这两大问题，中国化工新材料（嘉兴）园区（以下简称"港区化工园区"）分别给出了答案：

——只有充分发挥港区化工园区的品牌效应，加快各大项目建设进度，牢牢巩固化工新材料行业发展的良好态势和在港区的主导地位，才能推动港区千亿产业、百亿企业目标的加速实现。而新项目的不断进驻和老项目的纷纷扩产，使嘉兴港区更多的工业企业有望跻身百亿企业行列，港区化工新材料产业也正"剑指千亿级"。

——只有牢牢树立生态文明观念，追求能源和原材料消耗最小化、废物产生最小化，才能建立起可持续的经济、生态和社会关系，实现区域内工业体系和生态环境协同发展。而打造以循环经济为主要特征的"生态产业链"，便是港区化工园区实现能源和原材料消耗最小化、废物产生最小化的最佳路径。

多年来，港区以招商引资和项目推进为抓手，使大企业集群在港区化工园区内"开花结果"；与之相对应的是，港区通过大力发展循环经济，使港区化工园区从一个让百姓"谈虎色变"的化工企业集聚地转变成一个推行循环经济的生态文明典型。

产业链条上下延伸　企业集群呼之欲出

在嘉兴石化有限公司80万吨PTA项目的主装置控制室，五六名技术员工正密切地关注着每一个显示屏上的变化，对整个项目的安全控制做到了如指掌。嘉兴石化年产80万吨PTA项目的建设，可有效提高我国PTA自给率，有利于降低生产原料供给风险，使桐昆集团的产业链进一步向上延伸，并使其主业形成了更加完整的产业结构，大大增强了企业的抗风险能力和市场竞争能力，对实现桐昆集团的持续发展和永续经营具有重大意义。据项目有关负责人介绍，该项目投产后，年产值可达120亿元，带来利税15亿元，利润10亿元。"该项目的投产，对港区经济保持稳增长和千亿产业培育都将起到促进作用"。下一步，桐昆集团将投资22亿元，在港区建设嘉兴石化年产120万吨IPTA项目。

2012年10月18日上午，是浙江兴兴新能源股份有限公司180万吨甲醇制烯烃项目举行开工典礼的好日子。这一天，离开工现场不过百米远的杭州湾跨海大桥依然车如流水，工地上轰鸣的机器打桩声给这个开工现场增添了几分喜庆。据介绍，浙江兴兴新能源股份有限公司180万吨甲醇制烯烃项目总投资为60亿元，一期投资32亿元。该项目占地面积633亩，分两期实施。

其中，一期投资建设一套 180 万吨 / 年甲醇制 60 万吨 / 年烯烃装置、9 万吨 / 年烯烃转化装置及污水处理场、总变电站、循环水场、罐区等公用工程设施。项目建成达产后，可实现年销售收入 150 亿元，每年新增利税 25 亿元。该项目具有很高的科技含量和广阔的市场前景，项目建成后，将有力地推动嘉兴港区化工新材料产业和循环经济的加速发展，对嘉兴经济的转型升级起到重要的推动作用。此外，该项目的开工建设，将进一步推动港区"千亿产业带"和"百亿企业群"的培育。

吸引知名企业落户　大批项目建设投产

据介绍，港区化工园区作为乍浦经济开发区的主要功能区块之一，于 2002 年被列入浙江省级化工园区，是浙江省"十五"规划期间发展的三个重点化工园区之一。截至 2012 年，已有 30 多家国内外知名企业入驻这里，其中外商投资企业涉及日本、韩国、美国、加拿大、荷兰、以色列、新加坡等多个国家和地区，如英荷壳牌、日本帝人、德山化工、以色列化工、韩国晓星、湖南石化、新加坡美福等一批国际知名企业在这里安家落户，累计吸引外资超过 10 亿美元。另外，国内知名企业如嘉化能源化工、合盛硅业、金燕化工等一批投资在 10 亿元左右的项目也相继在这里建成投产。

2010 年以来，随着浙江信汇、传化合成以及嘉兴石化等一批投资达数十亿元的超大项目落户港区化工园区，更为港区经济的可持续发展注入了强劲动力。"十一五"期间，每年都会有十多个重大工业项目来这里建厂、投产。经过多年的发展，港区产业集聚步伐明显加快，化工新材料产业的增长带动效应初步显现，对港区工业产值贡献率不断提高。2011 年，港区化工园区产值已达 165 亿元，化工新材料产业的产值占港区规上工业总产值的 52%，占全市六大战略性新兴产业规上工业总产值的 1/10 以上，而且占比将逐年上升。一大批大项目的进入，使嘉兴港区更多的工业企业有望跻身百亿企业行列。

"大块头"带来的是"大能量"。截至 2012 年 10 月，港区化工园区内已形成了浙江省内具有代表性的化工新材料产业集群，多个企业产能实现了全国领先。帝人公司聚碳酸酯产能已达 13.5 万吨 / 年，占全国的近 20%，且主要占据国内高端工程塑料领域；德山化工气相二氧化硅产能 1 万吨 / 年，占全国高端产品比重超过 20%，其中干式二氧化硅生产方法世界领先；三江化工环氧乙烷国内市场份额超 20%，脂肪醇聚氧乙烯醚市场份额近 15%，成为该领域具有绝对优势的民营企业第一强……接下来，港区化工园区将进一步围绕"做精、做大、做强"的目标，以化工新材料作为港区产业的定位和发展方向，重点发展聚碳酸酯、硅材料、合成橡胶、环氧乙烷等化工新材料的上下游产品。届时，港区化工园区将成为长三角乃至全国最有影响力的化工新材料基地。

原嘉兴港区党工委书记王马青认为，经过十余年的开发建设，港区的经济持续快速增长，招商引资成效明显，产业结构继续优化，临港产业加快集聚，港口生产建设快速发展，各项社会事业全面进步，政治稳定，社会安定，人民安居乐业，经济社会快速协调发展，港区已成为全市发展海洋经济的主战场。在当前复杂严峻的宏观环境下，要保持经济稳定增长，还是要充分发挥项目推进的作用，上项目、强投入是当前工作的重中之重。王马青表示，接下来，他们要进一步梳理在"奋战三季度、全力保增长"主题活动中"五个十"目标任务的完成情况，坚持已完工的抓投产、早增资，已签约的抓落地、早开工，有意向的抓跟踪、早签约。确保一批大项目早日开工、投产，为港区"千亿产业带、百亿企业群"建设增添动力。

嘉兴港区管委会主任石云良指出，围绕打造"千亿产业带、百亿企业群"，港区把抓重大项目作为全局工作的重中之重。2012 年初以来，重点抓住 38 个亿元以上重大项目，实行领导联挂、部门包干、综合协调、强势推进，建立健全一个项目，一位领导，一套班子，一项责任制和一抓到底的推进机制。尤其是开展"奋战三季度，全力保增长"主题活动以来，一大批重大项目加速推进。嘉兴石化、美福石油、湖石化学、以化化工、鹏莱制冷剂等项目相继竣工试产；嘉化脂肪醇、壳牌石油、永明三期、信汇卤化技改、赞宇科技、中山花苑等一批重大在建项目进度加快；综合商贸配套区、石油化工品交易市场、环境监测中心等项目的征迁工作全面推进；嘉兴石化二期、传化合成等项目前期工作有序开展。这些项目的实施，必将推动千亿产业、百亿企业目标的加速形成。

生态链条"补链"工程　循环系统变废为宝

在港区化工园区的中心企业——嘉化能源化工可以看到，20 多根粗细不等的管廊平行排列着，将整个企业包围起来，并与周边的每一个企业都有连接。通过这些管廊，嘉化能源化工将公司生产的蒸汽供给区内其他企业；液氯主要供应帝人公司、新晨化工等4家企业；烧碱主要供应帝人公司、赞宇科技等4家企业；脱盐水主要供应嘉化双氧水等5家企业。"正是这20多条管廊，将港区化工园区连接成一个封闭的'循环系统'，截至2012年10月已形成了以嘉化能源化工为基础原料核心的一批重大化工项目，构建了4条循环经济产业链。"该企业负责人称，作为港区化工园区的第一家企业，嘉化能源化工生产的蒸汽、液氯、烧碱、硫酸等基本能满足园区内其他企业的生产需求。经过多年的建设，以嘉化能源化工为中心，以生产化工新材料为目标的产业链已基本形成。

位于港区化工园区的三江化工也是一个"低碳达人"。据该企业相关负责人介绍，随着废气回收项目和中水回用项目的相继完成，三江化工已经基本实现了"零排放"的"生态奇迹"。以前三江化工生产过程中产生的氮气和二氧化碳都是排空的，没有收入不说，还会增加环境污染。但通过港区化工园区生态产业链的运作，现在每年4万吨的氮气成为园区内5家化工企业的生产原料，不仅使氮气变废为宝，一直向空气中直接排放的二氧化碳也得到了回收。据牛瑛山介绍，三江化工一年卖"废气"收入就达到了5000多万元。三江化工的"生态奇迹"不仅仅是废气的"零排放"，最大的亮点在于其废水的"零排放"。企业刚进驻园区的前几年，三江化工自建了一个小型污水处理站，每天有1200吨的污水纳管排放。2009年，三江化工的中水回用系统开始启用，该项目启用后，生产过程中的污水得到了无限制重复利用，以前每天对外排放的1200吨污水变成了资源，每年节约成本100多万元，COD减排3万吨。

改变思路招商选资　循环链条环环相扣

走进4.5平方公里的嘉兴港区化工园区，完全看不到传统化工园区"家家建锅炉，户户立烟囱"的景象，老园区的货车奔驰的景象也未见踪影，取而代之的是，一条条长达7000米的封闭管廊，把园区内30多家化工企业连接成环环相扣的循环经济产业链。嘉兴港区环保局有关负责人说，打造链式产业是嘉兴港区化工园区发展循环经济的主要途径，港区从建园开始阶段就对循环经济进行了充分的考虑。"别的地方是招商引资，化工园区却是招商选资。"该负责人称，与其他地方的招商思路相比，嘉兴港区变被动为主动，将招商重点放在一个"选"字上。其实，早在 2005 年园区开工建设之前，嘉兴港区管委会就确立了生态化发展理念，并和清华大学联合编制了《嘉兴市港区化学工业园区循环经济发展规划》。规划的第一条就是要在园区内实现"公用工程一体化"，为此，园区投入 30 亿元，建设了一体化的供水、供电、供热、排污等基础设施。

通过订单式招商，港区化工园区建立了内部循环圈，形成了以嘉化化工原料、环氧乙烷和硅为主的三条"有来有回"生态产业链，将生产要素按规划集中在园区，形成环环相扣的产业链。2010 年以来，嘉兴港区还通过产业引导，不断推进"补链"工程，在已有的基础上加大基础配套设施建设，继续完善港区的循环经济产业体系，努力把化工新材料园区由一座"化工园"打造成一片"生态园"。上家的产品或废料成为下家的生产原料，通过物质流通、能量利用和公用工程的有机联系，园区内企业之间的资源得到了优化配置，废弃物也得到了有效利用。更难能可贵的是，这样一来，园区的环境污染减小到最低程度。对嘉化能源化工来说，氢气和硫酸烟气是需要排放的废料，而对园区内其他化工企业来说，却是生产中的必需品。嘉化能源化工有关负责人说，嘉化每小时产生 3500 立方米的氢气和 2300 立方米的硫酸烟气，以前这些废气会排放到大气中，造成了很大的污染，"现在，区内的德山化工、双氧水化工、赞宇科技等企业争着要我们的废气"。

事实正是如此，"德山化工的原料之一正好是氢气，赞宇科技所需的原料正好是硫酸烟气，嘉化就将这两样废气低价卖给他们，给他们省钱的同时我们还多赚钱，又保护了大气环境。"该负责人说，不仅仅是氢气和硫酸烟气这两种废气，嘉化生产过程中产生的蒸汽、氯气、烧碱和脱盐水也分别与区内的化工企业发生着不同类型的关系。德山化工用过后的稀盐酸可以被嘉化再利用，每年可以为其节约 300 万元；合盛硅业生产过程中产生的冷凝水，通过管道输送至嘉化后成为其热电厂锅炉补给水，每年可以帮助嘉化节约成本 500 万元。出人意料的是，产值的逐年增长，并没有给嘉兴港区的环境带来更多的污染。相反，由于基础配套设施建设的不断推进，循环经济产业体系的逐步完善，嘉兴港区化工园区各企业在扩大生产规模、增加利润的同时实现了节能和减排的双项任务。

前任嘉兴港区党工委书记王马青指出，在中国化工新材料（嘉兴）园区，企业数量并不多，但每一家都是在全球或者全国技术领先的品牌企业。正是由于高起点的园区建设，一批高技术含量、高附加值的化工新材料产业在嘉兴港区集聚，为港区地方经济增长注入了强劲动力。自2002年开始建设以来，嘉兴港区化工园区就秉承"生态、低碳、循环"的发展理念。嘉兴港区管委会领导班子也始终抓住这一发展思路：化工园区的发展不能只考虑市场需求、投资效益、国内生产总值（GDP）增长等因素，而应该把贯彻循环经济发展理念、实现可持续发展放在首位。要通过多产品联产、多资源联供等措施，提高资源利用率，减少废物排放，降低单位GDP资源消耗量，实现化工园区循环经济新型生产模式。

嘉兴港区管委会主任石云良指出，嘉兴港区以科学发展观统领全局，确立生态立区战略，积极发展循环经济，成效明显。近年来，港区在全面推进招商引资、加快项目建设的同时，把大力发展循环经济作为一项重要工作来抓，积极寻求资源节约型的可持续发展道路，努力创建低消耗、低排放、高效率和资源综合利用的循环经济园区。下一步，管委会将围绕港区二次创业，大力实施提高安全、环保本质水平的"三年行动计划"，努力争创国家生态工业示范区，促进开发建设和经济社会又好又快发展。中国化工新材料（嘉兴）园区内各企业充分利用区内各种资源，就地消化循环利用。通过对生产过程中产生的中间产品副产品及废旧产品进行技术处理，提高产品附加值，最大限度地利用不可再生资源，园区内资源整合、回收再利用取得了明显的经济和社会效益。

资料来源：丁辉：《中国化工新材料（嘉兴）园区"奏出"科学发展最强音》，《嘉兴日报》2012年10月31日，第4版。

 经验借鉴

党的十七大提出的实现全面建设小康社会奋斗目标的要求之一是建设生态文明。而推进循环经济形成较大规模，又是建设生态文明的一项重要战略举措。中国化工新材料（嘉兴）园区以身示范，打造链式产业，发展循环经济，将园区循环经济形成较大规模，且充分发挥规模效益，响应了党的生态文明建设的号召。嘉兴港区化工园区牢牢树立生态文明观念，追求能源和原材料消耗最小化、废物产生最小化，建立起可持续的经济、生态和社会关系，实现区域内工业体系和生态环境协同发展。简单来说，嘉兴港区化工园区绿色发展经验如下：①打造链式产业，改变招商思路：转"招商引资"为"招商选资"，由被动变主动。例如，嘉兴化工园区通过订单式招商，形成了以嘉化化工原料、环氧乙烷和硅为主的三条"有来有回"生态产业链，将生产要素按规划集中在园区，形成环环相扣的产业链。②发展循环经济（Circular economy），有效利用生态产业链。例如，嘉化能源化工的废料氢气和硫酸烟气被德山化工、双氧水化工、赞宇科技等企业利用到生产中；而嘉化自身也对德山化工用过后稀盐酸、合盛硅业生产过程中产生的冷凝水进行再利用，从而达到节约资本，减少园区污染的目的。③港区化工园区各企业树立生态文明观念，争做"低碳达人"。例如，三江化工通过完成废气回收项目，改变排空生产过程中产生的氮气和二氧化碳导致环境污染的状况；通过中水回用系统，做到污水变资源，降本减排。已经基本实现了"零排放"的"生态奇迹"。④通过产业引导，后期推进"补链"工程，完善循环生产系统。嘉化园区在已有的基础上加大基础配套设施建设，继续完善港区的循环经济产业体系，该园区努力把化工新材料园区由一座"化工园"打造成一片"生态园"。中国化工新材料（嘉兴）园区在加快推进"千亿产业带、百亿企业群"的战略实施的同时，通过大力发展循环经济，使港区化工园区从一个让百姓"谈虎色变"的化工企业集聚地转变成一个推行循环经济的生态文明典型。嘉兴化工新材料园区的绿色发展道路说明，通过构建生态链条、发展循环经济，可以实现经济发展与生态建设的统筹发展。各大工业园区可借鉴嘉兴化工园区的经验，将可持续发展作为重要战略目标，携手园区内各企业积极履行保护环境的责任与义务。

四、浙江农企："循环"撬动生产方式变革

案例梗概

1. 浙江农企转变生产模式，传统的"桑基鱼塘"转型升级，发展现代农业。

2. 中法投资公司通过生物技术发展屠宰废水综合生态利用项目，增加产值。

3. 中法投资公司安装风力和太阳能发电设备，部分屠宰废水用来发酵产生沼气。

4.双益公司采用工厂化生产方式，循环利用农作物下脚料生产食用菇，节约资源。

5.双益公司通过8年攻关，研制出烘干机，攻克食用菌工厂化栽培的技术难题。

6.野田米业利用科技创新，加快推动稻谷加工产业升级，推进稻谷资源的全利用。

关键词：生产方式变革；产业升级；资源全利用；生物技术；绿色循环链

 案例全文

2009年，浙江省农村居民人均纯收入在我国各省份中率先突破万元大关，但与当地城镇居民人均可支配收入2.5万元相比，城乡收入"剪刀差"问题仍较突出。与此同时，农业面源污染对水体的影响也很严重。如何破解这些难题？农业转型升级被浙江摆在了调整和优化产业结构的首位。原浙江省省长吕祖善曾表示，对浙江来说，调整产业结构首先要大力发展现代农业，结合土地利用总体规划和城镇体系规划修编，像抓工业园区一样，建设一批现代农业园区、粮食功能区，争取在5年内建成500万亩粮食功能区和300万亩省级现代农业园区。

浙江省农业转型有三个"循环"样本。传统鱼塘升级"将低洼地挖深变成水塘，把挖出的泥堆放在水塘四周作为地基，基和塘的比例为6∶4，基上种桑，塘中养鱼，桑叶养蚕，蚕结茧，茧缫丝，缫丝废水及蚕蛹用于养鱼。鱼的排泄物及废水、蚕蛹残渣、淤泥等作为肥料作用于桑树"。自古以来江南水乡的"桑基鱼塘"农业生产模式，取得了"两利俱全，十倍禾稼"的经济效益。在浙江的农村，这种传统的"桑基鱼塘"正在转型升级，产业链和经济效益也正全面提升。

工农结合完善产业链条

在浙江省嘉兴市南湖区凤桥镇庄史村，只见一大片湿地上茭白、黑麦草等水生植物长得翠绿挺拔，在夕阳水色中摇曳；白色的厂房在余晖的映照下，显得格外醒目。"在这里有一条完整闭合的工农业结合产业链，而最关键的生物技术就运用在这片湿地里。"庄史村党支部书记、浙江中法投资股份有限公司董事长赵其法介绍说。在产业链的最上游，是一个日屠宰量达4000头的生猪屠宰企业，这里为上海市场提供 20% 的生猪肉。"但每天产生的几百吨屠宰废水，也令人颇为头痛。"赵其法说。后来，公司通过土地流转，汇集了160 亩土地，通过生物技术发展屠宰废水综合生态利用项目，每年可为企业增加产值 220 余万元。几个养鱼塘和肉联厂相连。肉联厂屠宰完生猪的污水首先排入鲶鱼养殖塘，让鲶鱼吃掉其中的碎肉、血块，随后引入鲢鱼养殖塘，让鲢鱼吃掉其中的有机质；鲢鱼养殖塘的出水仍含有较高有机物，被再次引入两块人工湿地，进行两次过滤。

"我们向湿地注入了微生物，一方面使空气净化，另一方面能将入水处理干净，由此产生的水也达到了回用标准，可以用于鱼塘换水、冲洗猪舍、洗车灌溉等。"赵其法说，"湿地上种满了茭白、莲藕、慈姑以及作为猪饲料的黑麦草等，不但创造了经济价值，而且还可以建设生态公园，开展旅游业，再次增加附加值。另外，我们安装了风力和太阳能发电设备，部分屠宰废水还用来发酵产生沼气，这些能源全都用来烧热水，仅热水一项每年就可节省几十万元。此外，沼渣回填到农田和果园，也减少了因使用化肥而产生的农业面源污染。""可见，以生物工程技术为支撑，以可再生能源为补充，以经济效益为推动力，将养殖、加工、环保、种植、旅游业等连接起来，形成的是一条有动力的绿色循环链。"长三角循环经济技术研究院（浙江）院长杜欢政介绍："眼睛只盯着农业，很难提高效率；工业化带动、服务业提升、绿色技术支撑，才是提高农业生产效率的主要途径。"

8 年攻关解决技术难题

浙江西南部的龙泉市是世界香菇栽培发源地，也是我国食用菌十大主产基地之一。食用菌的栽培，一般以单个农户家庭为主，很难实现产业化。而浙江双益菇业有限公司（以下简称"双益公司"）的董事长叶圣益，通过 8 年攻关，终于攻克了食用菌工厂化栽培的技术难题。"以前，龙泉经常出现'菇贱伤农'的事情，因为当时没有烘干技术，香菇卖两毛钱一斤，有的甚至烂掉倒掉"。搞技术出身的叶圣益研制出了烘干机，不仅帮农民解决了卖菇难题，而且他生产的烘干机还运用到木材行业，这项发明也为他带来了几百万元的收益。

按理说，凭着这几百万元的积蓄，叶圣益的退休生活应该会很舒适，但是他闲不住，打起了推进食用菌产业化的念头。"为什么要搞产业化？主要是考虑到浙江的土地资源有限，通过工业化生产可以提高土地产出率，并增效增值。"叶圣益说。通过多年实践并与浙江大学合作，叶圣益探索出白灵菇、杏鲍菇工厂化生产成套生产技术，通过粮棉作物生产后的废弃料——玉米蕊、棉籽壳等可再生资源，进行循环利用，生产金针菇和白灵菇等珍稀食用菌，掌握了食用菌工厂化生产核心技术，使白灵菇生产首次在南方栽培获得成功，突破了白灵菇生产区域限制。更重要的是，双益公司通过工厂化生产方式，循环利用农作物下脚料生产食用菇，节约了大量林木资源，极大地提高了土地产出率。"由于双益公司在生产过程中不使用木材资源，每年可减少阔叶林耗损 4 万立方米。截至 2010 年 6 月，龙泉市食用菌年生产两亿袋，年消耗森林资源约 15 万立方米，仅在龙泉市推广无木化生产，每年就可节约森林资源消耗 15 万立方米。如能在全国推广，节约量将十分可观。"龙泉市农业局经济作物站站长何建芳介绍道。

科技创新大米价值倍增

在浙江省湖州市吴兴区八里店移沿山村野田粮油加工厂的生产车间，"野田米业"的厂长钱学生这些天正忙着调试 3 台低温烘干设备，他说："有了这套设施和技术，遇到连阴雨也不怕了，再也不用担心稻谷发霉变质了。"为增设这些烘干设备，他一下子投入近 100 万元，为的就是要让大米更安全更有保障。

2001 年，钱学生投资 600 万元在移沿山村引进优质稻米成套加工设备，开始了"野田米业"的创业之路。如今，他带领的"野田米业"一头连着成千上万种粮农户，一头连着大市场，让普通大米向品牌大米转变，实现了企业农户双增收的产业化效益。现在，人们对绿色安全消费要求越来越高，对食品加工企业来说，这既是挑战，也是机遇。2008 年，"野田米业"与浙江省农科院建立协作关系，引进了米质特优的晚粳新品种。与此同时，钱学生还指导农民施用富硒肥，出产富硒大米 100 多吨，企业以高于市场价 20% 的价格收购。钱学生说，接下来，他的目标就是要利用科技创新，加快推动稻谷加工产业升级，以最终实现稻谷资源的全利用，把稻谷产业链条中的衍生品"吃干榨净"，形成整个资源的循环流动，提升综合效益。除增设这些烘干设备，2010 年钱学生还一下子购买了 5 台久保田收割机，以提高农业机械化服务水平；扩建 1300 平方米的生产加工车间，引进成套优质稻米加工生产线，使日加工生产能力从原先的80吨一下子提高到200吨。这些年，他始终实行"统一品牌、统一质量标准、统一包装、统一销售"的营销策略，他将优质水稻加工成高质量的精品大米，做成小包装，2010年6月已进入杭州、宁波、金华等地区的大型商场超市。

　　资料来源：程晖：《"循环"撬动生产方式变革》，《中国经济导报》2010年6月29日，第A01版。

 经验借鉴

　　浙江省农村居民人均纯收入在我国各省份中率先突破万元大关，但与当地城镇居民人均可支配收入相比，城乡收入"剪刀差"问题仍较突出。与此同时，农业面源污染对水体的影响也很严重。对此，浙江调整和优化了产业结构，其具体绿色发展经验可简要概述为以下几点：①农业转型升级，建立"循环"样本，发展循环经济（Circular economy）。浙江农业遵循"减量化、再利用、资源化"原则，形成基上种桑，塘中养鱼，桑叶养蚕，蚕结茧，茧缫丝，缫丝废水及蚕蛹用于养鱼，鱼的排泄物及废水、蚕蛹残渣、淤泥等作为肥料作用于桑树的种养合一的循环生态样本，取得"两利俱全，十倍禾稼"的经济效益。②以生物工程技术为支撑，通过建设闭合的工农业结合产业链，对传统的农业循环系统进行转型升级。例如，通过生物技术发展屠宰废水综合生态利用项目，将养殖、加工、环保、种植、旅游业等连接起来，形成了一条有动力的绿色循环链。变污水为资源，减少污染。③农作物工业化生产，废料循环利用并增效增值。例如，叶圣益探索出白灵菇、杏鲍菇工厂化生产成套生产技术，对废弃料进行循环利用于生产食用菇，节约了林木资源，极大地提高了土地产出率。④科技创新，让农作物价值倍增。例如，"野田米业"使用优质稻米成套加工设备，低温烘干设备和久保田收割机等技术设备，提高农业机械化服务水平，追求稻谷资源全利用，引进成套优质稻米加工生产线，提高日加工生产能力。由此说明，在循环经济理论与可持续发展理论（Sustainable development theory）的指引下，在科技创新的支持下，浙江农业转型升级与农作物产业化发展不仅带来了经济效益，还承担起了环境保护的责任与义务。

五、绿色农企：聚力生态循环　浙江农田"增绿"

 案例梗概

1. 金溢农合作社采用"桑—菌—沼—稻"多级循环利用模式，开展生态循环农业生产。
2. 长泰农业采用沼液深度开发物流配送模式，促进农业生产清洁化、废物资源化。
3. 康顺畜牧采用牧草—猪—沼（肥）—电（台湾蜜柚）产业循环模式，零污染排放。
4. 夹浦昌达湖羊养殖场采用芦笋秸秆养羊—羊粪种芦笋循环模式，实现循环共赢发展。
5. 新埭果蔬合作社采用稻—菇—芦笋产业循环模式，推进全市菌菇废料的全面利用。
6. 东和农业采用减量清洁生产模式，运用节约型技术，实现农业投入品的减量化。
7. 顺旺养殖场采用猪—沼—牧草循环利用模式，实现养殖场对外污染物"零排放"。
8. 开启能源采用废弃物—沼—发电能源再生模式，降低污染，减少温室气体排放。

关键词：多级循环利用模式；产业循环模式；能源再生模式；沼液深度开发；减量清洁生产模式

 案例全文

　　果蔬园废弃的菜叶，成为养殖场的绿色饲料；畜禽的粪便和打碎的秸秆混合，制成绿色有机肥还田；动物的尿液通过集中发酵成沼气，免费供应给周边农户烧火做饭甚至并网发电；留下的沼液通过管道又流进果蔬园肥田，或者进鱼田养鱼……这幅理想中的生态循环农业景象，并不是假想，而是浙江大地上越来越清晰的现实。

　　"十二五"规划期间，以资源利用节约化、生产过程清洁化、废弃物利用资源化、环境影响无害化为特征的生态循环农业将在浙江全省广泛推开。当时预计，在2012~2017年，浙江农村将变得更加"绿色"。到2015年底，全省畜禽规模化养殖水平达90%以上，新建畜禽粪便收集处理中心200个，新增农村户用沼气10万户、生活污水净化沼气池容积100万立方米。到2017年，浙江田野将变得更加"清洁"。力争到 2015 年底，测土配方施肥、病虫害统防统治覆盖率分别达 80%、40% 以上，农作物秸秆、规模畜禽养殖场畜禽排泄物、农村清洁能源利用率分别达 80%、97% 和 70% 以上。到 2017 年，发展生态循环农业将成为人们的自觉行动。浙江省将全面启动生态循环农业示范县、示范区、示范企业创建。现公布十种生态循环农业创新模式：浙江省十大生态循环农业创新模式。

杭州千岛湖金溢农食用菌专业合作社：桑—菌—沼—稻产业循环模式

杭州千岛湖金溢农食用菌专业合作社是淳安县利用"桑—菌—沼—稻"多级循环利用模式最为完善的一个示范点。该合作社利用桑枝条替代传统的杂木生产食用菌菌包，用废弃菌棒及其他废弃物生产沼气，沼气作燃料的补充辅料来灭菌和为反季节秀珍菇生产提供菇房控温，沼液、沼渣作为有机肥还于稻田（或园地），形成"桑—菌—沼—稻"的生态循环农业生产模式。年生产桑枝食用菌菌包 120 万袋，产值 513 万元；利用沼液沼渣还田示范 100 亩，增产值 0.9 万元；利用沼气控温和作燃料补充，年可节本 0.8 万元，三项合计年获利润 118 万元。同时，辐射周边农户种植秀珍菇 200 万袋，产值达 850 万元。该模式在蚕桑产区及食用菌产区具有很好的推广价值，淳安县有桑园近 12 万亩，利用桑枝可生产食用菌菌包 4000 万袋，应用前景十分广阔。

宁波市长泰农业发展有限公司：沼液深度开发物流配送模式

宁波长泰农业发展有限公司收集牧场未完全发酵的沼液，进行沼液深度开发、利用，带动生态农业大循环。2008 年来，公司累计投入资金 700 余万元，建成可全时反映沼气池（沼液池）贮存量、配送量、可灌溉面积现状的智能化指挥管理中心，总容积达 15175 立方米的沼液中转池和专用配送桶，购置沼液运输专用车 5 台，日运力达到 300 吨；在东吴镇小白村 500 亩的生态修复园内，建立集试验、检测、浓缩及沼液系列产品开发为一体的核心示范基地。截至 2012 年 4 月，当地粮食功能区、科技示范园区、区级以上产业化基地都配置了贮液池，配套建设了沟渠、管道、喷滴灌等基地设施；沼液使用覆盖区内水稻等主要十大主导农作物。该模式社会、生态综合效益显著。受益农户减少了成本，改善了农产品的品质，改良了土壤肥力，实现了增产增收，同时，促进了农业向生产清洁化、废物资源化发展，改善了人居环境。

浙江康顺畜牧有限公司：牧草—猪—沼（肥）—电（台湾蜜柚）产业循环模式

浙江康顺畜牧有限公司采取农牧结合和废物循环利用模式，同时开展畜牧业与种植业生产。对养殖场的粪污采取彻底干湿分离、厌氧发酵、沼气发电、再综合利用方法，干粪供应番茄、水果、牧草等基地，沼气作为再生能源供给本场，沼液和沼渣作为养殖场50多亩牧草基地和200多亩水果基地的液肥，形成了"牧草—猪—沼气（沼液沼渣）—发电（台湾蜜柚）"的产业循环新模式。实施该模式后，番茄和水果基地节肥增效、养殖场排泄物变废为宝、沼气池污水处理与沼气发电三项合计年节本增效达95.89万元，有效解决了养殖排泄物和保护生态环境之间的矛盾，使农业废弃物闭路循环和零污染排放，种植业生产优质高效。

夹浦昌达湖羊养殖场：芦笋秸秆养羊—羊粪种芦笋循环模式

长兴县夹浦昌达湖羊养殖场走出了一条"芦笋茎叶"养羊，羊粪"养"芦笋的生态循环农业之路。利用芦笋、秸秆，制成优质青贮饲料，饲喂湖羊后产生的羊粪经收集发酵，运输至芦笋基地用作优质有机肥。800亩芦笋基地每年可为羊场提供800吨的秸秆资源，羊场年可节省饲料成本16万元，而800头湖羊年可产生450吨羊粪，羊粪通过堆积发酵做成优质有机肥，施入芦笋基地，既解决了芦笋基地50%的用肥量，节约化肥成本9万元，又增强了土壤的活力，提高了芦笋的产量和品质，亩增收达400~500元，芦笋基地实现增收40余万元。既实现羊场、芦笋基地的循环共赢发展，又实现了资源的生态循环利用。

平湖市新埭果蔬专业合作社：稻—菇—芦笋产业循环模式

平湖市新埭果蔬专业合作社成功探索了"稻—菇—芦笋"资源循环利用

集成技术链，达到了稳固传统产业（水稻）、提升特色产业（蘑菇）、培育新兴产业（芦笋等）的显著成效。该项目获省农技推广基金会等部门评定的特别优秀奖成果奖，被列为省六大推广模式之一。该模式下经济效益、生态效益、社会效益均十分显著。

浙江东和农业科技发展有限公司：减量清洁生产模式

浙江东和农业科技发展有限公司以沼液和有机肥培育茶叶，利用物理方法防治虫害，安装太阳能杀虫灯100多台，开展人工除草，不用除草剂、化肥、农药、植物生长调节剂等物质；通过测土配方施肥技术，应用喷灌滴灌、肥水同灌等节约型技术，实现农业投入品的减量化，提升茶叶品质，带动18万山区农民增产增收。基地先后获得"省无公害农产品产地""省级示范基地""省高效生态示范园区"等称号，于2010年获得国家有机食品认证，2011年被认定为国家有机食品生产基地。

义乌市顺旺养殖场：猪—沼—牧草循环利用模式

义乌市顺旺养殖场是一家年出栏10000余头生猪的规模化商品养猪场，并租用周边土地160余亩建成青饲料基地一个。几年来累计投入312万元，开展资源化、能源化、生态化建设。把畜禽污水、粪便等转化为清洁能源和优质肥源，将沼气发电供猪场内饲料加工和猪舍湿帘降温，沼液、沼渣作为优质肥料施用于牧草基地，降低牧草种植成本。青饲料基地年为猪场节约精饲料154吨，母猪喂青饲料可提高产仔率及成活率，每头母猪每年可多产1头仔猪，全年可多产仔猪500头，以上合计年可增收节支61.27万元。该模式实现了沼气电力化、排泄物肥料化和牧草饲料化，不仅实现了养殖场对外污染物"零排放"，还带来了较好的经济效益和社会效益。

浙江开启能源科技有限公司：废弃物—沼—发电能源再生模式

浙江开启能源科技有限公司实施农业废弃物资源化和沼气发电示范项目。收集附近充足可靠的畜禽粪便和其他有机农业废弃物。采用农业废弃物的中温厌氧发酵工艺和沼气生物净化工艺，生产的沼气用于发电并网销售，沼液和沼渣加工后作为高品质的有机肥。公司年可处理畜禽粪污和其他农业废弃物 12.2 万吨，年可并网发电量 1320 万千瓦时。此外，每年产生的沼渣达 1.74 万吨，沼液 19.65 万吨，减排温室气体 7.68 万吨二氧化碳当量。通过销售电力和沼液沼渣有机肥，年均销售收入可达 1307.7 万元。该创新模式解决了畜禽养殖业排泄物的污染问题，又开发了沼气，替代煤生产电力，减少了温室气体排放，具有显著的能源、环保、社会、经济效益。

龙泉市顶峰生态农业有限公司：猪—沼—竹循环利用模式

龙泉市顶峰生态农业有限公司积极探索"猪—沼—竹"生态循环模式。该模式主要是将沼液灌溉于毛竹林，沼渣和养殖场猪粪通过发酵加工后制成有机肥，供园区内作物使用。2011 年预计出栏生猪 2500 头，收入 500 万元，净收入 200 万元。使用沼液代替化肥，极大地降低了成本，预计冬笋亩产可达 230 多千克，春笋亩产可达 1500 千克以上，亩增效益可达 2000 多元。该模式不仅使资源得到循环利用，养殖场污染排放得到控制，而且经济效益显著增加。

温岭市明波食用菌种植园：葡萄枝种菇—菇糠种马铃薯循环利用模式

温岭市滨海镇明波食用菌种植园位于首批省级生态循环农业示范区内，基地经营土地面积为 27 亩，现有标准菇房 37 间，年生产秀珍菇 100 万包。基地从 2009 年开始引入利用葡萄枝循环种植秀珍菇生产模式，即将葡萄残枝粉碎制作成秀珍菇菌包，秀珍菇生产废菌包脱袋菌糠覆盖马铃薯畈田种植。其中 2010 年收集利用葡萄枝 250 亩，生产秀珍菇 20 万包，菌糠种植马铃薯 5 亩。经测产，秀珍菇产量 80 吨，利润 54 万元；马铃薯产量 13.9 吨，利润 2 万元。菌包成本比以纯棉籽壳为原料节约成本 0.4 元/袋，共节约成本 8 万元。预计三年内可发展葡萄枝代料种植香菇、秀珍菇等食用菌 100 万袋，菌糠应用面积 1000 亩，推广应用前景广阔。

资料来源：佚名：《生态循环浙江农田更"绿色"》，《浙江日报》2012 年 4 月 26 日，第 14 版。

经验借鉴

　　我国一切用生物方式或不污染环境的"纯天然"方式抑制农业敌害的方法，都是生态循环方式，而用生态循环方式来进行农业生产的形式，便是生态农业，也就是生态循环农业。"十二五"期间，浙江省广泛推广以资源利用节约化、生产过程清洁化、废弃物利用资源化、环境影响无害化为特征的生态循环农业。各企业集思广益，不断提出生态循环农业创新模式，其中的主要经验有以下几点：①因地制宜，发展多级生态循环农业生产模式。例如，杭州千岛湖金溢农食用菌专业合作社利用桑枝生产食用菌菌包，废弃菌棒及其他废弃物生产沼气，利用沼气作为燃料的补充辅料来灭菌和提供菇房控温，同时沼液沼渣作为有机肥还于稻田。这一多级生态循环农业的生产模式为合作社节约了大量成本，创造了相当可观的利润，该模式应用前景十分广泛。②深度开发沼液，利用可再生资源。例如宁波市长泰农业发展有限公司收集牧场未完全发酵的沼液，深度开发利用，为当地粮食功能区、科技示范园区、区级以上产业化基地提供沼液。公司投入700余万元，建设可全时反映沼气池状况的智能化指挥中心，沼液中转池和专用配送桶，购置沼液运输专用车5台，日运力达到300吨。该模式社会、生态综合效益显著。③农牧结合下的废物循环利用。例如浙江康顺畜牧有限公司同时开展畜牧业与种植业生产，形成了"牧草—猪—沼气（沼液沼渣）—发电（台湾蜜柚）"的产业循环新模式，有效解决了养殖排泄物和保护生态环境之间的矛盾，实现了农业废弃物闭路循环和零污染排放，种植业生产优质高效。④开展减量清洁生产。例如浙江东和农业科技发展有限公司以沼液和有机肥培育茶叶，利用物理方法防治虫害，推广测土配方施肥技术，应用喷灌滴灌等节约型技术，实现农业投入品的减量高效化，提升产品品质，带动农民增产增收。⑤开创生态循环农业创新局面，发挥带动效应。浙江省大力推广绿色环保的生态循环农业发展，经过省内多个地市企业的不断尝试，相互学习借鉴，全面启动生态循环农业示范县、示范区、示范企业创建，带动全省更多地市探寻绿色农业发展的新模式，向着理想中的生态循环农业景象努力。总的来说，生态循环农业不单纯地着眼于当年的产量，当年的经济效益，而是追求三个效益（经济效益、社会效益、生态效益）的高度统一，使整个农业生产步入可持续发展的良性循环轨道。浙江省正是用自己的实践来诠释如何实现生态农业循环，如何真正促进经济效益、社会效益、生态效益的共同发展，为农业和社会的可持续发展提供了具有价值的参考范本。

六、浙江畜牧：打造"绿富美"的畜牧样本

案例梗概

1. 浙江宝仔采用 6 级循环系统，逐级处理污水，出水质量达国家 2 级农用灌溉水标准。

2. 浙江宝仔建立整套污染治理长效机制，通过雨污水分流系统和沼气设施，降低污染。

3. 神牛生态农业摸索出"生猪—污水—沼肥—芦笋、蘑菇"的生态循环农业体系。

4. 神牛生态农业通过农牧结合、渔牧结合、林牧结合等循环农业模式，变废为宝。

5. 永宁弟兄农业公司聚焦规划设计、污水处理、循环利用三个维度，打造绿色生产。

6. 永宁弟兄农业公司建立养殖场"核心区"，种植"紧密区"，以及配套"服务区"。

7. 一景生态牧场采用德国全自动前沿设备"武装"各个生产环节，确保奶质安全。

8. 一景生态牧场将生猪来源等信息纳入互联网监管体系，从而形成严密的溯源机制。

关键词：畜牧业转型升级；无污染；零排放；污染治理长效机制；生态循环农业体系

 案例全文

"十三五"规划时期，浙江省确定了高水平全面建成小康社会的奋斗目标，并向全省人民郑重承诺，决不把违法建筑、污泥浊水、脏乱差的环境带入全面小康。畜牧业是主要的民生产业，事关生态环境，在经济社会发展中地位特殊。没有畜牧业的转型升级，就做不到三个"不带入"。从散养到规模养殖、生态养殖，再到新型畜牧体系建设，浙江总是最先遇到挑战，又最先突破生产关系的束缚。2013~2016 年，浙江省高度重视发展生态绿色畜牧业，以"三改一拆"和"五水共治"的扎实推进，推动畜牧业加速从粗放扩张转

向绿色生态；以新的发展思路和新的产业路径，加快形成生产布局优化、资源利用高效、生态环境良好、产品质量安全的畜牧业发展新格局。2016 年 10 月，浙江捧回了全国首个畜牧业绿色发展示范省的称号，浙江实践为南方水网地区生猪养殖污染治理和畜牧业转型升级提供了重要的示范样本，也为全国畜牧业绿色发展新模式提供了可复制、可推广的典型经验。

生态新景象

梳理现存的生态"短板"，只有直击"痛点"，才能尽早抵达"两美"浙江的幸福彼岸。浙江省委、省政府决策部署"五水共治"，而农业水环境治理，尤以畜牧业为重中之重。正如浙江省农业厅主要领导所说，首先畜牧业遇到的挑战是空前的、史无前例的；其次畜牧业在大农业中所占的份额举足轻重；最后浙江畜牧业一直引领着全国，盛名之下，必须相符。从这个角度看，畜牧业转型升级成功与否，不仅关系着浙江农业的命运，也决定着"五水共治"的成败。秉承"决不把污泥浊水带入全面小康"的愿景，必须对"养殖不污染环境"有更加清醒而坚定的认识。散养猪场清退出场、违规排放污染物加大处罚力度在"三改一拆"和"五水共治"势如破竹的生态战役中，畜牧业更是首当其冲：3 年时间，全省全部规模猪（牛）场实现无污染养殖，39 个散养猪重点县和 2000 余家规模水禽场污染治理全面完成，规模化养殖比重高出全国 26.8%。

然而，"关停""限养"并非最科学的出路，畜牧业关系到保供给、保安全、保增收，在大农业中牵一发而动全身。一边是保证市场供应的责任，另一边是生态环境的巨大压力，畜牧业的问题不是要不要发展，而是如何发展的问题。全面理解省委、省政府有关畜牧业转型升级决策精神的内涵，就不难发现，优化浙江省畜牧业布局，使得养殖数量与各地的生态环境承载量相适应，实现养殖无污染和零排放才是这场战役真正的目标。这个关口，浙江根据区域发展差异与土地承载水平，浙江省市县全新编制实施《畜牧业布局结构调整优化方案》和《生态畜牧业发展规划》，全省养殖场户减少 40 万户，禁养区内的养殖场户和其他"低、小、散"户全面得到清理，主动调减存栏生猪 800 万头，全省 11 个地市畜禽存栏量全部低于环境承载量 50%。与此同时，根据浙江省政府《关于加快畜牧业转型升级的意见》，浙江省农业厅联合省环保厅编制出台了《浙江省畜牧业区域布局调整优化方案》，集中力量攻关农牧结合、生态循环利用关键技术，指导传统主产区过载区域生猪养殖减量。

初冬时节，绍兴滨海新城。走进浙江宝仔农业发展有限公司（以下简称"浙江宝仔"）的大门，绿树成荫，曲径通幽，满园鲜花竞相吐蕊，路边池塘水影憧憧，一幅美丽的画卷映入眼帘。浙江宝仔是农发集团当时在浙江唯一的一个生猪养殖基地，每年向市场供应 1.5 万头商品猪。也许有人会以为，这么大规模的一家养猪场，一定会是臭气熏天、污水横流，然而这里却美如花园别有洞天，让初次造访者误以为来到了一家农家乐。原来，宝仔有一整套污染治理长效机制，通过雨污水分流系统和沼气设施，污染物排放几乎为零。经沼气池处理后的水进入 55 亩狐尾藻池、藻池采用 6 级循环，逐级处理，出水质量达到国家 2 级农用灌溉水标准。这是浙江畜牧业生态治污的一个典型缩影，也是如今"两美"蓝图的重要注脚。如果没有对"养什么都可以，但是养什么都不能污染环境"的清醒认识，没有咬定青山不放松、不达目的不收兵的韧劲，是完不成这一任务的。壮士断腕，绝处重生，浙江做到了。

产业新变局

畜牧业站上了十字路口。由传统畜牧业向现代畜牧业转型。村庄里庭院内的零星养殖是原始落后的，明显滞后于经济社会发展和环境需求。规模化工厂化的工业化畜牧业，如果严重污染环境，导致畜禽疫病药残等食物安全问题，亦难持续发展。现代畜牧业应该是生态型畜牧业。

在湖州，神牛生态农业逐步摸索出"生猪—污水—沼肥—芦笋、蘑菇"的生态循环农业体系，500 多亩的农场几乎不存在水和废物污染。"种植芦笋是为了消耗污水，种植蘑菇是为了消耗生猪粪和沼渣，现在，这两项成主打产品了"。蘑菇和芦笋每年为农场带来 200 多万元收入，多样化的农产品产出拉伸了农场产业价值链，提升了农场综合抗风险能力，神牛，因此成为市场"常青树"。"通过农牧结合、渔牧结合、林牧结合等循环农业模式，变废为宝，多样化经营，是畜牧业实现可持续发展的根本路径。"浙江省畜牧局相关负责人说。布局调整和数量调减，为形成种养配套、农牧结合的循环农业体系创造了有利条件。早前实践证明，行之有效的业主小循环、产业中循环、区域大循环等一整套模式，得以进一步快速推广。如今，全省 90% 的规模养殖场采取了农牧结合、生态消纳的处理方式，生猪养殖的规模化水平从原来的场均 200 头左右提高到 600 头以上。猪尿粪变有机肥，废水用来养殖淡水鱼等现象屡见不鲜。

　　与传统农场不同，从建厂之初，诸暨永宁弟兄农业开发公司便从规划设计、污水处理、循环利用三个维度着手，打造真正的绿色循环生产模式。以 1.5 万头的规模化生猪养殖场为"核心区"，形成了以稻米、瓜果、茶叶等种植为主的"紧密区""配套区"，"服务区"则以培育配送服务链为主。永宁与周边乡村形成了相互给养关系，每年吸纳 100 多名农民就业，俨然是当地农村发展的"引擎"。令人欣慰的是，像永宁弟兄一样，这样的"引擎"在浙江乡村加速复制，"千场美丽、万场生态、绿色发展"的美丽畜牧发展理念，早已在这片土地扎根，预计"十三五"规划期间，浙江省美丽牧场将达到 1000 个。一座座标准化、规模化、现代化农场成为畜牧业转型升级的有效载体，实现着生态效益和经济效益的双重丰收，也为浙江乡村搭建了"美村富民"的新平台。

　　"决不在一根猪尾巴上吊死"，在做大做强生猪养殖畜牧产业的同时，其他食草类牲畜养殖同样不可偏颇，随着湖羊、兔、蜜蜂等特色产业振兴计划的大力实施，全省兔业、蜂业等养殖规模不断扩大，浙江畜牧逐渐告别"一猪独大"旧模式，迎来多元特色、"六畜兴旺"新局面。湖羊饲养量逐渐增长。2016 年，浙江省湖羊饲养量达 245 万头，比 3 年前增长了 11.05%，围绕该产业形成的湖羊文化节更是成为全国知名的畜牧文化品牌；绿色、生态的蜜蜂饲养拓宽了转型路径。如金华婺城区不少传统生猪养殖户关停了猪场，逐渐回归本地传统的养蜂业，蜂业产值 1.5 亿元，占全区畜牧业产值比重 15% 左右。而浙江全省蜜蜂饲养量则达 120 余万群，产值达 11 亿元，蜂王浆、蜂花粉产量位居全国前列，蜂蜡产品出口量全国第一。绿水青山间，生态农场处处开花，多元养殖品种争奇斗艳，一张全新的畜牧业产业图谱正泼墨绘成。

未来新蓝图

　　畜牧业不同于传统的工业，也不同于传统的农业，在工业 4.0、"互联网＋"等深刻改变生产力和生产关系的当下，将前沿技术、思维与畜牧业生产、经营、服务、管理相融合，是畜牧业转型升级的关键。2012 年，在浙江，一批畜牧业龙头企业已经率先垂范。

　　浙江一景生态牧场内，悠扬的音乐声响起，1000 多头奶牛进入了挤奶时间，一台国际领先的瑞典进口全自动转盘式挤奶机缓缓旋转起来。"用机器代替人工，既保障了高效生产又保障了品质安全，比如，一景在菌落总数、体细胞总数等控制率方面，甚至还优于欧盟标准。"负责人李鸣介绍说。用澳大利亚纯种优质奶牛和美国优秀种公牛冻精培育奶牛，采用德国全自动犊牛饲喂器取代人工喂奶一整套前沿设备"武装"着各个生产环节，有的奶企曾陷入"三聚氰胺"旋涡，一景凭借卓越的品质，告别了连续 6 年的亏损，从激烈的市场竞争中脱颖而出。万物互联。从生态养殖、屠宰加工、精细生产到物流配送、品牌连锁，"互联网＋"因子已深深渗入华统肉制品有限公司全产业链。从整猪进场到一块小小的猪肉最终安全送上餐桌，通过华统生猪白条综合分级平台、智能化屠宰流水线、集团管控型 ERP 信息系统等，将生猪来源、重量、有无病史等信息纳入互联网监管体系，从而形成了严密的溯源机制，从源头开始，便对"华统"名下所有猪肉产品的安全负责到底。

这只是浙江畜牧依靠新技术、创新发展的缩影。类似的例子不胜枚举：浙江青莲以互联网思维勾勒从养殖到屠宰、加工，再到商业、旅游的全产业链；浙江华腾牧业有限公司的"互联网＋"绿色生态智慧养猪模式入选原农业部"互联网＋"现代农业优秀实践案例。这些创新实践一再证明，浙江畜牧正紧密跟上工业、制造业拥抱智能化、互联网的步伐，这股蓬勃向上的变革趋势，最终将促成浙江畜牧迈向更高水平的转型升级，完成新旧发展动能转换。

除了涵盖动物防疫、动物检疫系统外，还包括生产管理、无害化处理、屠宰管理和污水预警等其他模块，全省范围的智能化监管迈向新层级，在给全省防疫监管工作减少负荷的同时，也为畜牧产品安全供应装上一道带有互联网基因的"安全阀"。

澳大利亚畜牧业发达，畜牧业产值占农业总产值的比重在 60% 以上，其保持较高的全球市场影响力的主要秘籍是：以大中型农场为主，年总产值在 2 万澳元以上的大农场占 94%；现代化程度高，畜牧业各个环节的生产作业都是由机械完成；畜牧业产业水平高，并实现了畜牧教育、科研和推广之间的无缝衔接。相较于模式成熟的澳大利亚，转型升级中的浙江畜牧业还有诸多环节和要素需要完善，还有较长的路要走，而在整个中国畜牧业版图上，浙江是最有实力率先实现"澳大利亚式"畜牧业的城市。

如今，打开诗画浙江的两美画卷，美丽牧场点绿成金，正成为供给侧结构性改革背景下拉动经济增长的新引擎，富裕一方乡土；美丽畜牧山水筑梦，正成为新常态经济版图中勾勒未来生活的重要笔墨，助力美丽中国。"十三五"是中国畜牧业发展转型升级的关键时期，在这个关键节点，浙江畜牧业借力转型升级推进发展速度换挡。奠定了前期积累、顺利走上绿色发展之路的浙江畜牧业，势必引领中国现代畜牧业建设率先实现突破。

资料来源：陈爽：《绿富美的畜牧样本》，《浙江日报》2016年11月30日，第4版。

 经验借鉴

浙江省高度重视发展生态绿色畜牧业，以"三改一拆"和"五水共治"的扎实推进，推动畜牧业加速从粗放扩张转向绿色生态。以新的发展思路和新的产业路径，加快形成生产布局优化、资源利用高效、生态环境良好、产品质量安全的畜牧业发展新格局。浙江省绿色畜牧发展主要体现在以下几个方面：①生态新景象。3年时间，浙江省全部规模猪（牛）场实现无污染养殖，规模化养殖比重高出全国26.8%。且优化浙江省畜牧业布局，使得养殖数量与各地的生态环境承载量相适应，实现养殖无污染和零排放。②产业新变局。传统畜牧业向现代畜牧业转型，一座座标准化、规模化、现代化农场成为畜牧业转型升级的有效载体，实现着生态效益和经济效益的双重丰收。在做大做强生猪养殖畜牧产业的同时，全省兔业、蜂业等养殖规模不断扩大，浙江畜牧逐渐告别"一猪独大"旧模式，迎来多元特色、"六畜兴旺"新局面。③未来新蓝图。浙江畜牧正紧密跟上工业、制造业拥抱智能化、互联网的步伐，这股蓬勃向上的变革趋势，最终将促成浙江畜牧迈向更高水平的转型升级，完成新旧发展动能转换。浙江畜牧业在"十三五"中国畜牧业发展转型升级的关键时期，借力转型升级推进发展速度换挡，快速顺利地走上绿色发展之路。

七、巨化集团：建设花园工厂　捕捉循环生机

案例梗概

1. 巨化集团摒弃传统高污染、高能耗的生产方式，开展清洁生产，拓展产业链。

2. 践行绿色、低碳、环保、生态发展理念，严格源头防控，发展循环经济产业。

3. 主要排渠口设有在线数据屏，接受社会实时监督，进行改造升级，节水生产。

4. 梯级循环利用氯碱化工和氟化工产业间的氯元素，在全国同行中处于领先地位。

5. 坚持走科技先导型、资源节约型、清洁生产型、生态保护型、循环经济型发展道路。

6. 构建适合化工及新材料企业发展的生态系统，承担园区大部分污水和固废处理。

7. 形成"餐厨废弃物→有机肥等""生活污水→绿化、道路洒水等"多条"静脉产业链"。

关键词：资源节约；清洁生产；生态保护；循环经济；静脉产业链

 案例全文

　　让工业企业实现清洁生产，发展循环经济，是保护、发扬浙江生态优势，打造"绿色浙江"的重要一环。巨化近年来的变化表明，即使是一家老化工企业，只要下定决心摒弃传统高污染、高能耗的生产方式，用清洁生产的要求转变生产方式，用循环经济的发展理念拓展产业链，完全可以走上科技先导型、资源节约型、清洁生产型、生态保护型、循环经济型的绿色发展之路，实现生态效益和经济效益的双赢。

　　衢州城南千塘畈的一片枇杷林里，金黄的枇杷挂满枝头；不远处的坡地树丛里，澳洲鸵鸟探头探脑，信步觅食；池塘里，碧波荡漾，鱼翔浅底……这里不是什么农庄果园，而是巨化集团的一角。池塘里的水来自巨化污水处理厂排放的中水，枇杷林边上就是巨化的固废处理场。到了冬天，还能见到南徙的天鹅、野鸭等来此产卵、越冬。对一家已有60年历史的老化工厂而言，这是一片独特的风景。巨化集团党委书记、董事长胡仲明说，巨化地处浙江母亲河钱塘江的上游，又是大型化工联合企业，抓好循环经济建设、实现绿色发展，不但是践行社会责任的需要，更是企业生存发展的内在要求。

森林环抱的花园化工厂

　　巨化是我国自主建设的第一个大型联合化工企业，曾是浙江省最大的化肥厂，如今是全球最大的氟制冷剂生产企业。走进这个"十里化工城"，处处绿意盎然：生活区有南北公园，厂前区有森林公园，北大门有湿地公园；生产区内，丁香、香樟、樱树、玉兰、雪松等随处可见。住在巨化招待所，一早就被鸟儿叫醒。巨化人说，近年来连白鹭都在生产区门口的树林里安了家，还能看到珠颈斑鸠、赤腹鹰、黄眉姬鹟……以前，巨化厂区虽也有些绿化树，但以夹竹桃为主。夹竹桃生命力强，耐酸耐碱，能吸粉尘和有毒气体，一直是化工厂绿化的当家树种。"那时只有种夹竹桃才容易活，而现在连对烟气敏感的五针松都长得很好。"巨化健康置业事业部总经理步红祖指着生产装置旁的一株五针松自豪地说。生机勃勃的绿色，昭示着企业与自然的和谐平衡，蕴含着产业与生态的良性循环。这背后是巨化践行绿色、低碳、环保、生态发展理念，严格源头防控，发展循环经济的不懈努力。

近年来，巨化大力推进生态化循环经济改造：淘汰 27 套大型生产装置，光土地就腾出 1517 亩；应用先进生产控制系统，从源头减少"三废"；实施环保提质、提标、提速，投资 5 亿多元改造燃煤电厂，排放水平已优于天然气电厂；近 3 年又投资 3 亿多元增加环保装置。改造前，巨化最高日消耗生产用水 95 万吨，但通过中水回用、节水生产等，不但用水量比 15 年前减少了 63%，外排量更减少 90%，外排水质达到城镇污水处理厂的一级 B 排放标准。"巨化的主要排渠口设有在线数据屏，接受社会实时监督。"巨化生产运营部部长郑积林说。"生态巨化""森林巨化"已成为巨化的新名片，颠覆了人们对传统化工企业的认知。2017 年，《关于消耗臭氧层物质的蒙特利尔议定书》多边基金执委会委托世界银行来巨化开展 ODS（消耗臭氧层物质）核查，世界银行一位华人专家考察后对巨化负责人说："这一路看过来，巨化给中国化工企业争了脸面！"

"动""静"结合的企业小循环

很长一个时期内，巨化一直生产尿素、"三酸两碱"、电石等传统化工产品。如今，高能耗、高污染、市场效益差的传统产品被淘汰，以氟化工、氯碱化工、煤化工和石油化工为主的产业格局已经形成。各产业链纵向延伸、横向耦合，打造"动脉产业""静脉产业"互补发展的循环经济生态体系，形成"资源→产品→再生资源→产品"的循环经济圈。相比 15 年前，巨化的万元工业增加值能耗下降了 73%。20 世纪 90 年代巨化二次创业的当家品种氟利昂，如今已被淘汰，升级为国际先进新型环保氟制冷剂。巨化在国内率先将其实现产业化，并延伸至更高附加值的氟聚合物、氟材料的规模化生产，成为国内氟化工龙头企业。创业"老三厂"之一的电化厂，如今已变身氯碱新材料事业部，生产聚偏二氯乙烯（PVDC）。这种用在双汇、金锣等知名火腿肠上的新型食品包装材料，曾长期依赖进口。巨化潜心研制30年终获成功，产品反向出口日本、欧美，产能居国内第一、世界第三。同样从电化厂衍生出来的高纯氯气、高纯氯化氢生产线，如今正助力制造"中国芯"。工程师张云锋说："巨化在国内率先建成完整的湿电子化学品产业链，生产的高纯度电子气体已被中芯国际、华虹宏力等芯片企业采用。从普通氯气到电子级高纯氯气，价格涨了数百倍。"

截至2018年6月，巨化对氯碱化工和氟化工产业间的氯元素梯级循环利用，在全国同行中处于领先地位，产品主要技术经济指标达到国际先进水平。行走在巨化厂区，管廊纵横交错。"这些管廊好比巨化内部产业循环的血管。"巨化安环部部长郑积林介绍，以"氯、碳、硫、氢、氟"等元素的循环利用为特色，巨化已经形成了十余条纵横交错、产业梯度发展的循环经济"动脉产业"链和处理"三废"的"静脉产业"链，原料、产品、中间品、副产物、废弃物"吃干榨净"，降低了生产消耗，极大减少了用能和排放。"巨化坚持走科技先导型、资源节约型、清洁生产型、生态保护型、循环经济型发展道路，营业收入、上缴国家利税、全员劳动生产率、职工收入等10年来都实现了翻番，净资产增长2.5倍。"巨化集团总经理周黎旸说，近年来巨化先后被评为全国循环经济先进单位、国家循环化改造示范试点园区。2018年，全国50个国家循环经济教育示范基地中化工企业仅两家，巨化名列其中。

和谐共生的园区大循环

在衢州工业生态体系中，巨化处于一个重要的关节点。"巨化对衢州工业的贡献，怎么评价都不为过。对衢州高新区来说，可以说没有巨化就没有高新区的今天。"原衢州绿色产业集聚区、衢州高新区党工委副书记、副主任郑河江说。巨化的循环经济产业，为高新区构建了一个适合化工及新材料企业发展的生态系统，不但给园区企业提供热、汽、水等公共服务，提供生产所需的化工原料，还承担了大部分的污水和固废处理。很多化工及新材料企业对这一便利很看重，韩国晓星集团、杉杉股份、中硝康鹏、中科锂电、北斗星……近年来纷纷落户衢州高新区。2011年，华友钴业准备在国内新建生产基地，走了全国36个城市，最终选择了衢州，在离巨化两公里远的地方建起了华友衢州产业园。"紧邻巨化，可以方便获取巨化的化工产品、热蒸汽，降低生产成本，同时也解决了废弃物的处理问题。"浙江华友钴业股份有限公司副总裁方圆说，如今华友已成为全球钴行业的领先者。巨化参与投资上亿元的输送蒸汽、工业水、氢气、氨气等原辅料的综合输送管廊，从巨化通向衢州绿色产业集聚区众多企业。集聚区高新园区块84家企业有55家用上了巨化蒸汽，每年供热近百万吨。同时，50余家企业每年有125万吨污水回送巨化处理。

以循环经济（静脉产业）基地为依托，巨化对衢州市的工业固废、医疗废弃物、餐厨废弃物进行区域化、无害化和资源化处理，让废弃物变身再生资源，实现"生产、生活、生态"的平衡。基地建成后，将达到年处理城市固废60万吨、工业固废60万吨、污水1050万吨的规模。"目前形成的已有'餐厨废弃物→有机肥等''生活污水→绿化、道路洒水等'多条连通巨化和周边的'静脉产业链'。"巨化下属的衢州市清源生物科技公司经理詹仙争说，"像衢州城区大小饭店的餐厨废弃物都要汇集到我们这里，经无害化处理后成为上好有机肥。"

资料来源：张紫薇：《勃勃生机绿中来——巨化发展循环经济纪事》，《浙江日报》2018年6月10日，第1、3版。

 经验借鉴

工业企业实现清洁生产，发展循环经济有助于保护、发扬浙江生态优势，打造"绿色浙江"。巨化作为一家老化工企业，走上了科技先导型、资源节约型、清洁生产型、生态保护型、循环经济型的绿色发展之路，实现了生态效益和经济效益的双赢。其绿色发展的经验可概括为以下几点：①厂区生态化建设，成为"森林环抱的花园化工厂"，打造绿色厂区氛围，彰显践行绿色、低碳、环保、生态发展理念。厂区内部种植丁香、香樟、樱树、玉兰等植物，临近森林公园与湿地公园，昭示企业与自然的和谐平衡，体现可持续发展（Sustainable development）理念。②推进生态化循环经济（Circular economy）改造，构建

"动""静"结合的企业小循环。巨化淘汰 27 套大型生产装置，应用先进生产控制系统，实施环保提质、提标、提速、投资改造燃煤电厂，增加环保装置，改变中国化工企业破坏环境的旧有形象，彰显企业保护环境的社会责任担当。巨化通过打造"动脉产业""静脉产业"互补发展的循环经济生态体系，形成"资源→产品→再生资源→产品"的循环经济圈。原料、产品、中间品、副产物、废弃物"吃干榨净"，降低了生产消耗，极大减少了用能和排放。③放弃高污染的传统产品，发展环保型新产品。巨化停止之前一直生产的尿素、"三酸两碱"、电石等传统化工产品，以这些为代表的高能耗、高污染、市场效益差的传统产品被砍掉，以氟化工、氯碱化工、煤化工和石油化工为主的产业格局形成。淘汰 20 世纪 90 年代巨化当家品种氟利昂，升级为国际先进新型环保氟制冷剂等。④推动和谐共生的园区大循环，为高新区构建一个适合化工及新材料企业发展的生态系统。巨化给园区企业提供诸多公共服务，提供生产所需的化工原料，对衢州市的工业固废、医疗废弃物、餐厨废弃物进行区域化、无害化和资源化处理，吸引了很多化工及新材料企业，为高新区生态文明建设做出重要贡献。

本篇启发思考题

1. 什么是循环经济？如何理解低碳循环经济？
2. 当前我国企业发展循环经济主要面临哪些问题？
3. 企业如何建立生态循环产业链，走生态循环之路？
4. 企业如何在循环发展中实现"变废为宝"？
5. 如何发展生态产业园区的生态循环经济？
6. 生态产业园区的企业集成了哪些优势以推进循环经济发展？
7. 新能源企业发展循环经济的着力点是什么？
8. 制造企业发展循环经济的途径主要有哪些？
9. 企业发展循环经济需要哪些配套政策？
10. 如何建立企业发展循环经济的保障机制？

第五篇

绿色市场和绿色金融

一、东阳红木：剑指环境污染　决心"壮士断腕"

 案例梗概

1. 东阳以环保整治为突破口进行专项整治，综合考虑企业规模、效益等因素分类施策。

2. 东阳重点指导优质红木企业，依法关停"四无"企业，限期整改中间层面的企业。

3. 双洋红木安置中央除尘装置、油漆废气处理装置等设备，对生产流程进行改造。

4. 旭东红木安装 20 套除尘设备，开料、打磨等产生粉尘的工序在全封闭车间操作。

5. 新明红木拆除 2000 多平方米的部分老厂房，改造成富有古建筑特色的绿化公园。

6. 145 家企业的雕刻车间及 35 家企业的油漆中心迁至东阳南马镇花园雕刻油漆中心。

7. 5 家红木小微企业以入股的形式合并到中信红木，成为大企业的分厂，抱团发展。

8. 明堂红木争取政府专项产业扶持基金，用于产品创新研发，逐步迈入发展的正轨。

关键词：环保整治；兼并重组；扶持做优做强；绿色发展；抱团发展

 案例全文

"中国木雕数浙江，浙江木雕看东阳"。已有千年历史的东阳木雕，不仅是当地的一张"金名片"，更孕育了独具特色的红木家具产业。据统计，截至 2018 年，东阳有红木家具企业 2000 余家，年产值超 200 亿元，从业人员达 10 余万人，被称为"富民"产业。然而，这个"富民"产业正在经历阵痛。自 2017 年 8 月起，东阳结合中央环保督察要求，将红木家具企业纳入整治范围，数百家企业关停淘汰，上千家企业停产整治，占全国 1/4 销量的东阳红木家具产能大量缩减。

着力产业"瓶颈"

"开展红木企业环保整治，既是落实中央环保督察整改的重要内容，更是东阳实现高质量发展的内在要求。"东阳市委主要负责人说，随着红木家具行业发展壮大，产业结构"低小散"、环境污染、资源分配不均等问题逐渐成为制约产业转型发展的"瓶颈"，"'富民'产业要的是整个产业的健康持续发展，决不能局限于眼前利益，更不能以牺牲环境为代价。我们从产业做大做强出发，主动加压，在中央环保督察要求整治红木企业废气问题的基础上，对该行业的废气、粉尘、废水进行全面整治"。

剑指环境污染

"这个行业早就该管管了。"东阳横店的胡建明是一位红木家具老师傅，因身体原因提前"退休"，对这个干了近 40 年的行业，他的内心是又爱又恨。红木家具企业产生的污染，是胡建明最无法忍受的。红木家具在木材切割、打磨过程中会产生大量木屑和粉尘，在喷漆过程中会造成空气污染，而很多红木家具及配套加工企业都散布在农村，生产过程中产生的污染给附近几个村的生态和村民带来了较大的影响。据统计，东阳市环保局每年受理红木家具行业环境的信访和投诉就多达数百起，其中主要涉及废气、粉尘等问题。"这些'低小散'红木家具企业牺牲了生态环境和百姓安全等切身利益，扰乱了公平的市场竞争环境。"东阳市木雕红木办主任傅为民说。近年来，红木家具市场需求扩大，新办企业如雨后春笋般冒出来，"低小散"泛滥，甚至出现了不少以假充真、以次充好、偷工减料、粗制滥造等行为。

环境不堪重负，企业效益低下，红木家具产业转型升级势在必行。2018年 3 月以来，东阳以环保整治为突破口进行专项整治，在"破"的过程中，综合考虑企业的规模、效益等因素分类施策，对于规上和拟培育（承诺）上规的优质企业进行重点指导；对于"四无"企业，坚决依法关停；对于中间层面的企业，限期整改，鼓励兼并重组、扶持做优做强。截至 7 月初，东阳累计关停淘汰红木家具企业 802 家，停产整治 1017 家，同时有 364 家企业完成废气等设备安装，并陆续完成环保验收。

改造生产流程

2018 年来，环保整治"重拳"不断，但东阳双洋红木董事长王海洋并没有感觉到很大压力。2018 年，他先后投入 200 多万元购买环保设备和进行技术改造。走进双洋红木打磨车间，一根根管道架在木工设备之上，将打磨时产生的粉尘一一吸入。王海洋说，以前打磨车间内全是飞扬的木屑，窗户上落满粉尘。"自从装了除尘设备，环境彻底改变，连地面上也少有木屑掉落。"在以前，工人都不想在车间里灰头土脸地多待一会。让王海洋没想到的是，随着中央除尘装置、油漆废气处理装置等设备的安置，红木家具原来的生产流程进行改造后，机器设备的利用率明显提高，工艺技术水平得到了不小提升，竟还腾出了新的发展空间。

整改带来的意外之喜不在少数。东阳旭东红木共投入 2000 多万元，安装了 20 套除尘设备，开料、打磨、雕刻等产生粉尘的工序都在全封闭的车间里操作。"我们打造了一个'透明工厂'，以前带客户去展厅看产品，如今直接让客户来工厂看木料和家具生产流程。"旭东红木董事长李晓东说，很多客户参观完"透明工厂"后心里更加踏实了，直接下单的比例越来越高。"这阵子来我厂里参观采购的人特别多，订单排到了 2018 年 9 月份。"东阳新明红木家具董事长张新民说，原来 2000 多平方米的部分老厂房拆除之后，被改造成富有古建筑特色的绿化公园，企业进入了绿色发展的新轨道。截至 2018 年 7 月，东阳已涌现出许多环保整治标杆企业，政府多次组织红木家具企业到样板企业参观学习，起到了很好的示范带动作用。

以整改促集聚

整改只是手段，发展才是目的。东阳市委、市政府坚持破立并举、堵疏结合，在做好环保整治的同时，也引导更多的红木家具企业探索绿色发展之路。2018 年 7 月，东阳南马镇花园雕刻油漆中心迎来了"新主人"。原来，由于受企业规模及产能限制，145 家企业的雕刻车间以及 35 家企业的油漆中心纷纷搬迁至此。"中小企业资金实力有限，自身缺乏环保整改能力，为了让这些企业继续发展下去，花园村建立雕刻油漆中心，建设一套符合标准的环保系统，引导企业将雕刻、油漆等加工环节迁入这里。"花园村党委书记邵钦祥说，雕刻油漆中心可以有效解决中小企业"散乱污"现象，帮助他们走集约化专业化治理之路，促进企业转型升级。

从竞争对手到合作伙伴，企业抱团发展成为新趋势。5家红木家具小微企业已经以入股的形式合并到了中信红木，成为了大企业的分厂。以后由大企业给分厂进行环保改造、提供设计标准、灌输管理发展理念、分摊生产任务，这样既解决了大企业的产能不足，也让入股的小微企业得到规范发展。"与中信红木一样，全市还有100家红木企业，吸纳了239家小微企业为其产业链配套。"傅为民认为，这一方面避免了小微企业"自生自灭"的窘境，另一方面有效整合了资源，有利于大企业做强做大做优。

与此同时，东阳以政府有形之手紧握市场无形之手，除建立一批红木家具园区外，还专门建立了一个木雕红木产业专项扶持资金，重点鼓励企业小升规、整合重组和做强做大。"我们2018年就争取到119万元的奖励资金，政府做了一件大好事。"明堂红木董事长张向荣说，明堂红木每年在产品创新研发上的投入超千万元，专项扶持资金的建立也使很多有潜质的中小企业迈入正轨。截至2018年7月，东阳共对169家红木家具企业给予奖励资金，合计3679.94万元。

资料来源：金梁、陈勇、黄永强：《一个富民产业的"壮士断腕"》，《浙江日报》2018年7月15日，第1版。

 经验借鉴

东阳结合中央环保督察要求，将红木家具企业纳入整治范围，关停淘汰数百家企业，以环保整治为突破口进行专项整治。在这一过程中，东阳持续推进红木家具行业的转型升级，主要体现在以下几个方面：①践行绿色发展。东阳从产业做大做强出发，全面整治红木家具行业的废气、粉尘、废水。红木企业大力投入购买环保设备和进行技术改造，涌现出许多环保整治标杆企业。政府多次组织红木家具企业到样板企业参观学习，起到了很好的示范带动作用，也引导更多的红木家具企业探索绿色发展之路。②"破立并举、疏堵结合"的工作总方针。东阳人对待本市的红木家具企业，不是一棍子打死，而是根据市场动态，结合现状，采取产业集聚、兼并合并、抱团等一些市场融合手段，调整红木家具企业的总体布局，优化红木家具产业结构，东阳红木企业逐步进入集约化、专业化、规范化的绿色发展新轨道。③东阳以政府有形之手紧握市场无形之手，按照相关标准，着手对已安装环保设备的红木企业开展验收工作，目标清晰，措施得力，责任到位，企业理解，顺畅进行了红木家具行业的环保整治工作。除了建立一批红木家具园区外，还专门建立了一个木雕红木产业专项扶持资金，重点鼓励企业小升规、整合重组和做强做大。

二、树蛙部落：环保民宿　绿色突围

案例梗概

1. 余姚鹿亭乡中村挖掘生态环境和传统文化资源，持续培育和强化村民运营能力。
2. 乡伴文旅集团打造原生态的民宿项目——树蛙部落，激发乡村旅游的发展活力。
3. "树蛙部落"项目整修竹林，营造景观，截污纳管，精心孵化贴近自然的生活方式。
4. 项目就地取材，建造过程不使用复杂高科技工艺和大型设备，凭借双手搭建树屋。
5. 项目激活闲置资源，改造废弃茶厂，启发村民探索适合自己的乡村经济振兴道路。
6. 村委着手成立合作社，统一收购，招商引资，与"树蛙部落"合作创立农产品品牌。
7. 中村坚守生态底线，尊重自然、敬畏自然，保持原生态无污染的生活环境。

关键词：激活闲置资源；敬畏自然；生态环境挖掘；传统文化资源挖掘；自然生活方式

案例全文

一个位于水源保护区的村庄，如何实现保护与发展的平衡？一个陷入乡村旅游同质化困境的山村，又如何实现突围？在余姚鹿亭乡中村，一个与自然山水融为一体的个性化民宿项目为当地提供了破解乡村旅游同质化难题的思路，激活了村民的自信。这里的经验，值得其他地方参考借鉴。

14套造型特别的木屋悬空矗立，不规则的像鸟巢，球形的像宇宙行星，尖顶的像《指环王》里霍比特人的房子。每一幢都与森林、溪流、老宅融为一体，构成了山间的独特风景。这是余姚鹿亭乡中村村里的民宿项目——树蛙部落。初夏时节，尽管山中下着雨，却丝毫不影响游客的热情。许多上海、杭州、宁波人带着孩子，驱车远道而来，沿着盘山公路进山，就是为了参观木屋，体验木屋生活。他们拍的照片、写的文字，经网络传播，让"树蛙部落"一夜之间成了"网红"，也为坐落在四明山上的中村带来源源不断的人气，推动资本进村、民宿落地、村民返乡。"树蛙部落"，看似只是一个民宿项目，探索的却是山村的未来。从这个项目出发，能够窥探山乡旅游产业升级、返乡创业潮流的现状，看到乡村振兴的希望。

山村变革　在困境中开始

"树蛙部落"，静静地安置在中村的一个山坳中。四周青山如水墨铺开，晓鹿溪穿村而过，几十幢明清和民国时期的房子沿溪而筑，100余户村民依山而居。守着如此美丽的风景，但长期以来，村庄发展陷入困局，村民心中也有个解不开的"疙瘩"：日子并不富裕。作为宁波市重要的饮用水源保护地和生态涵养区，鹿亭乡必须严守生态底线，工业、养殖业无法发展，前些年当地还关停了54家养殖场、10多家水煮笋厂。想发展现代生态农业也并不容易，因为地处高山、耕地稀少，种植业始终成不了规模，效益也不高。由于缺乏就业机会和收入来源，许多村民纷纷外出，以致全乡虽有1.7万户籍人口，常住的却只有7000多人，不少村庄出现"空心化"。"几年前，包括中村在内，全乡12个行政村'空心化'都很严重，大多数村庄只看得见老人的身影。"鹿亭乡乡长郑杰说，"照这样的趋势，再过三四十年，这里的村庄将一一消失。"

要留住村民，就要创造更多就业机会；要吸引年轻人返乡，就得激活山村的发展动力。近年来，随着美丽乡村建设不断推进，乡里公共基础设施逐步完善，建成了卫生服务站、村级便民服务中心、生态公厕等，修缮了祠堂、老宅、古桥，村民开办起了农家乐，乡村旅游有了长足的发展。可惜好景不长，旅游产业同质化的问题，逐渐在这里显现。"一家一户、低价竞争"的模式，带动村民增收致富的作用有限，且由于餐饮品质不高、村民服务意识欠缺，不少游客反映"住宿体验不佳"。很多宁波本地游客，看了住宿环境直摇头，待上半天就走了。以中村为例，全村16家农家乐、200余个床位，年均入住率不到50%。

老路行不通，中村何去何从？"乡村游，必须变。"郑杰说，随着消费升级、竞争加速，住农家乐、吃农家饭、搞采摘游等简单的模式，已无法满足人们对优美生态环境、美好住宿体验的需求，"乡村必须进一步挖掘生态环境和传统文化资源，持续培育和强化村民运营能力，引入更有价值、更有个性的产品，使乡村旅游可持续发展。"2015年10月，乡伴文旅集团创始人朱胜萱来到余姚。这个在全国建造了13家"原舍"民宿的商人，擅长用市场眼光审视乡村价值，寻找人与自然相处的最佳模式。走过当地8个村落后，朱胜萱的眼光盯上了中村，"中村的山水，适合打造有趣的房子和理想的生活。"他当即决定，以每年18万元的租金租下15亩地，打造原生态的民宿项目——树蛙部落。小山村的变革，就这样开始了。

乡村旅游　有个性才有活力

中村的山水，有一种灵秀的美，山腰常缠绕雾气，竹林间落叶有声，连空气仿佛也是甜的。为建造"树蛙部落"，朱胜萱和总设计师付丛伟花了两年多时间，从看得见的竹林整修、景观营造，到看不见的截污纳管、水电线路，无不细致入微，"在这里，我们要把有趣、自由、贴近自然的生活方式孵化出来，让游客安心在乡村住下来"。后来，付丛伟和团队干脆搬到村里，住进村民家中，观察村庄的每个角落，体验原生态的环境和淳朴的民风。村里家家有院子、户户有菜园，沿袭着在溪中淘米、洗衣的习俗，闲暇时三五成群，坐在老樟树下聊天。很快，付丛伟找到了民宿的设计方向：参照七千年前的河姆渡文明，在石滩山涧旁营造一个原始部落。"那时的人们临水而居，用木桩构成架空的建筑基座，房屋多为三角形。"付丛伟说，模仿干阑式建筑，将对土壤和植被的影响降到最低，20年的租约到期后，还给村民原原本本的自然风貌。在设计团队画出6种房屋样式图后，付丛伟拿着图纸，到处询问村民的意见。为了使建筑更贴合自然山水，他还定下了两个规矩：石材、木头、砖瓦、竹子等尽量就地取材；建造过程不使用复杂高科技工艺和大型机械设备，尽量凭借双手搭建树屋。这样的建造方式，给了村民启发：人的巧思和创新，能让大山之间的资源拥有更多价值。在设计师们的邀请下，84 岁的竹匠俞国志和 63 岁的石匠郑志来用自己的手艺，打造了横跨晓鹿溪的竹桥和民宿入口处的鹅卵石墙。竹桥看似平凡，却充满了韵味。鹅卵石墙看似普通，却体现着就地取材的智慧。日复一日的打磨中，亲子阁楼、鸟巢跃层、星空穹顶、房车、帐篷等各种形态的空间一个个形成。终于，2018 年 4 月，"树蛙部落"露面了。仅凭着微信的几篇推文，这个项目便吸引了来自浙江省内外的大量游客，14 套木屋连工作日都无一空房，还带动村里农家乐的入住率都提升了不少。兴奋之余，鹿亭乡和中村的人们都意识到：这正是他们期待的有个性的产品，也是乡村旅游未来的方向。

村民的自信　就这样被激活

暮色四合，住客纷至沓来。山林间、村道上，时时传来孩子的笑声和大人的赞叹。"欢迎来到'树蛙部落'。"陈佳颖站在民宿大厅门口，热情地招呼客人。相比大城市的喧嚣，这个 1997 年出生的姑娘，更向往大自然。民宿还未完全落成，她便回到村里，应聘成了员工。如今，大厅外种的花花草草，都花费了这位年轻姑娘的大量心思。近来，她还准备收集、整理中村的历史，与前来探访的自驾游客聊聊这个古村的过去、现在、未来。据驻村店长郑永雄介绍，截至 2018 年 5 月底，"树蛙部落"有 20 多个员工，有一半是村里人。65 岁的赵莲苏，在民宿开业后应聘担任保洁员，每天上班只需走 5 分钟，既能照顾家务，还不耽误农活，让她十分满意。

不过，在郑杰看来，中村最大的变化，在于人们已经行动起来，探索适合自己的乡村振兴道路。返乡的村民多了。2017 年 10 月，在宁波做生意的郑宇峰回到村里，把家中老宅扩建，开起了民宿。不久前，他还通过竞选加入村两委，成了最年轻的村干部。"这两天，我就接到了 5 位村民的电话。"郑宇峰说，这一个月来，不少在外地打工的村民，听闻村里的变化，纷纷向他打听开民宿、农家乐的事情。闲置的资源激活了。村里废弃的老茶厂经过改造，成了人们品尝美食、娱乐休闲的场所。有几户村民已经开始修葺、改造老屋，探索居住条件改善、传统文化传承与旅游经济发展的共生模式。更多的业态产生了。眼下，村两委正着手成立合作社，统一收购村中闲置房屋、山林、田地，统一招商引资，同时与"树蛙部落"合作创立村里的农产品品牌，收购村民自制的笋干、茶叶，利用电商、民宿内部展销等方式，拓宽村民增收渠道。而对于生态，无论是村两委还是村民，态度都毫不含糊：无论是新办农家乐、民宿，还是发展生态农业、林下经济，都必须以尊重自然、敬畏自然为基础，严守生态底线。所有人都牢记几个约定：山上的树是不能砍的，农药和化肥是不能用的，溪水是不能污染的，垃圾是要精准分类的。

"'树蛙部落'进驻中村，看中的正是原生态、无污染的生态环境，这是村庄变迁的基础，也是我们必须守护的资源。"郑宇峰说，现在，村民真实体会到人与自然和谐相处的发展理念，也尝到了绿水青山向金山银山转化的甜头，更加明白了生态文明建设的意义。大地生机盎然，四明山的盛夏就要来了。中村的村民也已经准备好，迎接一个更火热的未来。

资料来源: 陆海旻：《个性化民宿"树蛙部落"对乡村旅游的启示：一个山村的绿色突围》，《浙江日报》2018 年 5 月 29 日，第 11 版。

 经验借鉴

余姚鹿亭乡中村，建造乡村旅游绿色突围的个性化民宿——树蛙部落，与自然山水融为一体，探索的却是山村的未来，为当地提供了破解乡村旅游同质化难题的思路，激活了村民的自信。简单来说，"树蛙部落"绿色突围的主要经验有如下几条：①乡村旅游产业升级，着重环境保护。例如，民宿模仿干阑式建筑，将对土壤和植被的影响降到最低，20 年的租约到期后，还给村民原原本本的自然风貌；再如石材、木头、砖瓦、竹子等就地取材，凭借双手搭建树屋。自然山水融为一体的个性化民宿项目，为当地提供了破解乡村旅游同质化难题的思路，激活了村民的自信。②激活闲置资源，探索振兴道路。不仅人力资源得到扩充，大学生、农民都在这找到适合的工作，而且村里废弃的老茶厂经过改造，成了人们品尝美食、娱乐休闲的场所。村民已经行动起来，开始修葺、改造老屋，探索居住条件改善、传统文化传承与旅游经济发展的共生模式，探索适合自己的乡村振兴道路。③巧思创新，打磨个性化旅游产品。树蛙部落项目设计多样化、个性化的主题产品，以激发生态旅游市场活力。例如亲子阁楼、鸟巢跃层、星空穹顶、房车、帐篷等各种形态的空间一个个形成，仅凭着微信的几篇推文便吸引了来自浙江省内外的大量游客，快速打开了市场，这充分体现了这一点。④尊重自然、敬畏自然，严守生态底线，可持续发展乡村旅游。原生态、无污染的生态环境，是村庄变迁的基础，也是必须守护的资源。例如进一步挖掘生态环境和传统文化资源，持续培育和强化村民运营能力，引入更有价值、更有个性的产品，推动资本进村、民宿落地、村民返乡。村民真实体会到人与自然和谐相处的发展理念，也尝到了绿水青山向金山银山转化的甜头，更加明白了生态文明建设的意义。

三、湖州森诺膜：打造一流的环保科技企业

 案例梗概

1. 森诺膜瞄准固废处理领域，研发"膜法垃圾飞灰水泥窑协同资源化利用"处理模式。
2. 在垃圾飞灰处置方面进行创新，建立微生物处理系统——垃圾飞灰资源化利用系统。
3. 建立国内首家膜蒸馏行业院士专家工作站，在专家带领下，共同开展技术研究。
4. 开创膜蒸馏技术多项工业化运用，填补国内膜蒸馏工业化应用的多项空白。
5. 整合"森诺氟""森诺膜"等几家公司，争取上市，运用资本杠杆的撬动作用。
6. 按照卓越绩效管理的 5A 管理模式，使硬软件及时得到升级，提高员工工作效率。

关键词：环保产业；固废处理；资源化利用；绿色环保企业；技术研发驱动

 案例全文

位于南浔区双林镇的湖州森诺膜技术工程有限公司（以下简称"森诺膜"），是一家固定资产仅 300 余万元的小微企业，但在成立一年多的时间里，凭借独特的发展理念，一举破解了行业难题，并成为国内首家将膜蒸馏技术实现产业化的企业。湖州森诺膜技术工程有限公司总经理王中华曾表示，

2014 年以来，为了洽谈业务，他几乎每周都要往返湖州与北京；喜的是，就在 2015 年 12 月初，与北京金隅集团有限责任公司签下了 20 年的合作合同，长达 1 年多的"马拉松"式洽谈终于画上了圆满的句号。"办企业难，创办企业更难。"这是王中华常挂在嘴边的一句话，"特别是初创型的小微企业，更需要巧借各种外力，才能实现快速发展。"尽管一路布满荆棘，但凭着一个"借"字，森诺膜在成立后的 1 年多时间里，成功将膜蒸馏技术实现产业化，化解了 29 年之久的业界之困，并破解了一项世界性难题。

借势：精准定位绿色环保产业

"其实在好几年前，我就开始留意环保产业了。"王中华介绍道，"随着经济的快速发展，环境容量压力越来越大，保护和治理的问题必然会受到越来越多的关注。"正是看到了绿色环保产业的发展前景，2011 年，王中华和朋友合资创办了湖州森诺氟材料科技有限公司（以下简称"森诺氟"），生产研发 PTFE 空气过滤膜、服装膜等系列产品。森诺氟总经理俞锦伟说："PTFE 过滤膜具有过滤空气、防水、除尘、透气等功能，比较常见的应用有空气净化器滤芯、冲锋衣、PM2.5 防尘口罩等，但我们真正的目的是想实现滤气到滤水的转变，将 PTFE 应用于污水处理。"之后，通过和专业院校与研究所的合作，森诺氟可运用于污水处理的 PTFE 管式膜成功问世，并开发出了国内首台 PTFE 高能膜新型膜蒸馏器。

近年来，随着生态文明建设的持续深入推进，王中华深植环保产业的决心更为坚定。2014 年 8 月，王中华成立了森诺膜，专业生产用于污水处理的膜蒸馏器。随着膜蒸馏器研发的逐渐深入，王中华与他的技术团队又将目光投向了固废处理领域。"现在垃圾焚烧技术已成为城市垃圾处理的一个重要方法，但焚烧产生的飞灰会对环境造成二次污染，这已经成为一个世界性的难题。谁能率先解决这个问题，谁就能抢先占领市场。"王中华说。针对这一问题，森诺膜在膜蒸馏器的基础上，研发了"膜法垃圾飞灰水泥窑协同资源化利用"处理模式。这一新模式，不仅能有效去除飞灰中大量重金属、高氯离子和二噁英的危害，还可以消除传统处置手段所产生的环境污染。正是看中了森诺膜在固废处置方面的优势，北京金隅集团才与之签下了长期合作合同。现在，这一项目已被列入京津冀科技一体化项目中。

借智：一流团队铸就国内第一

在森诺膜初创之时，负责人姚连珠起初的愿望是想通过创业实现科学环保，在她的带领下，公司一开始便将经营范围设定为："环保工程设计、施工，管式膜、平板膜销售"。甫一投身科技产业，姚连珠就遇到了技术"瓶颈"：研制的平板膜厚度始终在0.8毫米，但根据工序要求，厚度必须在0.6毫米以下，因此，生产出的膜常常局部拉出小孔，成为次品。如何突破"瓶颈"？她决定和公司主管质量的副总一起到具有相关经验和研究基础的南京大学"取经"。南京大学的教授主动为她出谋划策，他们和中科院的院士亲自来到姚连珠位于南浔双林的公司研发车间，现场指导技工操作。最终，这些科研人员发现问题出在原材料的配比问题上，于是合力研究开发了新的配方，解决了膜制造的技术问题。

在森诺膜的企业大院内，左边是研发中心，右边是2000多平方米的生产车间。研发中心微生物驯化实验室内，两个灰色大桶分列两旁，北京理工大学在读博士杨依然在大桶边忙得不亦乐乎："这是微生物驯化器，里面的微生物可都是我的宝贝！"据杨依然介绍，通过驯化这些微生物可以产生酸，从而替代固废处理中使用的工业硫酸，其循环利用的特点能大大降低固废处置的成本。微生物处理系统是森诺膜在垃圾飞灰处置方面的又一大创新——垃圾飞灰资源化利用系统。该工艺相比之前，省去了水泥窑环节，并引入微生物淋浸技术，实现了飞灰中重金属的再次资源化利用。这一技术的突破，企业院士专家工作站当居头功。2015年5月，森诺膜建立国内首家膜蒸馏行业院士专家工作站，在中国工程院院士高从堦、中国科学院大连化学物理研究所研究员曹义鸣、北理工教授辛宝平等专家带领下，共同开展"膜蒸馏工业化运用技术"和以"膜法垃圾飞灰资源化利用"技术架构为核心的延伸技术研究。

王中华说："像我们这样的小微企业如果不向专业院所借'智'借'脑'，凭自己单打独斗，很难有重大的技术突破。"据介绍，截至2015年底，森诺膜有员工近80人，来自全国各地，其中研发人员占了近半。企业技术总监刘宁生在一次展会上看到森诺膜的产品后，主动加入王中华的技术团队。"我感动于企业致力于绿色环保产业的决心，所以从南京赶了过来。"刘宁生说，凭借着国内一流的技术团队，企业已经拥有了领先于市场5年的技术储备，并被中国环境科学院认定为国内为数不多的有能力处置危险废物的企业。"我们是国内首家规模化生产膜蒸馏组件的企业，开创了膜蒸馏技术多项工业化运用，填补了国内膜蒸馏工业化应用的多项空白，建立了膜蒸馏行业首家院士专家工作站。在膜蒸馏技术方面，可以毫不谦虚地说，森诺膜是当仁不让的国内第一。"说起这些成就，王中华很是自豪。

借金：资本杠杆撬动快速发展

有了技术和人才，资金问题也是森诺膜必须迈过的一道坎。在森诺膜创办之初，所有的科研投入都是王中华自掏腰包。后来王中华粗粗计算了下，不到一年时间竟然花去 500 多万元。"幸亏我前期有些积累，否则仅科研经费就有可能让我吃不消，更别提上生产设备了。"王中华坦言。破解资金紧张的问题，同样需要外界的助力。森诺膜展示出的强大技术资本和发展潜力，吸引了资本市场的关注。2015 年 6 月，苏州义云创业投资中心（有限合伙）清华系人民币基金青域基金抛来了"橄榄枝"，注入资金 3300 万元。有了这笔3300 万元的风投资金，企业发展自然底气更足。企业商务主办胡沄沄介绍，这笔资金主要用于北京金隅集团固废处置项目，计划建起 3 条生产线，年处理总能力达到 2 万吨，建成后有望成为全国最大的危险废物处置中心。

得到了国内风投公司的"追捧"，这更加坚定了王中华进军资本市场的信心："我打算在接下来的 5 年内，进一步整合'森诺氟''森诺膜'等几家公司，争取上市，运用资本杠杆的撬动作用，努力成为国内绿色环保龙头企业。""对于自身实力有限的小微企业来说，吸引资本市场的注意力，不失为一条实现快速壮大的有效途径。接下来，我还想借助大企业的雄厚实力，以合资的形式再上几条生产线，进一步占领国内市场。"对于如何破解资金问题，王中华有着自己的思路。对于企业的未来，王中华信心十足。在他设定的发展目标中，森诺膜将会依托 PTFE 高能膜新型膜蒸馏技术、膜法垃圾飞灰处置技术成为污染处理的"水医生"和"土郎中"，森诺氟则会依托原有 PTFE 空气过滤膜成为空气的"清洁师"，从而打造成"水陆空"三位一体的全能型绿色环保企业。

借式：卓越管理模式提升效率

姚连珠深知，尽管有一个好的项目，有一批好的员工，但企业的发展，还需要重视管理环节，管理得好，事半功倍；反之则事倍功半。当听说有一个卓越绩效管理模式许多大的企业都在用时，她特意跑到市场监管部门了解情况。经过市场监管部门的牵线搭桥，姚连珠和上海帝合企业管理咨询有限公司的咨询师取得了联系，通过和咨询师视频电话、电子邮件等方式进行互动交流，企业按照卓越绩效管理的 5A 管理模式，使硬软件及时得到升级，员工工作效率也实现了明显提高。

2016 年，作为一家环保科技企业，湖州森诺膜技术工程有限公司的发展正逐步走向科学化、效率化。姚连珠称，在不久的将来，企业在"五水共治"、文明城镇建设等各个领域都会发挥更大的作用。

 案例延伸

专家观点（湖州师范学院商学院翟帅博士）

著名战略大师加里·哈默尔提出，技术研发能力是企业的核心能力，一项能力要成为企业的核心能力必须通过三个检验，即用户价值、独特性和延展性检验。湖州森诺膜技术工程有限公司是一家典型的技术研发驱动型的小微企业，其选择生态经济和绿色产业作为企业发展的战略切入点，顺应了时代的发展趋势，为客户和社会创造了巨大价值；与知名科研院所的合作，在膜蒸馏技术方面取得了一系列的突破性创新，从而使企业取得了领先而又独特的竞争优势；同时，通过技术人才的吸纳和风险投资的注入，其技术优势不断凸显，成功解决了水污染、重金属污染及飞灰污染等一系列难题，使其核心能力在绿色产业领域得到不断扩展。从该企业的案例中，我们可以看到，产业的精准选择、技术的持续创新、人才的集聚储备和资金的渠道拓展，是小微企业强化其创新力，提升其核心力，增强其竞争力的重要保障。

资料来源：陈栋：《"三借"解了世界难题》，《湖州日报》2015 年 12 月 9 日，第 A01 版；夏燕：《森诺膜：打造一流的环保科技企业》，《浙江市场导报》2016 年 3 月 29 日，第 9 版。

 经验借鉴

湖州森诺膜技术工程有限公司作为一家初创企业，以绿色发展为目标，凭借独特的发展优势，一举破解了行业难题，并成为国内首家将膜蒸馏技术实现产业化的企业，也开辟出一条绿色发展的道路。简单来说，湖州森诺膜绿色发展的主要经验有如下几条：①顺应绿色市场形势，锁定绿色环保产业。湖州森诺膜关注环境污染与治理，看好绿色环保产业前景，顺应国家生态文明建设的趋势，创办环保科技企业，直面环保产业领域的世界难题。以高度的社会责任感攻克这一前所未有的艰巨任务，同时也获得了绿色收益。②重视科技人才，打造一流团队。森诺膜建立国内首家膜蒸馏行业院士专家工作站，在中国工程院、中国科学院、北京理工大学等单位的专家带领下，共同开展"膜蒸馏工业化运用技术"和以"膜法垃圾飞灰资源化利用"技术架构为核心的延伸技术研究。与国内高校、科研院所等交流合作，向专业院所借"智"借"脑"而非单打独斗。③吸引资本市场，注入风投资金。运用资本杠杆的撬动作用，努力打造国内绿色环保龙头企业。为破解发展壮大中的资金问题，森诺膜展示出的强大技术资本和发展潜力，吸引了资本市场的关注。获得苏州义云创业投资中心（有限合伙）清华系人民币基金青域基金注资的3300万元，用于北京金隅集团固废处置项目，计划建起3条生产线，年处理总能力达到2万吨。④重视绿色管理环节。森诺膜向上海帝合企业管理咨询有限公司获取专业的企业管理经验，通过和咨询师视频电话、电子邮件等方式进行互动交流，企业按照卓越绩效管理的5A管理模式，使硬软件及时得到升级，员工工作效率也实现了明显提高。湖州森诺膜的绿色创新实践体现了初创企业在新时代背景下积极探索成为环境友好型企业的重要尝试，创造了较大的经济和环保价值，在今后的绿色发展中也将会走向更加绿色化、科学化和高效化。

四、工行浙江省分行：聚焦"浙山水"　绘就"绿富美"

案例梗概

1. 工商银行浙江省分行始终秉承绿色发展的新发展理念，综合利用多样化的信贷产品。

2. 支持 5 个综保项目，累计向西溪湿地建设及经营项目投放项目贷款 37.85 亿元。

3. 充分发挥绿色金融支持环境友好型企业发展的支点作用，推动衢州能源结构转型。

4. 创新担保方式，提出以项目自身电费收费权质押作为征信措施，解决担保不足问题。

5. 作为主牵头行主动邀请国家开发银行及进出口银行作为参贷行角色介入电站项目。

6. 绿色质押与行内银团齐发力，共同为华能集团在丽水的风电项目等提供融资支持。

关键词：绿色融资；金融服务贷款；绿色质押；银团贷款＋收费权质押

 案例全文

"绿水青山就是金山银山"。党的十八大以来，工商银行浙江省分行（以下简称"工行浙江省分行"）认真学习践行生态文明建设新思想，积极探索绿色金融发展新路子，引导信贷资源向绿色高效领域流动和集聚，为浙江省持续推进生态文明建设，绘就诗画浙江"绿富美"新画卷贡献了自己的一份力量。截至 2017 年 7 月末，该行在绿色经济领域的贷款余额达 328 亿元。

西溪新生　特定资产收益权可融资

杭州西溪湿地近年来声名鹊起，先后被国家有关部门批准为首个国家湿地公园和 AAAAA 级旅游景区，成为杭州旅游又一张新的金名片。曾几何时，在城市化的进程下，西溪的河塘一度成了臭水沟，生活排污、养殖排污、企业排污等严重地影响了西溪的水质，西溪湿地的生态环境不堪重负。2003 年，杭州市果断启动了西溪湿地综合保护治理工程。

自 2003 年以来 10 多年的西溪湿地综合保护进程中，工行浙江省分行始终秉承绿色发展的新发展理念，综合利用多样化的信贷产品，针对湿地开发保护的不同阶段和实际情况，提供不同的金融服务，通过量体裁衣般的支持，帮助西溪湿地综合保护项目顺利进行，也让西溪湿地奇迹般地获得了新生。数据显示，自湿地综合保护治理工程启动以来，工行浙江省分行共支持了 5 个综保项目，累计向西溪湿地建设及经营项目投放项目贷款 37.85 亿元。三期项目是西溪湿地综合保护的"收官之战"，当时面临着工期紧、资金需求量大等困难。在这种情况下，工行浙江省分行经过认真研究，采用了搭桥贷款的方式向三期两个配套工程项目各投放 5 亿元贷款，满足了前期工程的资金需求。"搭桥贷款的特点在于审批快捷、放款迅速，能较快满足项目前期资金缺口。我们采用搭桥贷款方式，信用担保方式，在第一时间解决了三期前期开发的资金缺口。"工行浙江省分行营业部相关负责人表示。此外，考虑到三期项目整体资金需求体量大，工行浙江省分行又牵头组织了银团贷款，各家银行银团贷款总额达 22 亿元。此外，工行浙江省分行还向西溪湿地经营管理有限公司发放特定资产收益权贷款 4.5 亿元。以西溪湿地公园一期二期的门票和船票收入为特定资产收费权，贷款期限上考虑景区的特殊要求，延长到 10 年，解决了企业资金紧缺矛盾。如今，西溪湿地不仅为杭州增添了一处绝佳的景点，更为城市绿色生态系统发挥了重要作用，为城市提供了充足的水源、丰富的动植物群落和良好的气候环境。

清洁能源　银团贷款＋收费权质押

浙江正泰江山 200 兆瓦农光互补地面电站是全国同类最大的电站之一，项目总投资 11.84 亿元，由工行浙江省分行牵头国家开发银行、进出口银行等政策性银行组成联合银团，投放专项贷款 9.24 亿元，充分发挥绿色金融支持环境友好型企业发展的支点作用，推动衢州地区能源结构转型升级。项目启动时，企业在向银行融资时无法提供传统的土地厂房等足值有效的抵押物。在此情况下，工行浙江省分行创新担保方式，突破传统抵押贷款思维，提出以项目自身电费收费权质押作为征信措施，有效解决担保不足问题。为降低企业融资财务费用支出，工行浙江省分行作为主牵头行主动邀请国家开发银行及进出口银行作为参贷行角色介入该项目，充分发挥政策性银行资金价格低的优势，降低贷款利率总体水平，同时，适当拉长贷款期限至 15 年，给予企业充分时间回款和再造血。据悉，截至 2017 年 9 月该项目已全部建设完毕，工商银行、国家开发银行和进出口银行联手助力，为项目顺利建设成就了一段佳话。项目满负荷生产发电后，可实现年发电量 2 亿千瓦时，相当于每年节约 7 万吨标准煤，减排 18 万吨的二氧化碳。

绿色生态　质押与行内银团齐发力

2017 年 5 月 26 日，华能庆元双苗尖风电场 2.8 亿元项目贷款顺利获得审批通过，贷款采用行内银团模式，其中工行丽水分行贷款 1.3 亿元。这是该行继云和黄源风电场项目，也是丽水市首个风电项目贷款后，再次采用行内银团方式，共同为华能集团在丽水的风电项目提供融资支持。绿色风电场项目贷款的顺利审批及投放，是响应国家新能源发展战略和农村金融改革试点工作的要求，体现了工行浙江省分行绿色信贷的发展理念。据悉，工行浙江省分行后续将为云和黄源风电场二期、缙云大洋山风电场等提供融资支持，积极助力丽水绿色能源和生态经济发展。

绿色金融在丽水渐入佳境。当地又一个重大绿色环保项目——丽阳溪水系综合整治工程项目，工行浙江省分行拟发放贷款 7 亿元，期限 14 年，阶段性保证加应收账款质押方式，通过行内银团方式发放。截至 2017 年 9 月已顺利发放贷款 2.3 亿元，据悉这也是丽水市金融系统首笔 PPP 项目贷款。该项目的实施，将使五一溪和佛岭寺溪农村天然河道向城市河道转变，完成丽阳溪城市排污渠向城市生态绿廊的转变，将使城区在防洪排涝安全得到保证的基础上，实现山清水秀、人杰地灵、市容优美的城市发展目标，促进社会经济发展。

资料来源：顾志鹏、周佳、王磊、雷玲玲：《聚焦"浙山水"　绘就"绿富美"》，《浙江日报》2017 年 9 月 5 日，第 12 版。

 经验借鉴

绿色生态不仅仅应用在工业领域，也在经济领域使用，绿色金融发展新路子能引导信贷资源向绿色高效领域流动和集聚，工行浙江省分行的绿色经济举措，为浙江省持续推进生态文明建设，绘就诗画浙江"绿富美"新画卷贡献了自己的一份力量。工行浙江省分行的绿色金融发展理念及其行为具有以下几点借鉴意义：①秉承绿色发展的新发展理念，提供不同方案的金融支持。综合利用多样化的信贷产品，针对项目的不同阶段和实际情况采取不同方案。工行对西溪湿地建设共计投放 5 个综合项目，并根据不同阶段使用不同配套工程，满足前期工程的资金需求。②绿色金融响应快速。工行浙江省分行对西溪湿地采用了搭桥贷款的方式，其特点为审批快捷、放款迅速，能较快满足项目前期资金缺口。快速的金融产品能够及时满足需求，尽可能减短中间过程及其带来的非绿色行为。③金融产品向环境友好型企业倾斜，银团贷款与收费权质押共同实施。工行此种创新担保方式，突破传统抵押贷款思维，提出以项目自身的收费权质押作为征信措施，有效解决担保不足问题，尤其是对于发展中的企业具有极大的帮助。④倡导绿色生态，质押与行内银团齐发力。银团共同贷款能够分担风险，又能提高总贷款金额，助力企业绿色发展，也响应了国家绿色可持续发展战略。绿色金融在国内将成为行业一大趋势，该趋势不仅满足银团经济效益需求，也保证了绿色生态可持续的发展方向，同时还鼓励鞭策企业转型发展，一举多得。

五、农行浙江省分行：绿色发展　本色担当

 案例梗概

1. 农行浙江省分行以绿色信贷为核心，创新推出"治水贷"，破解绿色产业资金难题。
2. 探索创新绿色金融发展模式，谋求自身转型，为浙江经济转型持续"供氧""输血"。
3. 先行投入信贷启动建设，再用分阶段到位的财政专项补贴及水利建设基金还贷。
4. 建立一套绿色"标准"，将绿色信贷融入贷款全流程，主动调整信贷结构。
5. 推进绿色金融改革，重点加大对节能环保等新兴产业和民生项目的信贷投入。
6. 率先设立绿色金融部，专配人员、专设产品，为绿色企业提供"一站式"金融服务。

关键词：绿色信贷；绿色金融；治水贷；政策支持；绿色发展

 案例全文

作为全国绿色经济的先行区，如今，浙江正上演着一场场有关绿色的蜕变。近十年，浙江 GDP 总量及增速在全国名列前茅，GDP 含金量更足、绿

意更浓；在经济转型升级组合拳下，落后产能不断淘汰，绿色产业持续壮大；"治水"集结号吹响，"劣Ⅴ类"水质省控断面全部剿灭，人居环境大为改善……浙江经济"绿色引擎"高速运转的背后，离不开动力供给来源——绿色信贷的支持。

绿色信贷是绿色金融的重要组成部分。近年来，农业银行浙江省分行（以下简称"农行浙江省分行"）以绿色信贷为核心，探索创新绿色金融发展模式，为浙江经济转型发展持续"供氧""输血"。到 2017 年 9 月末，该行绿色信贷余额超 400 亿元，占总信贷规模比重快速提升。绿色是农行本色。农行浙江省分行主动调整信贷结构，通过建立绿色信用体系、创新绿色信贷产品、支持新旧动能转换等措施，在服务地方供给侧结构性改革、推动"两美"浙江建设的同时，主动谋求自身转型，走出了一条既服务实体经济发展、又充满"绿意"的新路子。新时代，绿色金融方兴未艾，农行浙江省分行信心满满，踏上新征程。

治水贷"引"活水

"2017 年的水压比较高，水大了许多，水质也干净，高峰期的时候，太阳能水送得上去了。"在嘉兴市南湖区余新镇，一户赵姓居民开心地聊起自来水改善情况。水压、水质的改善，得益于嘉源给排水有限公司饮水工程的落地。自 2013 年浙江省启动治水工程以来，余新镇的这一幕，在浙江已经不再是什么新鲜事。

政府在各地大力治水，其后有银行提供资金支持。苕溪清水入湖河道（安吉段）整治工程，是水利部 172 重点工程在浙项目之一，也是治水重头戏，涉及河道总长 54.34 公里，投资总额 18.56 亿元。按规定，河道整治要由中央和地方财政拨款才能建设，资金没到位，项目启动就慢了，周期变长。为什么不融资？因为项目自身没有经济效益，按银行现有的信贷政策，很难。"还款来源是银行发放贷款的首要考虑。"据了解，治水项目一般都缺少现金收入，因为担心利息无法支付和没有还款来源，有些银行往往不愿放贷。工程启动迫在眉睫。根据项目资金运营特点，农行浙江省分行创新推出"治水贷"，一举破解了财政资金在水利建设上"先支后收"的困局，解决了绿色产业发展资金难题。怎么破解？治水工程上马需要资金，农行浙江省分行先行投入信贷，让项目启动建设，以后再用工程分阶段到位的各级财政专项补贴及当地水利建设基金进行还贷。这样一来，就解决了项目建设期资金到位时间与启动工期错配的问题。2015 年，农行浙江省分行按审批程序，发放苕溪清水入湖河道整治工程"治水贷"7 亿元，项目顺利开工。江水清澈见底，两岸风景如画。在"治水贷"的支持下，全省各地的水利建设、治污项目不断上马，生态环境持续改善，绿水青山在浙江成为了最动人的美景。截至 2017 年 10 月，农行浙江省分行已累计支持浙江省治水类客户 190 家，项目 229 个，投放资金 360 亿元，带动项目投资 1351 亿元。

乡村贷"优"生态

在杭州，畲族"网红村"——戴家山村远近闻名。这个平均海拔 500 米的偏远小山村里，坐落着多家精品民宿，其中有两家省"十佳"民宿、1 家全球最美书店分店，慢生活味道十足。但就在几年前，戴家山还是桐庐远近闻名的贫困村：人均收入不足万元，不通公交，村民下山得走两小时的山路，是一个相对封闭的小村落。得益于美丽乡村建设，戴家山村公路通了，良好生态环境和原生态的畲族文化，吸引了许多投资客的目光，他们想租古宅建民宿。没有停车场和公厕、道路没有硬化、污水处理设施处理能力也不够，要想把村里的旅游产业做大很难。戴家山村靠旅游带动村民就业增收，很快遇到了现实问题。环境得不到改善，民宿没有吸引力，游客也不会来。好在有政策支持。戴家山村前几年被纳入地方美丽乡村建设规划，如果村里先把环境整治好并通过验收，村里用掉的资金，就可以申请财政补贴。万事开头难。村两委算了笔账，环境整治至少需要 500 万元启动资金。这对于没有任何村集体经济、长期靠上级"输血"的戴家山村来说，无疑是个天文数字。"听说农行有'美丽乡村贷'，我们就上门了解，没想到很快就办下来了。"根据戴家山村纳入地方美丽乡村建设规划的实际，当地农行给该村集体发放了 500 万元启动资金。随着资金的投入，村环境整治工程全面启动，村里悄悄发生了变化——路宽了，树木绿化多了，停车场等配套设施也建起来了，俨然一座"小城市"。

由于项目投入与政策对接顺利，戴家山村申报并拿到了环境整治项目资金补助，不仅归还了农行浙江省分行 500 万元贷款，还换来了优美的人居环境，为后续引入旅游项目筑好了"巢"。像戴家山一样的村还有很多。尽管美丽乡村建设有财政资金补助，但村集体因为缺乏启动款，往往无法开工建设。农行浙江省分行推出"美丽乡村贷"，解决了这一"先支后收"难题，让村集体摘到了"美丽乡村建设"的果子。到 2017 年 9 月末，农行"美丽乡村贷"余额 138 亿元，覆盖浙江 191 个乡镇。

小微贷"圆"初心

发展科技新兴产业，是浙江经济转型升级、新旧动能转换的一个缩影，更是向绿色产业迈进的重要战略。在政府激励引导下，小微产业园如雨后春笋般快速在浙江大地冒出。照理说，供地、减税，甚至下派专家指导，小微园对科技型入园企业可谓开足了绿色通道。但很多入园企业往往万事俱备，还缺"东风"——缺乏启动资金。"没有资金就没法建厂房，没厂房就没有抵押物，也就贷不到款。"据银行员工介绍，对于没有充足启动资金的初创企业来说，这是个问题。

在嘉兴科技城，情况却不一样。汉朔科技是科技城里一家生产电子价签的小微企业，2012 年以来，这家企业就没为资金的问题发过愁。"我们用自己的知识产权做质押，从最初几百万元，到现在的几千万元，都是农行贷给我们。"行政经理徐佳丽的言语间透露着一种自豪。用专利权、商标权这些"看不见"的资产替代抵押物去银行融资，是新兴企业与传统企业相比较的一大优势。这其中，自然离不开银行的绿色产品创新。汉邦科技的贷款，就来自农行嘉科支行的"嘉科通"。农行嘉兴科技支行成立于 2014 年，是一家专门服务于科技型小微企业的专营机构。该行行长阮萍介绍，2017 年全市已经有 74 家企业通过"嘉科通"解决了资金难题，贷款余额 4.2 亿元。"从传统转向新兴，企业资金缺口大，固定资产不够很正常，因此我们创新了'嘉科通'产品，无须抵押物，可以用专利权等质押办理贷款。"

像嘉兴科技支行一样的小微专营支行，在浙江还有 14 家。近年来，越来越多的企业投身到转型升级、新旧动能转换的浪潮中，探索中小微绿色融资多元化模式，成了农行头等大事。除"嘉科通"外，农行浙江省分行还相继推出税银通、数据网贷、连贷通等适合新兴小微企业融资的产品。到 2017 年 9 月末，浙江农行小微企业贷款余额近 1552 亿元，支持了 5 万多户小微企业"焕"新颜。

保供给"开"绿道

旺能环保是国内垃圾发电龙头企业，仅南太湖一家垃圾焚烧发电厂每年垃圾处理就达 50 万吨，发电量 1.4 亿度，能节约标煤 7.5 万吨。几年来，旺能环保发展迅速，2017 年已布局全国。"农行给予了我们大力支持，这些年授信 5.75 亿元，还有 7.5 亿元正在办理；有了农行，我们带头发展绿色经济更有信心了！"对未来，旺能环保总裁助理何国明自信满满。在经济高速发展的时候，将贷款投放到什么领域，很能体现一家银行支持实体发展的定力。早在 2008 年，农行浙江省分行就建立了一套绿色"标准"，将绿色信贷发展理念、方法融入贷款全流程，主动调整信贷结构，率先对钢铁、水泥等过剩行业制定差异化信贷政策。通过实施差别化管控，农行浙江省分行近 5 年来收紧"两高一剩"行业贷款 81 亿元，腾出贷款规模，用于支持像旺能环保一样符合政策导向的绿色环保型行业和企业发展壮大。

推进绿色金融改革，农行浙江省分行真抓实干。2017 年 6 月，该行与浙江省政府签订战略合作协议，未来 5 年内将专项安排 2500 亿元意向性信用额度，全力支持浙江绿色产业发展壮大，并先后与全国绿色金融改革试验区湖州市、衢州市政府签订了绿色金融战略合作协议，重点加大对节能环保、绿色能源、生态旅游、农产品基地、水环境治理、乡村改造等新兴产业和民生项目的信贷投入。"在浙江，农行是第一家设立绿色金融部的银行，我们将专配人员、专设产品，为绿色企业提供'一站式'金融服务。"据农行浙江省分行行长冯建龙介绍，除对优质绿色信贷项目开辟"绿色通道"，提高审批效率外，农行还将探索建立涵盖投融资、基金、租赁、跨境服务等在内的绿色金融联动创新机制，为企业发展打造"绿色氛围"。

资料来源：王锡洪、周象：《绿色发展 本色担当》，《浙江日报》2017 年 10 月 26 日，第 12 版。

 经验借鉴

浙江省作为全国绿色经济的先行区，在绿色金融的转型升级开发中，不断尝试新的变化，给各行业带来一大助力。近十年，浙江省在经济转型升级组合拳下，落后产能不断淘汰，绿色产业持续壮大；"治水"集结号吹响，"劣

Ⅴ类"水质省控断面全部剿灭，人居环境大为改善。绿色信贷的发展和投放是浙江省绿色发展的一大重要因素，而农行浙江省分行以绿色信贷为核心，探索创新绿色金融发展模式，为浙江经济转型发展持续"供氧""输血"。农行浙江省分行的举措具有以下几点借鉴意义：①顺应政策变化，主动谋求转型。服务地方供给侧改革，主动调整信贷结构，同时自身积极转型。农行浙江省分行通过建立绿色信用体系、创新绿色信贷产品、支持新旧动能转换等措施，来调整信贷的结构，以绿色信贷推动浙江省各领域绿色建设。②确定基调，提前信贷放款支持绿色发展。农行浙江省分行大胆革新，跳脱出先质押担保后贷款的方式，提前放款支持治水项目、美丽农村等重点绿色发展项目。治水工程上马需要资金，农行浙江省分行先行投入信贷，让项目启动建设，以后再用工程分阶段到位的各级财政专项补贴及当地水利建设基金进行还贷。同时，美丽乡村建设也需要大量资金，到 2017 年 9 月末，农行浙江省分行"美丽乡村贷"余额 138 亿元，覆盖浙江 191 个乡镇。③小微贷助力高新科技企业孵化成熟。发展科技新兴产业，是浙江经济转型升级、新旧动能转换的一个缩影，更是向绿色产业迈进的重要战略。各小型科技型企业入驻科技园区需要小微贷款解决厂房等问题，农行浙江省分行此举既响应了政府对科技产业大力支持的政策，也使得金融产品合理投入不同的篮子，互利共赢。④鼓励无形资产质押贷款。高新科技企业苦于有形资产不足的问题，贷款困难，此时接受知识产权等无形资产的质押，对双方来说都是一种方便快捷的方式。例如，农行浙江省分行创新"嘉科通"产品，无须抵押物，可以用专利权等质押办理贷款，为企业解决贷款难题。农行浙江省分行积极参与绿色金融改革，真枪实干，为浙江省营造"绿色氛围"出资出力。

六、兴业杭州分行：寓义于利　由绿到金

案例梗概

1. 兴业银行杭州分行承诺未来 3 年向浙江省提供不低于 300 亿元专项绿色融资。

2. 率先在系统内成立分行一级部门环境金融部，建立绿色金融专业经营体系。

3. 在分行信用审查部内设环境金融审查中心，开辟审批绿色通道，提高审批效率。

4. 加大产品和服务创新，综合运用项目贷款等多种融资工具，增加水治理领域的投入。

5. 与清洁基金以债权的方式创新支持企业开展项目融资，推出绿色创新投资业务。

6. 加大业务的复制推广，充分履行首家赤道银行的社会责任，助力"蓝天保卫战"。

关键词：绿色金融业务；赤道原则；绿色债券；绿色金融合作；"五水共治"

 案例全文

近年来，兴业银行杭州分行秉承可持续发展理念，发挥总行在绿色金融领域的产品研发优势与品牌影响力，抓住全省推进"五水共治"、建设美丽浙江的历史性机遇，创新驱动，差异化服务能力不断提升。近年来兴业银行杭州分行绿色金融业务快速发展，实现自身发展与服务浙江经济转型、践行社会责任的有机统一。截至 2014 年 5 月末，分行绿色金融业务融资余额突破 200 亿元，达到 207 亿元，列全行第一位。2013 年以来，省委、省政府提出"以治水为突破口，坚定不移推进经济转型升级"，并顺势提出"五水共治""五措并举"的发展理念。兴业银行杭州分行围绕浙江省委、省政府战略部署，在监管部门的精心指导下，创新绿色金融产品和服务，助力"五水共治"和美丽浙江建设。截至 2014 年 5 月末，分行绿色金融业务融资余额 207 亿元，仅 2014 年前五个月就新增 95 亿元，增幅为 85%；比 2012 年末新增 142 亿元，增幅达 218%。

积极响应党和政府号召

党的十八大胜利召开以来，省委、省政府把生态文明建设放在更为突出的重要位置，从全局和战略高度提出"五水共治"，加快走出"青山绿水就是金山银山"的发展新路，带领全省人民共建美丽浙江。兴业银行杭州分行作为中国首家"赤道银行"的省级分行，积极响应党和政府号召，转变经营策略，抢抓时机，在充分利用项目贷款、流动资产贷款等传统产品的同时，积极运用债务融资工具、理财直融工具、非标债权、绿色金融债等创新金融产品，加强与各级政府合作，共同推进"五水共治"和美丽浙江建设。2013年兴业银行杭州分行与原省环保厅签订战略合作协议，承诺未来3年将向浙江省提供不低于300亿元专项绿色融资，并对符合条件的绿色重点项目，优先安排融资规模，给予优惠条件。针对嘉兴市"消灭劣五类水质"的紧迫性，2013年12月兴业银行与嘉兴市政府开展战略合作，承诺"十二五"期间投入不少于200亿元。2014年5月末，兴业银行杭州分行绿色金融融资余额占公司信贷余额的比例达35.6%。预计至2015年末，兴业银行杭州分行绿色金融融资余额将达500亿元，比2012年末增加435亿元。

完善绿色金融体制机制

在机构设置方面，2013年6月兴业银行杭州分行率先在系统内成立分行一级部门环境金融部，建立绿色金融专业经营体系，设立专职绿色金融产品经理，专司研发环保金融产品，不断完善内部业务流程，着力于提升节能环保领域的专业服务能力与经营水平，确保完成绿色金融三年投放目标任务。并在分行信用审查部内设环境金融审查中心，开辟审批绿色通道，提高审批效率。在资源配套方面，对绿色金融项目予以优先专项支持，在信贷规模上不作限制，不计入存贷比考核。安排绿色金融专项费用及专项绩效薪酬配置。在考核评价方面，制定绿色金融业务经营计划及考核评价方案，并下达分行环境金融部及各经营单位执行。在产品与服务创新方面，积极鼓励投行、租赁等多元化融资工具在节能环保领域的充分运用，积极尝试绿色金融资产证券化、绿色金融专项金融债，拓宽绿色金融业务资金来源、盘活绿色金融资产存量。在系统建设方面，进一步完善绿色金融客户标识、业绩计量等相关配套系统建设，全方位推动绿色金融业务发展。

加大治水资金投入力度

根据"五水共治"工作推进安排，2013年下半年起，兴业银行杭州分行加大在相关领域投入。针对水治理具有融资规模大、回报周期长等特点，兴业银行杭州分行加大产品和服务创新，综合运用项目贷款、流动资金贷款、债务融资工具、融资租赁、非标债权投资等多种融资工具，增加在水治理领域的投入。比如，为太湖苕溪入湖口水系治理项目提供 2.4 亿元项目贷款，占该项目总投资额的 70%。截至 2014 年 6 月 20 日，兴业银行杭州分行已投入"五水共治"项目 60 个，项目分布 35 个县市区，融资余额达 123.9 亿元，其中治污水 91.8 亿元，保供水 26.5 亿元，防洪水 5.5 亿元。分流域来看，钱塘江水水环境治理项目 30.4 亿元，苕溪流域治理 36.4 亿元，嘉兴水环境治理 26.2 亿元，浙南水乡水环境治理 15 亿元，台州水环境治理 15.9 亿元，项目涵盖了污水处理、污水管网、污泥处置、工业节水、水域治理、水源地保护等主要水资源利用与保护类型。

与此同时，兴业银行杭州分行还拓展和储备了绿色金融项目 52 个，总金额达 161 亿元，分布在 20 余个县区。其中：已批复未投放项目 22 个，总金额达 41 亿元，包括浦江县第四污水处理厂、新昌县小型农田水利高效灌溉节水、苕溪清水入户安吉段、嘉兴千亩荡应急备用水源二期工程、东阳市污水处理三期工程、淳安千岛湖水库水环境综合整治等项目；审批阶段项目 13 个，总金额 40 亿元；尽调环节项目 17 个，总金额 80 亿元。下阶段兴业银行杭州分行将继续探索多样化的融资渠道，通过债务融资工具、理财直融工具、融资租赁或开展与浙江金融资产交易中心的战略合作等方式，加大对"五水共治"项目的投入。

截至 2019 年 10 月末，兴业银行累计为 18941 家企业提供绿色金融融资 21070 亿元，资金所支持项目预计可实现在我国境内每年节约标准煤 3001 万吨，年减排二氧化碳 8435.79 万吨，年节水量 41001.28 万吨……这是兴业银行绿色金融发展的最新数据，也是我国银行业积极推动绿色金融体系建设，促进经济、社会和环境协调发展的一个缩影。在浙江，这家"赤道银行"也做出了突出的贡献，兴业银行杭州分行根据浙江经济特点，创新绿色金融服务，助力浙江打赢"蓝天保卫战"。2019 年，兴业银行杭州分行与中国清洁发展机制基金管理中心（以下简称"清洁基金"）以债权的方式创新支持企业开展项目融资，推出绿色创新投资业务，给浙江绿色企业带来实实在在的优惠。

共建绿色融资创新模式

2019 年 9 月，清洁基金与兴业银行杭州分行签署《绿色金融合作协议》，共同构建清洁发展绿色融资创新模式，支持国家应对气候变化，助力各地绿色低碳转型。据了解，清洁基金是由国家批准设立的按照社会性基金模式管理的政策性基金，采用委托贷款、股权投资、融资性担保等方式支持国内有利于产生应对气候变化效益的产业活动，而提供低于基准利率20%~25%的政策性优惠贷款资金是基金有偿使用业务的主要方式。根据协议，双方将围绕国家生态环保规划和节能减排目标，发挥清洁基金的引导、撬动作用以及兴业银行绿色金融服务能力和专业优势，构建清洁发展绿色融资创新模式，共同推动绿色投融资、绿色债券、绿色理财等方面环境友好的业务合作和产品创新。据了解，此次合作是清洁基金首次与银行总行层面在全国范围内开展"总对总"合作，合作内容除清洁发展绿色融资创新模式的核心业务外，还包括绿色金融产品服务、资金管理、专业研究和能力建设等内容。兴业银行杭州分行相关人员表示，对于双方着力构建的清洁发展绿色融资创新模式，兴业银行将通过三种合作方式为项目提供融资支持：一是在其他行提供担保的情况下，作为委贷行承担清洁基金委托贷款业务；二是为清洁基金的出资提供担保，在保障政策资金安全的同时支持低碳清洁项目；三是与清洁基金为企业共同提供贷款，同时银行为清洁基金的出资提供担保。

浙江温州落地了浙江省首个兴业银行担保的清洁发展委托贷款项目。浙江温州落地的温州市交通运输集团新能源公交车采购项目即属于以上第三种业务模式。清洁基金向该企业提供了期限5年、较基准利率下浮25%、占项目总投资29.46%的优惠贷款6900万元，兴业银行杭州分行为清洁基金出资部分提供担保，共同向该企业发放了1.18亿元贷款。据了解，该项目主要内容为购置333辆新能源公交车辆，属于节能和提高能效类，通过新能源公交车替代传统燃油公交车，可有效降低车辆能耗、减少尾气排放，实现温室气体减排。项目完成后，预计每年可减少温室气体排放1932吨二氧化碳当量。兴业银行在绿色金融领域有着专业化优势，可以承担项目筛选、尽职调查、项目投资、资金监管等职责，并通过开具融资性保函，为清洁基金资金提供担保。项目的成功落地，也标志着绿色创新投资业务的该项创新模式的成功落地。解决温州市新能源公交车替换中的资金需求，则能够有效降低企业融资成本，助力温州市实体企业低碳转型。

"跟清洁基金的合作是兴业银行绿色金融创新服务之一，项目范围较宽，只要和碳减排相关即可，例如，绿色交通；清洁能源（风电、水电、太阳能、天然气等）开发和利用；集中供热、热电联产和余热余压利用；提高工业能效的节能技改项目；与节能减排相关的装备制造业项目等。再加上部分资金低于中国人民银行利率的优惠，可以说是给节能减排和绿色低碳产业发展带来了新机制。未来，兴业银行杭州分行将加大该业务的复制推广，充分履行首家'赤道银行'的社会责任，在有效降低企业综合性融资成本的同时，助力浙江打赢'蓝天保卫战'。"兴业银行杭州分行相关负责人说。据悉，除了温州项目，杭州公交新能源车采购项目、充电桩停车场项目、环保垃圾焚烧项目也正在积极推进中。兴业银行杭州分行将继续加强向政府主管部门汇报与协调，再接再厉，一如既往地支持"五水共治"和"美丽浙江"建设，保持绿色金融业务规模化发展力度，努力成为区域绿色金融市场的实践先行者、行业整合者、标准示范者。

资料来源: 佚名：《发展绿色金融，助力"五水共治"》2014 年 6 月 27 日，浙江省银行业协会网站，http://www.zjabank.org/Index/info?article_id=37086；陈文婧、黄鏐：《共建清洁发展绿色融资机制　有效降低企业融资成本》,《青年时报》2019 年 12 月 4 日，第 A09 版。

 经验借鉴

　　党的十九大将"生态文明建设"首次提升到了"总体布局""千年大计"的高度，明确提出"推进绿色发展""发展绿色金融"，绿色金融发展也随之开启新的篇章。兴业银行紧跟时代发展要求，贯彻可持续发展理念，探索出了一条新型的绿色金融发展道路。简单来说，兴业银行杭州分行的绿色发展经验有如下几条：①践行绿色发展理念。兴业银行杭州分行秉承可持续发展理念，发挥总行在绿色金融领域的产品研发优势与品牌影响力，抓住全省推进"五水共治"、建设美丽浙江的历史性机遇，创新驱动，差异化服务能力不断提升。②建立绿色金融管理体系。兴业银行杭州分行率先在系统内成立分行一级部门环境金融部，建立绿色金融专业经营体系，设立专职绿色金融产品经理，专司研发环保金融产品，不断完善内部业务流程，着力于提升节能环保领域的专业服务能力与经营水平，具备完善的绿色管理体制机制。③创新金融产品和服务模式。兴业银行杭州分行积极运用债务融资工具、理财直融工具、非标债权、绿色金融债等创新金融产品，推进"五水共治"和美丽浙江建设。又如，跟清洁基金的合作是兴业银行绿色金融创新服务之一，项目范围较宽，只要和碳减排相关即可，给节能减排和绿色低碳产业发展带来了新机制。④开展绿色合作，善于优势互补。兴业银行杭州分行与原省环保厅签订战略合作协议，承诺未来3年将向浙江省提供不低于300亿元的专项绿色融资，并对符合条件的绿色重点项目，优先安排融资规模，给予优惠条件。兴业银行杭州分行积极响应政府号召，抓住发展机遇，坚定绿色发展信念，树立长远眼光，以绿色金融支持环保产业项目，促进经济发展的转型升级，实现了经济、社会和环境效益的共赢。

 本篇启发思考题

1. "看得见的手"和"看不见的手"如何相互配合推动绿色市场发展？

2. 企业如何将环保压力转变为绿色商机？

3. 企业如何在绿色市场中赢得先机？

4. 你是否认同绿色市场发展中的"绿"就是"金"？为什么？

5. 企业如何提升自身在绿色市场中的竞争力？

6. 绿色民宿的市场优势是什么？

7. 企业如何实现环境保护与金融手段的有益挂钩？

8. 绿色金融在我国未来的发展趋势如何？

9. 绿色金融如何实现对企业污染行为的约束？

10. 绿色金融如何满足企业绿色发展的需求？

11. 我国金融机构绿色发展的动力是什么？

12. 如何调动金融机构对企业提供绿色支持的积极性？

13. 如何确定绿色金融支持的企业范畴？

结论篇

浙江企业绿色管理的经验与启示

一、浙江企业绿色管理的发展阶段及特征

从世界范围看，企业绿色管理问题源于 20 世纪 60 年代西方国家兴起的环境和生态运动（胡美琴和李元旭，2007）。20 世纪 70 年代，企业绿色化运动开始在西方出现。在中国，企业绿色管理兴起于 20 世纪七八十年代，这一时期环境问题逐渐得到公众和政府的关注，在政府的政策扶持和推动下，企业逐渐意识到以牺牲环境为代价的管理模式将不再适应未来的市场竞争和可持续发展，开始尝试将绿色管理作为战略工具来获得竞争优势（Tudor 等，2007）。在这一阶段，一些企业从无绿色管理意识中觉醒，开始有意识地关注绿色管理问题。随着环境问题的日益凸显和国家对环境问题的重视，越来越多的企业开始探索绿色管理，一些企业开始从污染预防和资源节约中受益。20 世纪 90 年代开始，企业绿色管理逐步拓展。由于消费不断升级和生产污染问题日益突出，环境因素在企业管理中的权衡逐渐加重。在有意识的绿色管理之下，一批企业逐步向绿色企业转型发展，但多数企业依然采取的是被动反应型的绿色管理模式。2003 年，时任浙江省委书记的习近平同志在浙江启动生态省建设，打造"绿色浙江"。2005 年，习近平同志在浙江安吉首次提出"绿水青山就是金山银山"的科学论断和发展理念。浙江等省份相继出台了与创建绿色企业、开展清洁生产等企业绿色发展相关的政策，引导企业深入实施绿色管理。一些绿色管理的先行企业采取积极的措施减少资源浪费和环境污染，主动寻求能为企业创造竞争优势的绿色管理战略、清洁生产技术和绿色发展模式等，企业绿色管理逐步丰富。进入新时代以后，企业绿色管理不断深化。云计算、大数据、物联网、移动互联网、人工智能等新一代信息技术和商业模式为企业绿色管理的全面深化带来良好的契机。区别于以往的绿

色管理，在这一阶段，企业将新视角、新目标、新模式、新路径等纳入绿色管理的全方位和全过程，在更高层次、更广范围、更深程度和更长时间上实施绿色管理，更多企业向全面深化的绿色管理迈进。

在我们看来，在绿色发展从初级、浅层、零散阶段（1978~2002年）进入高阶、深层、系统阶段（2003年至今），提前迈进新时代的宏观背景下，企业绿色管理发展也总体上呈现出绿色管理从无到有，从浅到深，从点到面的特征变迁，历经了从低阶向高阶进阶的四个发展阶段：

阶段一，1978年至20世纪90年代，企业绿色管理1.0，即企业绿色管理的探索阶段；

阶段二，20世纪90年代至2002年，企业绿色管理2.0，即企业绿色管理的拓展阶段；

阶段三，2003年至2012年，企业绿色管理3.0，即企业绿色管理的丰富阶段；

阶段四，2013年至今，企业绿色管理4.0，即企业绿色管理的全面深化阶段。

浙江企业走在中国企业绿色发展的前列。在国内外企业绿色管理发展的背景下，浙江企业的绿色管理也大致经历了这样四个阶段的发展历程。浙江企业绿色管理的阶段演进如图1所示。

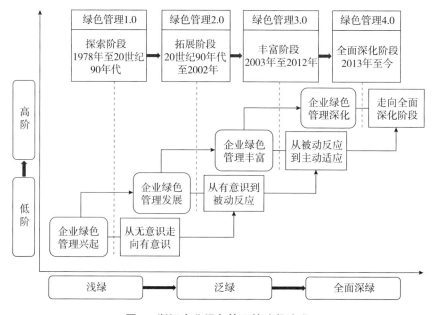

图1 浙江企业绿色管理的阶段演进

　　从浙江企业绿色管理的案例中可以发现，一批绿色先行的浙江企业在习近平总书记"绿水青山就是金山银山"思想指引下阔步向前，将绿色管理作为企业发展的一个"新名片"，并继续深入探索、不断优化升级。这些浙江企业充分发扬"浙商精神"，开拓创新，锐意进取，将绿色发展理念践行落地，开辟出了具有浙江特色的绿色发展之路，创造出绿色发展的"浙江模式"，成为打造"美丽浙江"和"高质量发展"的重要助力。

二、浙江企业绿色管理的八大经验

　　通过对改革开放 40 多年来（特别是近 20 年以来）浙江企业绿色管理案例的分析，我们可以归纳出浙江企业绿色管理至少有如下八大经验。

　　经验一，坚定绿色发展理念，引领绿色管理实践。

　　绿色发展理念是浙江企业走绿色发展道路的先导。综观这些成功走上绿色转型道路的浙江企业，他们均对"两山"发展理念有着深入全面的实践，都是绿色环保发展理念的认同者和坚守者。浙江企业的绿色发展理念包含：①绿色管理文化。建立能够推动环保思维的企业文化就是一种推动飞轮的工作（埃斯蒂和温思顿，2009）。企业通过绿色管理文化来反映可持续发展的价值。源于对社会和企业自身可持续发展的反思，这些企业重视绿色企业文化建设和绿色发展价值的传播，鼓励员工提高环保的"软技能"，规范并引导企业践行环保行为。在绿色文化氛围的熏陶下，他们坚信污染没有出路，绿色引领未来。环保不是负担而是商机，与绿色发展共生共荣。例如，浙江移动确立了"绿色"企业文化，将"绿色"的内涵视为企业"可持续发展能力"，企业必须为生态环境的改善而努力，"人与自然"的和谐发展以及给客户提供绿色环保的业务与服务等。②绿色管理思维。绿色管理思维决定绿色发展路径。这些企业在发展中积极转变管理思路，将绿色管理作为企业运营的逻辑起点，同时也将其作为企业追求经济效益的制高点。遵循企业经济效益与环保效益兼顾的思考路径，将"绿色基因"深植于企业管理与发展实践。从绿色设计、绿色选材，到绿色加工，再到绿色产出、绿色营销等各个环节，始终坚守环保底线，在全过程、全方位的绿色管理上大力投入，做足绿色文章。例如，农行浙江省分行把大力推进绿色金融作为对"美丽浙江，美好生活""绿水青山就是金山银山"战略思维的深化落实，开辟了一条生态效益与经济效益"同步共赢"的创新之路。③全员绿色发展理念。从企业领导到普通员工，将绿色发展理念传播到企业运营的每个角落，即绿色发展理念全员化。企业上下全员聚焦绿色发展的目标，致力于节能减排的技术改造、工艺设备升级、绿色产品研发、管理体系完善等，为企业转型开辟"绿色通道"，助力企业环保与效益并行。例如，浙江中烟杭州卷烟厂树立节能降耗增效全员参与发展理念，新员工研究新技术，老师傅贡献好经验，大家拧成一股绳，都向着一个目标去努力。这些企业的绿色成长源自对中国经济发展前景的信心和对中国绿色发展理念的实践，也为无数行业企业的绿色管理发展理念培育提供了典型的绿色范例。这些企业践行绿色发展理念，积极回应了当前社会生态环境问题和企业环境污染问题，而这些积极的行动回应也促进了企业的绿色成长。在企业的绿色管理实践中融入绿色发展理念，将经济、社会和生态的和谐共生与企业的可持续发展紧密相连，促进企业走得更加长远、更加坚实。

经验二，明确绿色战略定位，谋求转型升级道路。

高瞻远瞩的绿色战略定位是企业走向绿色潮头的根基。浙江省"八八战略"提出"进一步发挥浙江的生态优势，创建生态省，打造'绿色浙江'"宏远蓝图，不仅为浙江发展打开了全新的窗口，也为浙江企业的可持续发展指明了方向。浙江企业的绿色战略定位包括：①绿色战略分析。走绿色道路的浙江企业首先在瞄准绿色发展的目标基础上进行绿色发展战略分析，通过战略分析，预判企业未来绿色发展的机会和威胁，从而建立自身的竞争优势。绿色战略分析是浙江企业进行绿色转型升级实践的前提。明确的绿色战略分析使得企业在绿色变革中找准方向，找对道路，找到方法，帮助企业建立并努力实现绿色愿景。例如，杭钢充分分析了集团产业基础、人才技术、资金实力、融资平台、土地资源以及国企品牌、社会影响力等竞争优势，为拓展环保业务和构建节能环保产业格局奠定基础。②绿色战略选择。在绿色战略分析的基础上，进行绿色战略选择是建立绿色战略规划、增强绿色战略定力的前提，决定了企业绿色管理与发展的成败。例如，浙能集团将"清洁化能源"的发展作为重要的战略布局加以谋划，在业内外一度出现质疑声、反对声，以及个别专家或者业内人士的误解乃至曲解的情况下，浙能集团仍旧坚定不移地推进超低排放改造，用事实和数据向全社会交出了一张经得起考验的完美答卷。③绿色战略实施。基于对绿色发展战略的规划和选择，浙江企业在绿色战略框架内布局绿色产业链、生产和销售绿色产品等，在企业运营中不以牺牲环境为代价，牢记绿色使命，落实绿色战略，发展绿色经济。例如，天能集团遵照绿色发展战略规划，建设循环经济生态圈并复制推广，打造绿色智造产业链，引领绿色、智能制造全产业链，确保了集团总体新能源战略实施，也带动了产业链上下游的发展。浙江企业的经验做法表明，企业在谋求绿色转型升级中，要立足当下、着眼未来，确立高瞻远瞩的绿色发展战略。绿色战略定位下的绿色实践不仅助推企业实现绿色生态发展，提升企业的核心竞争力，也使更多公民享受到绿色发展的福利，实现共赢。

经验三，加码绿色要素投入，转化绿色价值收益。

有效的绿色要素投入是企业获得绿色收益的前提，加码绿色要素投入是企业可持续发展的理性选择。走绿色发展道路的浙江企业在管理和发展上不惜投入大量的资金、顶尖的人才、先进的技术和设备工艺等，打造绿色资源优势，并将其有效转化为绿色价值收益（这里的绿色价值收益既包括经济价值收益，也包括环境价值收益）。绿色要素投入包括：①绿色财力投入。资金投入是企业绿色发展的保障，为企业绿色生产、绿色管理、绿色营销等各环节提供可能。以浙能长兴电厂中水回用工程为例，该项目累计投入资金 5580 万元，每年运行维护还需投入近 300 万元，而电厂在浙能的支持下，实现了长兴县城生活污水几乎零排放的成效。②绿色人力投入。环保创新型人才是企业绿色发展的核心要素，企业走可持续化发展道路，离不开人才的创新驱动；环保创新型人才带来的先进技术是企业绿色发展的内驱力，决定了企业绿色发展的能力和水平。例如，天能集团围绕发展重心，实施特色人才项目，培育了一批创新型人才和高层次人才，推动企业环保技术发展和知识产权实施与转化。③绿色物力投入。环保设备和先进工艺是企业节能减排、降低污染的有力武器。众多成功的浙江企业都有这样的共性：敢于投入、敢为人先。花大力气改造原有生产设备，建造废水废物零排放系统，在企业能力范围内保持持续更新的发展姿态，完成一系列空气净化、固废处理、清洁降耗、资源回收和环境监测等任务，为企业节省大量运营成本，提高生产效率，创造更高的经济收益，也经住了政府的监测和验收，一举多得。例如，浙江同美集团意识到，只有更新设备才能掌握主动权，采用全自动封闭式筛选技术，自主研发"再生资源全封闭自动化分拣设备"，成为攻克城市生活垃圾减量难题的利器。浙江企业绿色管理的成功经验说明企业要实现节能减排目标，获得长足发展，需要有敢于投入的魄力，也需要有将绿色投入视作前瞻性投资的眼光，以厚重的绿色要素投入托举起企业的绿色发展未来。

经验四，寻求绿色资源整合，塑造核心竞争优势。

整合企业内外资源，取长补短凝聚发展合力，借力借势成为企业绿色发展的明智之举，以合作激发企业的生态创新智慧。多个企业成功的案例向我们很好地诠释了内外资源整合，汇聚资源合力的经验内涵。绿色资源整合包括：①企业内部资源整合。企业内部各个部门之间的资源优化重组可以为企业发展带来新的生机，也能为企业绿色发展提供有力支撑。例如，美欣达集团通过内部资产重组，旨在实现打造环保创新平台、提高盈利能力、拓宽融资渠道、推进项目兼并四方面的目标，致力于全新战略投资型集团的打造。②企业之间资源整合。上下游企业之间的合作能为企业集约利用资源提供可能，同行企业之间的协同共生能够创造出更大的利润空间。例如，杭钢集团在"五气合治"上，以控烟气为重点业务，加强与行业领先企业战略合作，组建专业大气治理公司，积极参与脱硫脱硝、工业烟粉尘治理等业务，该项合作的开展为杭钢治气工程提供了巨大帮助。③企业、政府与社会资源整合。企业与政府部门的协作、企业与高校科研力量的强强联合、企业力量与公众力量的互惠融合以及企业开展关于绿色发展的国际交流合作，能将节能减排、环境治理的单一力量整合为势不可当的强劲力量。淘汰落后工艺，重组新生力量，重塑资源优势，碰撞出更多的生态创新"火花"，解决单一企业绿色发展资源不足等问题，以资源整合提升企业绿色发展能力。例如，农行浙江省分行与浙江省政府签订战略合作协议，专项安排意向性信用额度，全力支持浙江绿色产业发展壮大，并先后与全国绿色金融改革试验区湖州市、衢州市政府签订了绿色金融战略合作协议，重点加大对节能环保、绿色能源、生态旅游等新兴产业和民生项目的信贷投入，推动了绿色金融改革。这些企业的成功少不了内外部力量的联合推动。他们的成功经验说明，企业除了需要充分挖掘自身资源优势，优化内部资源结构以外，还需要加强与政府、企业、外资企业或世界平台等的多边合作，谋求共同发展，将多种力量和资源相互融合、扬长板、补短板，共同参与、共享成果、共担风险，共同织就环境治理和环境保护的疏密大网，也为企业走绿色发展道路建立起保护屏障。

经验五，严格绿色生产管理，布局清洁智能制造。

走绿色发展之路的企业必定是实施清洁生产的企业、提供绿色产品的企业、对用户健康和环境保护负责的企业。绿色生产管理是企业绿色管理的前提和保障，这就需要企业在绿色生产设计、绿色生产组织和绿色生产控制上大力布局。绿色生产管理包括：①绿色生产设计。企业从质量和环保的角度进行绿色产品设计、绿色生产工艺设计等。例如，浙江移动以生态设计为切入点，制定移动"139"计划，为企业打造了一条"绿色"的可持续发展之路，并将生态设计纳入企业服务过程，进行产品和服务的生态设计。②绿色生产组织。对企业绿色生产过程的组织和协调。例如，镇海炼化从源头规划组织清洁生产，采用全加氢炼油工艺流程，推行全生命周期的设备寿命管理。③绿色生产控制。为达到清洁高效的生产目标，对企业生产的全过程进行把控。在众多的浙江企业案例中，实施严格的绿色生产管理是这些企业的一致追求，积极探索清洁生产方案，以智能化、自动化工艺提升清洁生产效率，以达到环保经济效益最大化。例如，美欣达集团旺能智慧环保平台一期建设初见成效，实现了旺能电厂运营数据、监控画面的实时上传。以上企业的成功经验无不说明企业在生产管理上应该顺应绿色发展要求，在生产的各个环节开展绿色管理，坚守生态底线，停产污染性产品，做好绿色生产，把好环保关口，提升绿色生产管理成效。

经验六，注重绿色创新管理，注入强大发展动能。

绿色创新管理是企业可持续发展的重要驱动因素，是企业长远发展的必然选择。创新能够激发企业绿色发展的活力，为企业不断注入新的动能。随着企业的转型升级，面对内外部环境的各种变化，企业需要审时度势，在发展中创新性地添加"绿色元素"。企业的绿色创新管理包括：①绿色技术创新。绿色技术的引进或者研发是企业绿色管理的支撑，关系到企业的绿色转型、绿色产品生产、绿色信息系统建设、绿色管理运营、绿色回收等。例如，君集股份利用所掌握的领先于国内外同行的"粉末活性炭浸没式超滤膜分离技术"（CUF）帮助嵊新污水处理厂解决了提标改造的技术难题。②绿色机制创新。企业绿色机制是协调企业绿色发展的功能体系。企业绿色机制创新是对企业绿色管理过程中各组成部分和生产要素的优化升级。主要是创新企业绿色管理的奖惩机制，激励机制与约束机制并举。给予员工一定的补贴、奖励或惩罚，鼓励企业部门的绿色创新行为、绿色生产行为等，规避高耗能、高污染生产行为。例如，时空电动内部建立了一套花名系统，大多数时空人都选择了虚构作品中的人物作为花名，比如观音、唐僧、大师兄和二师兄等，平时也经常用取经、八十一难、行李这些隐喻来激励大家。③绿色体系创新。量身打造适合企业自身发展的绿色体系，建立包括绿色战略规划、绿色生产设计、绿色营销、绿色回收、绿色监督管理等的系统体系。在企业绿色管理的各个环节做好人员管理创新、"三废"管理创新、产业布局管理创新、质量安全管理创新等，探索企业绿色管理的系统化体系，将创新思维运用于绿色管理的各个层面，寻求更加高效的绿色管理新途径等，为企业绿色发展增添动力。例如，浙铁大风集团在建设智能化工厂的同时构建了与先进的生产装置相匹配的智能管理体系。这些企业以绿色创新管理的探索行动和取得的成效印证了企业绿色创新管理的必要性。以绿色创新管理减少环境负载的污染，又以取得的经济收益为基础，不断增加产值，投入到更多的绿色创新管理探索之中，形成良性循环发展。

经验七，优化绿色营销管理，打通绿色市场通道。

绿色营销管理是企业绿色生产到绿色收益之间的重要纽带。在绿色消费观念日益普及的当下，客户的绿色需求日益增加，相应要求企业在关注消费者日益提高的环保意识和绿色产品需求的基础上，运用合理的绿色营销手段和营销策略，打通绿色市场通道，占领市场先机，从而实现企业的持续经营和发展。企业的绿色营销管理主要包括：①绿色市场分析。坚持绿色发展的浙江企业非常关注市场形势的变化，分析绿色市场的需求，围绕绿色市场开展营销管理，依据生态环保的原则来选择营销组合的策略。例如，时空电动推出新能源绿色出行市场推广计划：用五年时间建设一张移动电网，推广25万辆电动汽车，在推动电动汽车落地的同时，建设时空移动电网，不但可以支撑当下的运营车辆，也为未来的私家车、物流车解决了能量补充难题。②绿色营销网络。在国内市场甚至国际市场铺设营销网络，打造广阔的绿色营销区域平台。例如，天能集团通过在全国各地的 30 万个营销网点，将废旧电池分散回收、集中处置、无害化再生利用，形成了闭环式的循环经济生态圈。③绿色营销策略。通过绿色广告推广、网络渠道营销等手段实施绿色营销策略。如建立绿色共享仓库、短渠道销售降低资源消耗，以广告传达绿色功能定位的产品信息，开展环保公益活动等绿色公关，推动企业绿色产品的销售。例如，时空电动实施绿色在线营销策略，在微信朋友圈发布"蓝色大道"品牌广告，推广清洁能源纯电动汽车产品，在线上直接将纯电动车产品推至消费者，收到了很好的广告效果。这些企业的绿色产品销售得益于其卓有成效的绿色营销管理，并将绿色营销发展理念渗透到了营销的每个环节和每个方面，既满足了市场的绿色产品需求，又为企业赢得了良好的收益，协调了企业、消费者、社会等多方利益。

经验八，强化绿色监督管理，赋能高效良性运营。

绿色监督管理是企业从生产源头到末端污染治理的关键。开启全方位的动态监督管理，约束企业污染行为，是众多企业实现去污减排和政府推进污染监管的重要关口，任何一个管理环节的监控缺位，都可能造成企业污染问题以及企业经济损失。企业绿色监督管理包括：①线上绿色监督。走绿色发展之路的浙江企业在各行各业努力探索绿色管理监控的新技术、新形式、新方案，结合企业自身的生产线特点和产业特点，积极布局绿色管理的线上监控网络，掌握企业最新的生产数据。例如，柯桥水务集团建立"五套智能系统"，即自动化控制系统、远程监控系统、智能巡检系统、在线监测系统和窨井防坠系统，依托智慧水务和云平台等技术进行信息化管理和监督。②现场绿色监督。配合线上监督，通过配备专业技术监测人员、设计碳汇计量和检测标准、污水处理定时检测、安装污染监测设备系统、生产样品检测、借助人机联控监管系统等，以各种形式的污染源监控提高清洁生产效率。例如，浙江石油绍兴（东湖）油库作为全省首座智慧油库试点，借助"作业现场自动化值守"系统，将传统的油库公路发货流程进行优化整合。③实时绿色监督。对企业生产制造等环节进行实时、动态的把握，随时掌握和控制企业生产等运营情况。例如，浙江尤夫对所有治污设施的运行控制实行常态化管理和运行记录台账规范化管理，对 CODcr、NH3-N 等特征污染因子进行实时检测，保证污染物 100% 达标排放。以上企业的成功经验说明，企业在做到绿色战略定位、绿色要素投入、绿色生产管理等各方面的同时，还需要扎实做好绿色管理监控环节，实现污染溯源，收集污染数据，以便有效反馈污染信息，及时进行针对性整改，遏制企业污染行为，提高绿色管理的效率。

　　基于浙江企业在绿色管理中的丰富探索实践可以发现，绿色发展理念、绿色战略定位、绿色要素投入等每个方面、每个环节对企业的可持续发展都必不可少，每个方面和每个环节的内在相互作用生成了一个完整的浙江企业绿色管理经验的理论框架。这一理论框架是在融汇"绿水青山就是金山银山"的发展理念、深入理解企业绿色管理内涵以及深入发掘浙江企业绿色管理经验的基础上形成的，如图2所示。

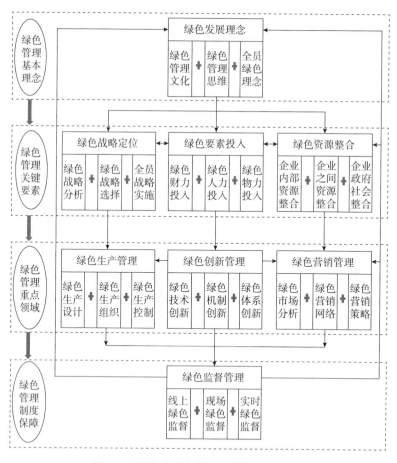

图2　浙江企业绿色管理经验的理论框架

　　具体而言：①企业需要以绿色发展理念作为先导，引导绿色行为落地。将"绿色基因"植入企业绿色发展的全员、全方位和全过程，营造企业绿色管理的文化氛围，从企业领导者到企业员工，上下一致形成绿色发展的共识，培养绿色发展的思维。以绿色发展的观念、思维和文化推进绿色管理落实到各个方面和环节，从而提高企业绿色发展站位以及企业发展的绿色成效。②在"两山"发展理念的指引下，进行企业绿色战略的规划和定位，把准绿色发展的"定星盘"，布局长效发展。以企业绿色战略的分析为出发点选择适合企业发展的绿色战略，以绿色发展战略规划作为行动纲领，以绿色战略实施推进企业发展，保持绿色战略定力，坚定企业绿色发展的信念。③在践行绿色发展理念、贯彻绿色战略的基础上，企业绿色要素投入指向明确，才能有效转化为绿色收益。在环保资金、科技创新人才、先进技术和工艺设备等财力、人力和物力上的大力投资是企业绿色发展的前提，将这些资源要素转化为绿色发展优势和绿色发展收益是企业面临的关键问题。④进行内外资源整合、达成优势互补是企业发挥资源优势的理性选择，凝聚绿色发展的合力，开展企业内部资源优化重组、企业与外部的资源相互补充，为企业绿色发展加码。⑤在绿色战略方向明确、绿色要素投入充足和绿色发展资源优化的基础上，企业开展绿色生产的条件得以具备，此时企业需要布局进一步清洁智造，从产品生产设计到生产组织，再到生产控制，都应紧紧围绕"绿色"展开。做好绿色产品生产的生态设计、按照最严格的清洁生产标准组织生产，采用绿色生产的先进控制系统，以智能化、自动化和现代化技术提升企业清洁生产的效率，确保绿色生产任务的完成。⑥企业的绿色生产置于新时代信息技术快速发展的形势之下，自然离不开企业的绿色创新管理，绿色创新管理为企业注入发展动能，是企业可持续发展的"活力因子"。通过创新绿色管理机制、创新绿色管理模式、创新绿色管理体系，探索企业绿色管理的多元化方式，运用绿色创新思维寻求更加高效的绿色管理新途径。⑦在绿色创新管理的基础上，优化绿色营销管理，做好绿色营销市场调研，建立绿色营销网络。从战略层面把握绿色营销的目标市场定位，从战术层面向目标客户传递绿色营销发展理念和绿色营销的信息，采取绿色营销策略，实施产品策略、投放绿色广告、拓展绿色营销渠道等打通绿色市场通道（万后芬，2006），满足市场绿色消费需求，赢得市场先机，将企业绿色产品转化为绿色收益。⑧开启全方位、全过程的绿色监督管理，监测企业绿色管理运营，约束企业污染行为，时时掌握企业绿色管理的动态，尤其是废物处置、设备运行、安全性能等，通过线上联网监控、线下监管、人机联控等，确保企业管理各环节的绿色、有序运行，推动企业绿色发展。

总体而言，秉持绿色发展理念是企业实施绿色管理的逻辑起点，是企业开辟绿色发展道路的根本。从这一根本出发做好企业的绿色管理战略定位，投入绿色发展要素和整合绿色管理资源是企业绿色管理的关键，从而推进企业绿色生产管理、绿色创新管理以及绿色营销管理三个领域顺利发展，其中绿色创新管理在这一过程中显得尤为重要，在充足的绿色要素投入基础上，绿色创新管理赋能企业绿色生产、绿色营销以及企业的绿色监督。绿色监督管理作为企业绿色发展的保障，确保企业绿色发展理念的落地，以及绿色管理全过程、全方位的绿色成效转化。浙江企业绿色管理经验的理论框架简图如图3所示。

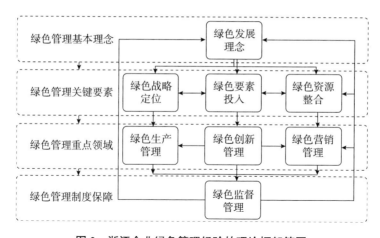

图3 浙江企业绿色管理经验的理论框架简图

三、浙江企业绿色管理的八大启示

通过对改革开放40多年来（特别是近20年以来）浙江企业绿色管理案例的分析，我们可以总结出浙江企业绿色管理至少有如下八大启示。

启示一，做好绿色战略规划，提高绿色发展站位。

目前浙江省从政府层面往下逐步增强了对企业绿色环保生产作业的要求，浙江省人民政府于2017年末印发浙江省"十三五"节能减排综合工作方案，在后续的工作中发布了具体细则，企业应积极响应政府对绿色生产的号召，做好企业绿色管理的全局设计，重点部署节能减排，大力推进清洁生产。未来企业应以绿色发展为原则做好绿色管理的全局统筹规划，以转型升级为主线做好绿色管理的顶层规划。主要包括：①企业绿色管理近期规划。从战略层面对企业未来两三年的绿色管理做出计划安排。例如浙能公司为实现绿色生产，大力实施"绿色能源计划"，全面调整所属燃煤电厂烟气脱硫规划，对老机组脱硫改造实施计划做大幅提前的调整，并且不惜成本选择燃烧产物更为环保的神府东胜煤。②企业绿色管理中期规划。基于企业近期绿色管理实际情况和未来发展目标，对企业绿色管理做出未来3~5年的计划安排。例如，2005年浙能集团制定"浙能集团'十一五'脱硫规划"，在全国率先实现燃煤机组全脱硫、全脱硝和超低排放改造。③企业绿色管理远期规划。着眼长远，为企业绿色发展做出长远的部署，一般是十年以上的绿色发展规划。例如，天能集团紧跟行业发展趋势，面对新能源动力锂电池再生循环利用这一新兴领域进行长远规划，加快布局新型产业，探索废动力电池回收利用市场，把握绿色发展的契机。通过这些企业的成功案例可知，在新的发展时期，企业不能只重眼前利益，更不能将环保作为企业发展的细枝末节工作，应当从全局出发，站在可持续发展的高度，为企业绿色发展谋篇布局，做出阶段性的战略发展规划。

启示二，规范绿色制度标准，勾勒绿色发展框架。

主要涵盖以下三点：①企业绿色管理法规。未来更应将企业的绿色管理置于法律法规的框架之内，遵守企业绿色管理法律法规的同时，用法律法规保护本企业绿色发展的权益。例如，浙江移动实施的移动"139"计划中，"1个环境方针"要求遵守法律法规，实施清洁生产，提供绿色服务，体现企业价值，提升社会责任。②企业绿色管理制度。企业未来应明确规范绿色发展制度，使企业绿色管理有章可循，有规可依。例如，浙江尤夫依据国家、省现行环保法律法规，修订完善了公司《环境保护管理制度》《环境保护管理职责》《清洁生产管理制度》指导性文件，编制了《突发环境污染事件（事故）应急预案》和一系列环保操控标准。③企业绿色管理标准。未来的企业绿色管理应当明确企业内部的绿色管理标准。企业应在绿色管理上提高标准，筑高门槛，严格把控企业绿色管理的环保关口，为企业的绿色生产、绿色合作、绿色营销等拉高标杆。例如，在绿色发展的一些标准上，天能成为铅蓄电池行业标杆，带动了全行业的标准提升。要求铅蓄电池项目资金中 25% 必须是环保设备投入，已经成了长兴蓄电池行业的一条"行规"。企业绿色发展的目的不仅是给自身创造经济效益，还应当重视自身能够创造的社会价值，主动承担社会责任，因此以严格的绿色管理标准为准绳开展清洁生产等，为企业的绿色发展筑起一道生态屏障，护航企业绿色发展。遵守企业绿色管理的法律法规、明确企业绿色发展的制度规范、严格企业绿色管理的标准在未来的企业绿色发展中是必然的趋向，企业无论现有或者新生，都应当依照相应的法律、制度和标准进行科学管理、绿色管理，赢在未来。

启示三，重构绿色组织架构，打造绿色发展平台。

浙江省对企业绿色管理的要求包括对资源的节约使用，对运作管理中间环节的简化，对生产设备效率的保证都要处于一个较高的水准。这就要求企业的绿色转型需要合理的管理组织架构作为支撑。因此，企业绿色管理组织架构重构主要涉及：①绿色管理组织机构设置。企业应当从科学组织机构设计出发推行绿色管理，防止高能耗、高排放、高污染生产造成的环境破坏。例如，农业银行浙江省分行率先在同业设立绿色金融部，专设机构、专配人员，重点抓绿色信贷标准规范、制度建设和产品创新，构建服务乡村振兴的绿色金融专业经营体系。②绿色管理职能设置。明确企业管理者的绿色管理职能，坚持绿色管理发展理念，落实管理职责。例如，兴业银行杭州分行率先在系统内成立环境金融部，确立了专门的绿色金融职能管理部门，建立绿色金融专业经营体系，设立专职绿色金融产品经理，专司研发环保金融产品，不断完善内部业务流程，具备完善的绿色管理体制机制。③绿色管理角色定位。企业管理者的角色分工应当清晰准确，便于管理者对责任范围内的工作保持生态响应的敏锐触觉，坚决淘汰落后产能，改造落后技术设备，在企业管理中发现污染问题及时有效地予以解决或改善，避免造成环境污染和经济损失。例如，为降低企业融资财务费用支出，工行浙江省分行作为主牵头行主动邀请国家开发银行及进出口银行作为参贷行角色介入企业绿色项目，充分发挥绿色金融支持环境友好型企业发展的支点作用。

启示四，创新绿色体制机制，激发绿色发展活力。

企业的绿色管理是一个非常复杂的管理系统，内部涵盖诸多部门，还受到政府、竞争者等外部因素的影响，因此企业需要建立科学合理的绿色管理体制机制，在体制机制的保障下处理好绿色环保与经济效益的关系。主要涉及三点：①绿色管理权责机制。权责明确是企业有效进行绿色管理的基础。例如，在天能集团看来，新能源动力锂电池的再生循环利用仍是一个新兴领域，目前处于起步阶段，面临的突出问题和困难之一就是汽车生产企业、电池制造企业、回收企业、再生利用企业之间尚未建立有效的合作机制，权责不够清晰，在一定程度上影响到企业的绿色发展，未来的企业应针对绿色管理建立明确的权责机制。②绿色管理运营机制。绿色管理运营机制是企业进行绿色转型的保障，可以有效推动企业的转型升级。在市场形势变化快速的新时代下，顺应绿色市场发展需求，立足于企业发展的实际，改革企业绿色管理的运营机制，在细分市场领域，适度灵活创新地运用绿色管理机制，促进企业绿色管理成效。例如，美欣达通过智能化方式采集生产运营数据、流程数据，实现了环卫一体化、垃圾焚烧、危废处理等精确的智能运营管控，让管理进一步强化，提升了运营效率。不可否认，这些成效是在企业绿色管理运营机制的推动下取得的。③绿色管理奖惩机制。通过激励或惩罚政策对企业内部员工进行有效管理。例如，农行浙江省分行赋予湖州分行更充分的创新权限，积极构建支持绿色发展的激励机制和抑制消耗式增长的约束机制，形成"绿色氛围"。

启示五，加大绿色资源投入，夯实绿色发展根基。

企业未来应盘活绿色发展的资本，加码资金投入，为企业绿色发展提供充足的财力支撑。主要包括：①绿色管理有形资源。用于企业绿色管理的厂房、机器设备等的有形资源是企业"硬实力"的重要支撑。例如，宁波镇海创业电镀改造厂房车间，对车间排放的废水实行架空管网布置，较好地杜绝了电镀的污染源。同时各车间厂房面积扩大，有条件把生产车间、原辅材料仓库、员工生活设施相对分隔，原有车间前后的排污管网用地改为绿化用地，环境状况明显改观。②绿色管理无形资源。包括绿色文化、绿色专利、绿色品牌声誉等在内的无形资源是企业绿色发展的"软实力"。例如，美欣达集团在固废处理产业上形成了五大固废产业板块，在国内环保行业中，美欣达已成为引领发展的一流品牌，领跑环保领域发展。③资源利用最大化。企业的绿色发展，尤其是技术创新、环保设备投入、人才引进、项目建设等方面需要大量的资金，需要企业不吝成本大力投入，也需要企业盘活资本，善于借助社会资本获取绿色金融支持等，将有利于企业绿色管理的社会资源进行最大化利用。例如，浙能集团自觉强化水资源利用，努力让废水实现"零排放"，为"五水共治"和全省剿灭"劣Ⅴ类"水做出积极贡献，让浙江的水更清。企业的绿色发展需要丰富的资源投入作为支撑，重点保障环保领域的业务发展，以绿色投资换取绿色收益。

启示六，培养绿色创新人才，构筑绿色智慧高地。

企业未来应重视创新人才对企业绿色发展的驱动作用，以科研为动力打造绿色发展的创新高地、智慧高地。未来的企业绿色管理应当注重：①绿色创新人才引进。根据企业绿色转型升级需要，引进专门的创新创业人才，为企业绿色发展增添力量。例如，湖州森诺膜建立国内首家膜蒸馏行业院士专家工作站开展技术研究，拥有员工近80人，其中研发人员占了近半。②绿色创新人才培育。培育适应本企业绿色发展的人才，使其具有绿色发展的发展理念、知识技能等。例如，天能集团围绕发展重心实施特色人才项目，专门组建团队，培育一批创新型人才和高层次人才，建立为绿色发展服务的实验室。③绿色创新人才发展。针对企业为绿色发展专门引进和培育的高层次人才，应更加注重为他们提供良好的发展条件和晋升渠道，稳定人才队伍，为企业的长久发展打牢基础。例如，美欣达集团在人才发展方面运用"平台＋项目＋人才＋资本"的产业发展新模式，搭建干事创业平台，留住和鼓励人才二次创业，在企业绿色发展上开发人才创新项目，激发人才的创新潜力，为企业提升智能化绿色发展水平提供动力支撑，也提高了企业的绿色管理成效。在企业的绿色发展中，对绿色人才的管理不能仅停留在人才引进和培养上，还要对人才的发展引起足够的重视，使人才与企业共同成长，这也是未来企业绿色发展中应当注意的重要问题。

启示七，推广绿色跨界合作，共享绿色发展成果。

企业应在未来的绿色发展中强强联合，建立或加入绿色发展联盟，传播绿色发展理念，打造绿色发展命运共同体，形成优势互补、资源共享、借力发展的格局，合作共商绿色发展的优化方案，实现绿色发展的互惠共赢，提升企业绿色发展的竞争力。涵盖以下三点：①同行企业合作。与同行企业形成竞争合作的良性互动关系，也是企业未来实施绿色管理的重要方面。例如，吉利集团与英国展开行业合作，中企引领了当地全新的"绿色工业革命"，标志着中国新能源汽车行业创新型发展的红利向外"溢出"，引领欧洲出租车行业走上科技环保之路。②上下游企业间合作。将企业的绿色产业链尽可能地向上下游拓展延伸，在不同产业的企业之间建立供给与需求的关联，以实现资源共享。例如，杭钢集团积极整合金属贸易产业内部资源，有效汇聚上下游及相关辅助产业，通过信息、资源、人才共享，打造新载体，迸发新实力。成立浙江钢联控股有限公司，对原有分散的贸易类、钢铁相关公司进行有效整合，推进资源共享，增加企业效益。③多边跨界合作。例如，美欣达集团为响应"一带一路"倡议的号召，推进企业"走出去"发展战略的实施，寻求绿色合作共赢，签约海外项目——柬埔寨暹粒省固体废物管理及处置项目，开展绿色发展的国际合作。

启示八，完善绿色绩效评估，优化绿色方案路径。

企业未来应以绿色发展理念出发评估企业绿色管理的效果。主要包括：①绿色管理绩效评估方法。企业应选择科学的绩效评估方法评估企业绿色管理水平，需要注意评估方法的现实性、合理性和有效性。例如，农行浙江分行将信贷结构调整目标纳入信贷经营管理综合考核评估，确保不符合绿色信贷要求的"两高一剩"行业贷款占比逐年下降。②绿色管理评估指标体系。完善的绿色管理评估指标体系关系到评估结果的有效性。例如，浙能集团加大监督、考核力度，重视污染减排工作，把脱硫设施投运及减排指标作为所属单位经济责任制考核的否决性指标。未来的企业绿色管理中应更加注意绿色评估指标体系的完善。③绿色管理评估优化方案。企业开展绿色管理评估和优化是全面推进企业绿色发展的重要基础。例如，浙江尤夫定期评估完善应急预案，将应急预案报当地环保部门备案，成立应急队，每年定期举行突发环境事故应急预案的演练。绿色管理的整体评估优化方案是未来企业绿色发展应该拓展的空间。企业应当对绿色管理绩效进行科学评估测量和及时优化，以便达到国家要求的清洁生产标准，实现绿色长远发展。

受到这些浙江企业绿色管理做法的启迪，浙江企业在未来的绿色管理中还有很多值得思考和探索之处。本书在总结浙江企业绿色管理启示的基础上，形成了一个浙江企业绿色管理启示的理论框架，如图4所示。

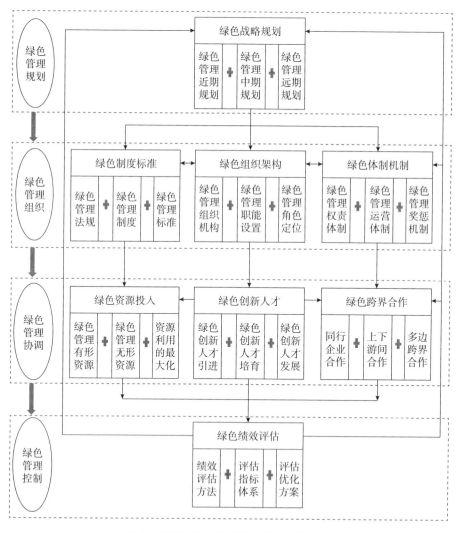

图4　浙江企业绿色管理启示的理论框架

浙江企业绿色管理实践的八大启示可以归纳为四类，分别是绿色管理规划、绿色管理组织、绿色管理协调和绿色管理控制。这四个方面反映出浙江企业绿色管理的四大职能，即在特定的环境条件下，以企业可持续发展为目标，通过绿色管理的规划、组织、协调和控制，对企业拥有的资源进行调配，以达到企业预期的绿色发展目标。这四大职能助推企业在绿色管理中达到所需的深度和广度。既体现了浙江企业绿色管理的多个层次，又涵盖了浙江企业绿色管理启示的八个具体方面，还说明了企业在未来的绿色管理中应当注重对绿色管理的一体化设计和运营，将绿色管理的各个环节和方面按照它们的内在有机关联进行有序组织。从中还可以看出，绿色管理既是一种发展理念、一种模式，更是一个方向、一个过程。基于浙江企业绿色管理四大方面、八大启示之间的内在逻辑关系，本书构建出一个浙江企业绿色管理启示的理论框架简图，如图5所示。

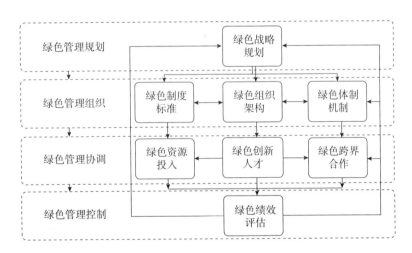

图5 浙江企业绿色管理启示的理论框架简图

四、浙江企业绿色管理经验与启示的总结

浙江企业紧随时代发展步伐，顺应新形势，着眼新问题，创造新模式，开辟新道路。新时代下浙江企业绿色管理的一条基本道路是坚持绿色发展理

念，将经济、社会、生态的和谐发展与企业的前途命运紧密相连。一条基本经验是与时俱进地将绿色管理发展理念贯穿在企业管理的全过程、全方位和全周期，不断开辟绿色发展新路径。基于这些宝贵实践，本书从企业管理的发展理念思想、战略规划、投入要素、发展资源、生产制造、管理创新、市场营销和监督管理等方面进行深入发掘和分析研究，在理论上，构建出浙江企业绿色管理经验与启示的理论框架（见图6），丰富了企业绿色管理的理论体系。在实践上，浙江企业绿色管理经验启示为浙江乃至全国企业走绿色发展道路提供了鲜活的"浙江样本"。

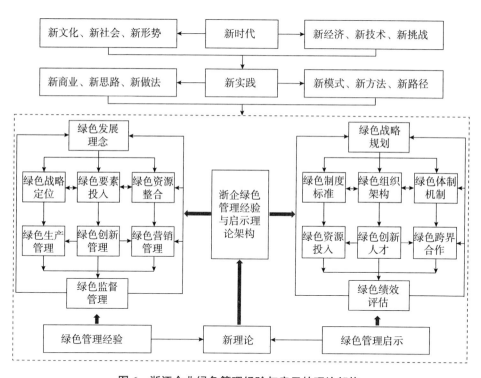

图 6　浙江企业绿色管理经验与启示的理论架构

　　基于浙江企业在改革开放40多年来（特别是近20年以来）的绿色管理经验和启示，可以看出，浙江企业绿色管理呈现出八大演变趋势特征，总结如下：

　　（1）从被动绿色到主动绿色。即从消极被动地实行绿色管理转向积极主动地实行绿色管理。在中央政府和浙江省政府的引导和支持下，一批走在前沿的浙江企业开始觉醒，认识到绿色发展已逐渐成为未来的市场发展趋势，逐渐由被动地适应绿色市场竞争环境，到积极主动探索适合自身发展的绿色管理模式，在实践中反思和总结，走向更加全面深化的绿色管理。

（2）从短期绿色到长期绿色。即从短期权宜地实现绿色管理转向长期稳定实现绿色管理。坚定走绿色发展道路的浙江企业深刻认同"绿水青山就是金山银山"的发展理念，在这一发展理念的指引下的企业必然高瞻远瞩、从长计议。获得长足发展的前提条件是放弃眼前利益，着眼长远稳定的发展，制定绿色发展战略规划，将经济效益、环境效益和社会效益的统一视为企业发展的目标，走在绿色发展前列的浙江企业正是如此。

（3）从简单绿色到复杂绿色。即从简单使用某项绿色技术转向复杂的行为模式调整。浙江企业的绿色探索正经历着由简单到丰富的发展过程，企业内部的绿色管理从探索初期的绿色技术管理到企业生产、创新、销售、监督等全方位、全过程、全系统的复杂绿色管理，不断深化和丰富发展，形成绿色管理的有机整体，从而全面激发企业的绿色发展潜力。

（4）从低要求绿色到高标准绿色。即对企业战略、企业要素投入、企业生产、企业运营管理、企业营销等各方面和各环节的绿色高要求、高标准，愈加严格和规范。浙江企业的绿色发展已从初期的低标准、低质量绿色生产、运营和营销走向高标准、高质量的绿色发展，不断提高绿色管理的底线，提升绿色管理的追求。

（5）从点绿色到面绿色。即从某一方面的绿色（如仅仅做到绿色包装）转向全面的绿色（绿色产品、绿色包装、绿色物流等）。实施绿色管理的浙江企业逐步从单方面的绿色探索，转向方方面面的绿色管理，将绿色管理的点连成线，线发展成面，面逐渐优化，呈现出一个完整的绿色整体。

（6）从浅层绿色到深层绿色。即从表面、浅层绿色转向内在、深层绿色管理。越来越多的浙江企业不仅走上绿色发展的道路，而且深耕在绿色发展的沃土上，随着新的机遇和挑战的出现，这些企业对绿色管理的认识和实践逐渐由表面化走向立体化和深层化，并将继续深化发展。

（7）从事后绿色到全程绿色。即从事后补救式绿色管理转向事前、事中、事后的全程绿色管理。浙江企业在绿色管理实践中逐步完善，在生产、创新、销售等各个环节对资源浪费和环境污染的补救逐步加强前瞻性的预防和过程的监督以及评估，走向全过程的绿色发展。

（8）从独立绿色到联合绿色。即从单个企业绿色管理转向整个供应链企业共同绿色管理。随着企业绿色管理的不断拓展和深化，越来越多的浙江企业发现要想走长远的可持续发展道路，就要在绿色管理中扬长避短，在合作中互惠互利。从企业内部各个环节的碎片化绿色走向各个环节的联合绿色，从企业之间的独立绿色走向企业之间的合作共赢绿色。这样既可以高效利用资源，也可以形成优势互补，提高自身在绿色市场的竞争力。

在数字经济时代，企业绿色管理必然朝向更加智慧化、信息化和高效化的方向发展。特别是 2018 年浙江提出"数字经济一号工程"，开启了浙江经济增长新"大时代"，未来浙江企业绿色管理将被赋予更加丰富和更有深度的内涵。企业绿色管理孕育着无限希望，也为现代企业的未来之路播下更多"绿色生机"。可以预见，在数字经济时代，浙江企业的绿色转型升级也具有更强的动力和更优的助力，将会涌现出更多新的绿色企业，未来的浙江企业绿色管理实践还将塑造企业绿色管理的"进阶版本"。

附　录

浙江企业绿色管理的代表性法律法规

一、中央层面的代表性法律法规

1. 全国人民代表大会常务委员会《中华人民共和国循环经济促进法》（中华人民共和国主席令第 16 号）2009 年 1 月 1 日。

2. 全国人民代表大会常务委员会《中华人民共和国可再生能源法（2009 年修正本）》（中华人民共和国主席令第 23 号）2010 年 4 月 1 日。

3. 全国人民代表大会常务委员会《中华人民共和国清洁生产促进法（附 2012 年修正本）》（中华人民共和国主席令第 54 号）2012 年 7 月 1 日。

4. 中共中央、国务院《关于加快推进生态文明建设的意见》（中发〔2015〕12 号）2015 年 4 月 25 日。

5. 全国人民代表大会常务委员会《中华人民共和国环境保护法（2014 年修订本）》（中华人民共和国主席令第 9 号）2015 年 1 月 1 日。

6. 全国人民代表大会常务委员会《中华人民共和国环境影响评价法（2018 年修正本）》（中华人民共和国主席令第 24 号）2018 年 12 月 29 日。

7. 全国人民代表大会常务委员会《中华人民共和国节约能源法（2018 年修正本）》2018 年 10 月 26 日。

8. 国务院《国务院办公厅关于进一步加大节能减排力度加快钢铁工业结构调整的若干意见》（国办发〔2010〕34 号）2010 年 6 月 4 日。

9. 国务院《关于加快发展节能环保产业的意见》（国发〔2013〕30 号）2013 年 8 月 1 日。

10. 国务院办公厅《关于建立统一的绿色产品标准、认证、标识体系的意见》（国办发〔2016〕86 号）2016 年 11 月 22 日。

11. 中国人民银行《关于改进和加强节能环保领域金融服务工作的指导意

见》（银发〔2007〕215 号）2007 年 6 月 29 日。

12. 中国人民银行、中国银行业监督管理委员会《中国人民银行　中国银行业监督管理委员会关于进一步做好支持节能减排和淘汰落后产能金融服务工作的意见》（银发〔2010〕170 号）2010 年 5 月 28 日。

13. 原环境保护部、国家发展和改革委员会《关于加强企业环境信用体系建设的指导意见》（环发〔2015〕161 号）2015 年 12 月 10 日。

14. 工业和信息化部、国家标准化管理委员会《绿色制造标准体系建设指南》（工信部联节〔2016〕304 号）2016 年 9 月 15 日。

15. 工业和信息化部《绿色制造 2016 专项行动实施方案》（工信部节〔2016〕113 号）2016 年 3 月 24 日。

16. 原中国人民银行、财政部、发展改革委、原环境保护部、原银监会、证监会、原保监会《关于构建绿色金融体系的指导意见》（银发〔2016〕228 号）2016 年 8 月 31 日。

17. 国家发展和改革委员会《清洁生产审核办法（2016 年修订本）》（中华人民共和国国家发展和改革委员会、中华人民共和国环境保护部令第 38 号）2016 年 7 月 1 日。

18. 工业和信息化部《工业节能管理办法》（中华人民共和国工业和信息化部令第 33 号）2016 年 6 月 30 日。

19. 工业和信息化部《工业绿色发展规划（2016-2020 年）》（工信部规〔2016〕225 号）2016 年 6 月 30 日。

20. 工业和信息化部《工业节能与绿色标准化行动计划（2017-2019 年）》（工信部节〔2017〕110 号）2017 年 5 月 19 日。

21. 国家发展和改革委员会、财政部、原环境保护部、国家统计局《循环经济发展评价指标体系（2017 年版）》（发改环资〔2016〕2749 号）2017 年 1 月 1 日。

22. 工业和信息化部《国家新型工业化产业示范基地管理办法》（工信部规〔2017〕1 号）2017 年 2 月 1 日。

23. 国家发展和改革委员会办公厅、工业和信息化部办公厅《关于推进大宗固体废弃物综合利用产业集聚发展的通知》（发改办环资〔2019〕44 号）2019 年 1 月 9 日。

24. 生态环境部、中华全国工商业联合会《关于支持服务民营企业绿色发展的意见》（环综合〔2019〕6号）2019年1月17日。

二、地方层面的代表性法律法规

1. 浙江省人民政府《浙江省人民政府关于全面推行清洁生产的实施意见》（浙政发〔2003〕22号）2003年8月15日。

2. 浙江省经信委、原浙江省环境保护厅《浙江省创建绿色企业（清洁生产先进企业）办法（试行）》（浙经贸资源〔2003〕968号）2003年1月13日。

3. 原浙江省环境保护厅《关于推进绿色信贷工作的实施意见》（浙环发〔2011〕34号）2011年4月27日。

4. 原浙江省环境保护厅《浙江省燃煤电厂超低排放设施运行监管与超低排放电价考核要求（试行）》（浙环发〔2017〕32号）2017年8月8日。

5. 原浙江省环境保护厅《关于推进城镇污水处理厂清洁排放标准技术改造的指导意见》（浙环函〔2018〕296号）2018年8月8日。

参考文献

［1］薛求知，李茜.企业绿色管理的动机和理论解释［J］.上海管理科学，2013（1）：1-7.

［2］张思雪，林汉川，邢小强.绿色管理行动：概念、方式和评估方法［J］.科学学与科学技术管理，2015（5）：3-12.

［3］马媛，侯贵生，尹华.企业绿色创新驱动因素研究——基于资源型企业的实证［J］.科学学与科学技术管理，2016，37（4）：98-105.

［4］武春友，吴获.市场导向下企业绿色管理行为的形成路径研究［J］.南开管理评论，2009（6）：111-120.

［5］李芬.绿色管理：一种新的政府管理模式［J］.前沿，2008（10）：62-64.

［6］丁祖荣，陈舜友，李娟.绿色管理内涵拓展及其构建［J］.科技进步与对策，2008，25（9）：14-17.

［7］胡美琴，骆守俭.基于制度与技术情境的企业绿色管理战略研究［J］.中国人口·资源与环境，2009，19（6）：75-79.

［8］李卫宁，陈桂东.外部环境、绿色管理与环境绩效的关系［J］.中国人口·资源与环境，2010，20（9）：84-88.

［9］程聪.企业外部环境、绿色经营策略与竞争优势关系研究：以环境效益为调节变量［J］.科研管理，2012，33（11）：129-136.

［10］李永波.多维视角下的企业环境行为研究［J］.中央财经大学学报，2013，1（11）：75-82.

［11］薛求知，李茜.跨国公司绿色管理研究脉络梳理［J］.经济管理，2012（12）：184-193.

［12］唐静.绿色管理的经济学分析［J］.经济社会体制比较，2006（1）：133-137.

［13］胡美琴，李元旭．西方企业绿色管理研究述评及启示［J］．管理评论，2007（12）：41-48.

［14］李国英．企业战略管理［M］．天津：南开大学出版社，2015.

［15］万后芬．绿色营销［M］．北京：高等教育出版社，2006.

［16］王秋艳，郭强．中国企业绿色发展报告 No.1［M］．北京：中国时代经济出版社，2015.

［17］丹尼尔·埃斯蒂，安德鲁·温思顿．从绿到金——聪明企业如何利用环保战略构建竞争优势［M］．北京：中信出版社，2009.

［18］Davison F D. Gaining from Green Management：Environmental Management Systems Inside and Outside the Factory［J］. California Management Review，2001，43（3）：64-84.

［19］Nogareda J S，Ziegler A. Green Management and Green Technology-Exploring the Causal Relationship［D］. Zew Discussion Papers，2006.

［20］Tran B. Green Management：The Reality of Being Green in Business［J］. Journal of Economics Finance & Administrative Science，2009，14（27）：21-45.

［21］Malviya R K，Kant R，Gupta A D. Evaluation and Selection of Sustainable Strategy for Green Supply Chain Management Implementation：Malviya and Kant［J］. Business Strategy & the Environment，2018，27（4）：25-29.

［22］Siddhant Umesh Sawant，Rithwick Mosalikanti，Rahul Jacobi，Sai Prasad Chinthala，B Siddarth. Strategy for Implementation of Green Management System to Achieve Sustainable Improvement for Eco friendly Environment，Globally［J］. International Journal of Innovative Research in Science，Engineering and Technology，2013，2（10）：5695-5701.

［23］Kim B K，White L. Green Energy and Green Management：Towards Social Responsibility and Sustainability［J］. Journal of Nanoelectronics and Optoelectronics，2010（5）：105-109.

［24］Tudor T，Adam E，Bates M. Drivers and Limitations for the Successful Development and Gunctioning of EIPs（Eco-industrial Parks）：A Literature Review［J］. Ecological Economics，2007，61（2-3）：199-207.